全国人力资源和社会保障干部培训教材

总主编 尹蔚民

社会保障基金监管

SHEHUI BAOZHANG JIJIN JIANGUAN

人力资源和社会保障部 组织编写

主编 胡晓义
副主编 陈 良

中国劳动社会保障出版社

图书在版编目(CIP)数据

社会保障基金监管/胡晓义主编. —北京：中国劳动社会保障出版社，2011
ISBN 978-7-5045-9339-9

Ⅰ.①社… Ⅱ.①胡… Ⅲ.①社会保障-资金管理-中国-干部培训-教材 Ⅳ.①D632.1

中国版本图书馆 CIP 数据核字(2012)第 001492 号

中国劳动社会保障出版社出版发行

(北京市惠新东街 1 号 邮政编码：100029)
出 版 人：张梦欣

*

新华书店经销
中国铁道出版社印刷厂印刷装订
787 毫米×1092 毫米 16 开本 17.5 印张 287 千字
2012 年 1 月第 1 版 2012 年 12 月第 3 次印刷
定价：38.00 元

读者服务部电话：010-64929211/64921644/84643933
发行部电话：010-64961894
出版社网址：http://www.class.com.cn
版权专有 侵权必究
举报电话：010-64954652
如有印装差错，请与本社联系调换：010-80497374

编审委员会办公室

主　任　王志明　张梦欣
副主任　张立新
成　员　吴春星　曾令萍　仲艳平　陈晓丽　牛雅娜

全国人力资源和社会保障干部培训教材
编审委员会

主　　任　尹蔚民
执行主任　杨士秋
副 主 任　孙宝树　李智勇　杨志明　杨士秋　王晓初　何　宪
　　　　　胡晓义　信长星　张建国　袁彦鹏

成员

部有关单位负责人（按姓氏笔画排序）

孔昌生	尹成基	王玉君	王克良	王志明	王　程	左春文
田小宝	田素清	皮德海	刘丹华	刘旭刚	刘学民	刘　康
刘　梅	刘燕斌	孙建立	朱建平	毕雪融	江谟辉	闫宝卿
余志捷	吴云华	吴　江	吴道槐	宋连辉	宋　娟	张义全
张亚力	张宝忠	张梦欣	张新民	李保国	杨秀清	汪志洪
邱小平	陈　刚	陈　良	陈　蔚	孟昭喜	范　勇	郑东亮
金维刚	姚　宏	赵　敏	夏文峰	唐志敏	贾怀斌	郭义萍
曹功彪	傅兴国	游　钧	蔡振红	翟燕立	樊德新	霍燕飞
魏　卓						

各省、自治区、直辖市，新疆生产建设兵团人力资源和社会保障系统负责人（按编制序列排序）

张欣庆	孔长起	傅文才	张　健	于永泉	刘　铭	骆德春
林秀山	孔伟化	周海洋	刘嘉音	谭　颖	乐益民	刘　莉
钟维平	丛远东	揭赣元	焦连合	董国勋	郭俊民	刘应堂
邵汉生	翟天山	彭崇谷	欧真志	蒋克昌	蒋明红	王焕明
姜　平	陈元春	叶　壮	夏一庆	解　毅	边巴扎西	
姚瑞峰	鬲向前	庞　波	李　峰	冯锐强	纪仁凤	张学武
田　文	艾尼瓦尔·依明	周考斌				

序

"十二五"时期是人力资源和社会保障事业发展的重要时期,既面临严峻的挑战,又面临难得的发展机遇。人力资源和社会保障工作要坚持"民生为本、人才优先"的工作主线,实施充分就业的发展战略和人才强国战略,健全覆盖城乡居民的社会保障体系,深化人事制度改革和工资收入分配制度改革,积极构建和谐劳动关系。要完成上述各项目标任务,亟须打造一支高素质的人力资源社会保障干部队伍,以承担历史赋予我们的重要责任,完成党中央和国务院交给我们的光荣使命。

以胡锦涛同志为总书记的党中央历来高度重视干部队伍建设,提出了大规模培训干部、大幅度提高干部素质的战略任务。机构改革后各级人力资源社会保障部门职能增强、业务领域拓宽、人员交流扩大,面对新的形势,加强教育培训,提高干部队伍素质,显得更加重要和紧迫。

加强干部培训教材建设,是增强干部教育培训工作实效的重要途径。编写一套全面反映人力资源社会保障形势任务、政策法规和业务知识的干部培训教材,有利于系统干部认清形势,把握大局,增强责任感、使命感;有利于提高依法行政能力,全面理解和准确把握政策,推动工作落实;有利于加强作风建设,促进系统融合,加快思想上形成共识、工作上形成合力、制度上形成统一、文化上形成风格、服务上形成品牌的进程。

"全国人力资源和社会保障干部培训教材"是新部成立以来组织的第一套综合性干部培训教材（共19本），涵盖就业、社会保障、人才队伍建设、人事制度改革、工资收入分配制度改革、劳动关系等六大板块的工作内容，是系统干部学习培训的好帮手。希望各级人力资源社会保障部门认真贯彻中央和部里的要求，结合本部门工作实际，充分运用这套教材组织培训，努力增强学习培训的针对性和时效性，着力建设一支政治靠得住、业务素质高、工作能力强、作风过得硬的干部队伍，为促进人力资源和社会保障事业的科学发展提供强有力的组织保证和智力支持。

尹蔚民

2011年10月8日

前言

"全国人力资源和社会保障干部培训教材"与读者见面了。这套教材是人力资源和社会保障部组建后开发的第一套针对系统干部培训的综合性教材，是系统干部重要的培训教材和学习资料。

一、教材组织编写的背景

新部成立前，原人事部、劳动保障部在干部培训教材建设方面做了大量工作，积累了一些经验。如1998年和2004年，原劳动保障部分别组织编写了第一版和第二版劳动保障系统干部培训教材。原人事部也组织编写了一些干部培训教材。但近些年来，随着我国政治、经济和社会的发展，人力资源和社会保障事业发生了巨大的变化，这些教材已经不适应当前系统干部学习和培训的需要。针对新的形势，部里决定组织全部力量，并吸收部外专家学者，开发一套科学、规范、系统的"全国人力资源和社会保障干部培训教材"。

为此，部人事司组织有关单位于2009年年初起草了干部培训教材组织开发方案初稿。随后，多次召开座谈会，征求人力资源和社会保障部在职和退休干部、地方人力资源和社会保障系统干部的意见和建议，并在这些意见和建议的基础上对方案进行修改完善。2009年11月底，部党组会讨论通过了干部培训教材组织开发方案。

根据方案的要求，为确保教材的针对性和实用性，在作者选择上采取业务司局为主、部内研究机构和部外专家学者为辅的方式。尹蔚民部长担任教材的总主编，分管部领导担任相应专业教材的主编，教材负责司局及参与司局的负责人担任副主编。在部领导高度重视、各司局积极参与下，干部培训教材组织编写工作顺利开展。

二、教材组织编写的指导思想和基本原则

这套教材以邓小平理论和"三个代表"重要思想为指导，深入贯彻落实科学发展观，按照中央有关干部教育培训工作要求，紧紧围绕人力资源和社会保障中心工作和发展大局，以增强工作本领、提高能力素质为核心，以系统各级各类干部基本公共需求为导向，以人力资源和社会保障政策法规、基本业务知识、基本理论和技能训练为内容，准确把握教材开发定位，科学设计教材课程体系，合理组织教材编写内容，力求为人力资源和社会保障干部教育培训工作提供强有力的基础保障。

在教材编写中，始终坚持以下三个基本原则：一是准确把握人力资源和社会保障事业发展的新形势、新任务，确保教材服从并服务于人力资源和社会保障中心工作；二是充分汲取人力资源和社会保障工作理论和实践发展的新成果，确保教材的先进性和科学性；三是切实适应干部教育培训工作的新需求，确保教材的生命力。

为增强教材的针对性和可读性，要求教材的呈现方式生动新颖、内容活泼，通过本章导读、案例研究、关键概念、新闻摘录、阅读参考、阅读链接等多种形式，多层次、多角度地帮助系统干部学习掌握业务知识，提高能力素质。

三、教材的体系设计

教材的体系设计紧紧围绕我部两大基本职能和中心工作，以各司局业务分工为基础，按照业务板块之间的关联，对有关业务进行整合，尽量反映相关业务工作的融合，体现业务工作的整体性和课程设置的科学性，并同时兼顾原劳动和社会保障部与教育部联合开展的劳动保障专业高等教育自学考试及劳动保障岗位资格"双证书"项目教材的要求。全套教材共19种，具体是：《人力资源和社会保障法制》《人力资源和社会保障事业发展统计与信息化建设》《就业促进与职业能力建设》《社会保障概论》《养老保险》《失业保险》《医疗保险和生育保险》《工伤保险》《社会保障基金监管》《劳动人事争议调解仲裁》《劳动保障监察》《社会保险经办管理》《劳动关系》《公共部门人力资源开发与管理》《公务员制度与管理》《事业单位人事管理》《军官转业安置》《专业技术人才队伍建设与管理》《智力引进》。其中《就业促进与职业

能力建设》《养老保险》《失业保险》《医疗保险和生育保险》《工伤保险》《劳动关系》6种教材为劳动保障专业高等教育自学考试教材和劳动保障岗位资格证书考试教材。

四、教材的组织编写

为了保证教材编写工作顺利进行,确保教材质量,我们先后召开动员会布置编写任务;召开编写要求会安排具体编写工作;召开联络员会议布置教材编写日常任务。每本教材都配备了联络员、统稿人和审纲审稿人。确定联络员,便于编审委员会办公室和各书编写参与单位之间的沟通责任到人。统稿人一般为工作经验丰富的司局级干部,以确保教材能够满足适用性、权威性和先进性的要求。审纲审稿人全部是有关领域的权威专家,由他们对教材大纲和成稿进行把关,以确保教材的理论性、系统性和科学性。

人力资源和社会保障制度建设还处于逐步完善阶段,在人力资源和社会保障事业发展过程中还会不断出现新情况、新问题。这套教材的编写也只能是反映人力资源和社会保障事业发展的阶段性成果。希望系统干部和广大读者多提宝贵意见和建议,我们将在今后的修订改版过程中不断更新教材内容,提高教材水平,打造人力资源和社会保障领域的精品教材,为系统干部业务能力和素质提升提供有力支持。

**全国人力资源和社会保障干部培训教材
编审委员会办公室**

2011 年 10 月

目　　录

第一章　概述 ……………………………………………………………（ 1 ）

　　本章导读 ………………………………………………………………（ 1 ）
　　第一节　社会保障基金的概念 ………………………………………（ 1 ）
　　第二节　社会保障基金运行模式 ……………………………………（ 14 ）
　　第三节　社会保障基金监管 …………………………………………（ 32 ）
　　思考题 …………………………………………………………………（ 39 ）

第二章　社会保障基金监管历史沿革 ………………………………（ 40 ）

　　本章导读 ………………………………………………………………（ 40 ）
　　第一节　初始阶段：基金监管蕴含于基金管理之中 ………………（ 40 ）
　　第二节　探索阶段：形成社会保障基金监管的理念 ………………（ 42 ）
　　第三节　建立阶段：社会保障基金监管事业逐步成形 ……………（ 47 ）
　　第四节　发展阶段：社会保障基金强化依法监管 …………………（ 56 ）
　　思考题 …………………………………………………………………（ 60 ）

第三章　社会保障基金监管体系 ……………………………………（ 61 ）

　　本章导读 ………………………………………………………………（ 61 ）
　　第一节　基金监管法律体系 …………………………………………（ 61 ）
　　第二节　基金监管组织体系 …………………………………………（ 73 ）
　　第三节　基金监管工作体系 …………………………………………（ 87 ）
　　思考题 …………………………………………………………………（100）

第四章　社会保障基金监管内容 ……………………………………（101）

　　本章导读 ………………………………………………………………（101）

I

第一节　基金征收环节 …………………………………………… (101)

第二节　基金支付环节 …………………………………………… (107)

第三节　基金管理环节 …………………………………………… (112)

第四节　基金投资运营行为 ……………………………………… (115)

思考题 ……………………………………………………………… (126)

第五章　社会保障基金投资 ………………………………………… (127)

本章导读 …………………………………………………………… (127)

第一节　投资运营政策 …………………………………………… (127)

第二节　投资运营模式 …………………………………………… (143)

第三节　投资风险控制 …………………………………………… (149)

思考题 ……………………………………………………………… (158)

第六章　基金监管方式 ………………………………………………… (159)

本章导读 …………………………………………………………… (159)

第一节　现场检查 ………………………………………………… (159)

第二节　市场准入 ………………………………………………… (168)

第三节　信息披露制度 …………………………………………… (178)

第四节　报告制度 ………………………………………………… (183)

第五节　举报投诉 ………………………………………………… (191)

第六节　电子化监管 ……………………………………………… (197)

思考题 ……………………………………………………………… (206)

第七章　基金监管措施与处理 ………………………………………… (207)

本章导读 …………………………………………………………… (207)

第一节　基金监管措施 …………………………………………… (207)

第二节　检查发现问题的处理 …………………………………… (213)

第三节　处理依据及法律责任 …………………………………… (217)

思考题 ……………………………………………………………… (228)

第八章　国外社会保障基金监管 ……………………………………（229）

本章导读 …………………………………………………………（229）
第一节　国外社会保障基金监管的历史沿革 …………………（229）
第二节　当前国外社会保障基金监管的主要模式 ……………（234）
第三节　国外社会保障基金的征缴监管 ………………………（237）
第四节　国外社会保障基金的投资监管 ………………………（242）
第五节　国外社会保障基金的支付监管 ………………………（252）
第六节　国外社会保障基金监管的发展趋势 …………………（256）
思考题 ……………………………………………………………（262）

主要参考文献 ……………………………………………………（263）
后记 ………………………………………………………………（265）

第一章 概述

本章导读

通过对社会保障制度架构的探讨,使读者对社会保障基金的构成,以及社会保障基金的性质、功能、特点有基本的了解和认识。

通过对社会保障基金筹集、征缴、管理、运营、支付全过程的运行分析,使读者对现收现付制与积累制筹资模式、政府主导型和分散型基金管理运营模式、待遇确定和缴费确定的支付模式有进一步的了解,在基金管理中树立以风险管理为核心的理念。

通过对社会保障基金监管的目标、原则和模式的介绍,对基金监管各参与方的角色分析、基金监管的治理架构分析,使读者对建立健全基金监管体系有比较清晰的认识。

第一节 社会保障基金的概念

一、社会保障制度架构

(一) 社会保障制度的演进和现状

社会保障制度的产生,是生产力发展到一定阶段的产物,是社会进步和人类文明的重要标志。应对人生中无法避免的衰老、疾病、伤残、失业、贫困、死亡等风险,过上稳定、体面而有尊严的生活,是人类社会共同的追求。我国古圣先贤很早就描绘过与此有关的理想:"使老有所终,壮有所用,幼有所长,鳏寡孤独废疾者皆有所养"。西方古罗马时期也出现过救助贫民、赡养老人、抚养儿童等早期社会保障萌芽。但现代意义的社会保障制度的诞生,是在欧洲民族国家形成后,特别是工业革命以后。英国于1601年通过了《济贫法》，标志着英国开始以立法的形式确认济贫事业是政府的一项职责。德国于1883年、1884年、1889年先后通过了《疾病保险法》《工人灾害赔偿保险法》《老年、残障、死亡保险法》，标志着现代社会保障制度的诞生。美国于1935年通过的《社会保障法》首次使用了"社会保障"一词，进一步推动了社会保障制度的发展。英国于1942年公布的《贝弗里奇报告》，奠定了第二次世界大战后欧洲福利国家的基础。

新中国成立以来的60多年间，我国社会保障制度从无到有，逐步建立和发展。改革开放以来，在借鉴国际经验的基础上，我国对社会保障制度进行了重大改革和创造性重构，以适应社会主义市场经济体制的要求和产业结构调整，应对人口老龄化带来的风险。

改革的首要问题是改变国家单一保障模式，促进筹资机制的转变。改革开放以来，以社会保险改革为主要内容和先导，我国社会保障制度改革不断深化，从企业职工退休费用社会统筹试点，到企业职工基本养老保险"统账结合"方案的出台，从国有企业失业保险基金统筹制度改革到颁布《失业保险条例》，以及医疗保险统筹方式改革的不断试验与推广，已经取得了重大进展。可以说，前30多年是典型的国家—单位保障制度，近30年则是逐渐在向国家、社会和个人相结合的保障制度演变。

改革的另一个问题是扩大社会保障的覆盖范围，惠及更多的人民群众。从1951年《劳动保险条例》颁布，对老年、医疗、工伤、生育、遗属等保险项目作出规定，到20世纪80年代、90年代以城镇企业职工为主体的养老、医疗、工伤、失业、生育保险制度的推进和完善，再到20世纪末和21世纪初城镇个体从业人员、农民工社会保险制度的逐步健全，特别是近年来新型农村社会养老保险试点的快速发展、新型农村合作医疗制度的推行、城镇无工作居民医疗、养老保险的相继开展，社会保障制度已逐步走向城乡统筹，党的十七大提出的到2020年基本建立覆盖城乡居民的社会保障体系的目标正在加速实现。

改革的再一个问题是转变管理方式，形成政策、经办、监督三位一体的工作机制。我国的社会保障很长时间是政府既管政策，又负责具体管理事务，用人单位代行一部分管理服务职能。1998年劳动和社会保障部成立，社会保障成为国家的一项专门事业，政府行政部门负责制度建立、制定政策法规的职能定位越来越明确。企业职工社会保险、新型农村社会养老保险等管理服务事务，由专门的经办机构负责，逐步形成完备的基本公共服务设施。社会保险基金监督制度开始建立，基金监督成为一项独立的工作，维护基金安全的问题被提到社会保障体系建设的重要位置。

(二) 社会保障制度的结构

经过 60 多年特别是近 20 年的改革完善，我国与社会主义市场经济体制相适应的社会保障制度已基本形成。主要包括 4 个部分：

一是由国家、单位和职工共同筹集资金的社会保险制度，包括基本养老保险、基本医疗保险和工伤、失业、生育保险。其主要功能是保障公民在年老、疾病、工伤、失业、生育等情况下依法从国家和社会获得物质帮助，保证基本生活和疾病救治。

二是由国家财政供款的社会救助制度，包括最低生活保障、灾害救助、贫困救助、住房救助、医疗救助，以及残疾、老年、妇幼、孤儿等社会福利和优抚安置。其主要功能是对受灾人群和弱势群体遇到的生活困难给予救济，体现国家责任。

三是由企业和职工共同供款的补充保险制度，包括补充养老和补充医疗保险。其主要功能是在享受基本保险待遇，生活和疾病救治得到基本保障的基础上，再通过一定的制度机制得到一份补充性保险，使老年生活更加体面，医疗待遇得到更好的保障。

四是慈善事业和商业保险，包括社会、个人捐助和个人购买商业补充保险。其主要功能是公民在国家保障、社会福利制度之外，得到一些特殊捐助，接济生活困难，或根据个人的经济能力，购买一些人寿保险、健康保险等产品，使生活收入得到一定的补充。

【新闻摘录】（新华社北京 2007 年 10 月 24 日电）

2007 年 10 月 15 日，胡锦涛在党的十七大上的报告指出，加快建立覆盖城乡居民的社会保障体系，保障人民基本生活。社会保障是社会安定的重要保证。要以社会保险、社会救助、社会福利为基础，以基本养老、基本医疗、最低生活保障制度为重点，以慈善事业、商业保险为补充，加快完善社会保障体系。促进企业、机关、事业单位基本养老保险制度改革，探索建立农村养老保险制度。全面推进城镇职工基本医疗保险、城镇居民基本医疗保险、新型农村合作医疗制度建设。完善城乡居民最低生活保障制度，逐步提高保障水平。完善失业、工伤、生育保险制度。提高统筹层次，制定全国统一的社会保险关系转续办法。采取多种方式充实社会保障基金，加强基金监管，实现保值增值。

(http://news.xinhuanet.com/newscenter/2007-10/24/content_6938568_7.htm)

在各类社会保障项目中，养老保险是比较普遍和重要的险种，各国的制度结构不同，世界组织也有不同的表述。2005年，世界银行发表了题为《21世纪的老年收入保障——养老金制度改革国际比较》的报告，在概括总结1994年世界银行"三支柱"模式运行情况的基础上，提出了"五支柱"养老金制度的概念，进一步关注养老金制度对弱势群体的保障作用，强调包括强制性养老金制度在内的所有制度均应通过市场手段进行运作。

1. 非缴费型的"零支柱"或基本支柱。是指提供最低保障水平的非缴费型制度，以全民养老金或者社会养老金的形式提供。该支柱主要用于应对终身贫困和流动性约束的风险，这就防范了必须参与正规经济部门、并通过劳动工资来积累养老储蓄的风险，从而更有效地为终身贫困者，尤其是那些到了老年仍没有资格领取正式养老金的非正规部门的工人以及终身未能工作的人员，提供基本的生活保障。该支柱旨在消除老年贫困，是完备的退休养老制度的重要组成部分。

2. 缴费型的"第一支柱"。是指与不同工资收入水平相关联，旨在发挥某种收入替代水平的缴费型制度，最显著的特征是通过代际转移筹资来为老年人提供较低水平的基本保险。该支柱主要应对有收入群体的个人短视风险、低收入的风险（即使在经济部门中）、由寿命预期不确定性和金融市场导致的计划目标不当的风险。我国目前的社会统筹部分就应当属于这里的"第一支柱"，但这种典型的现收现付制容易受到老龄化和政治风险的影响。

3. 强制性的"第二支柱"。是指强制性的个人储蓄账户式的制度，在其设计中有明确的收入替代目标，并且积累资金的管理和投资应该是以市场为基础的，但建立形式可以各有不同。该支柱主要应对短视风险，而且设计合理与运行有效的"第二支柱"可以使个人增强抵御老年风险的能力。但在基金运营中，他们要面对金融市场波动和较高交易费用的风险以及长寿风险。

4. 自愿性的"第三支柱"。是由个人和用人单位发起的养老保障制度，性质上比较灵活，个人可自主决定是否参加以及缴费多少，可以采取多种形式，如完全个人缴费型、用人单位资助型、缴费确定型（DC）或待遇确定型（DB）。该支柱可以补偿其他支柱设计的缺陷，也可以鼓励个人和企业为了更高的待遇或为了提前退休而进行储蓄，但可能产生由私人管理资产所导致的财务风险和代理风险。

5. 非正规保障的"第四支柱"。是附加的非正式的养老保障形式，是指向老年人提供的非正式的家庭内部或者代际之间的资金或非资金支持的制度，包括医疗和住房方面的资助。

上述"五支柱"的制度架构是世界银行对养老金制度的描述，它虽然不一定适应所有国家的情况，也不一定适用其他社会保障制度，但有利于启发人们的思路，值得研究借鉴。我国作为世界上人口最多的发展中国家，正面临着严峻的人口老龄化趋势及由其带来的对老年人口保障的新挑战。如何完善社会统筹与个人账户相结合的制度模式，优化老年保障体系，是需要不断探索的问题。为了应对人口老龄化挑战，保证制度可持续运行，要在国家、用人单位、个人之间形成合理的责任分担机制，形成多层次的制度结构。我国在养老、医疗等领域都已着手构建"多支柱"的社会保险制度。

> 【阅读参考】
>
> 　　第一支柱为基本养老保险，它在养老保障体系中占了主要地位。我国对城镇企业职工强制实行了统账结合、部分积累的基本养老保障制度，其功能是保障基本生活，覆盖面较广，截至2010年年末全国参加城镇基本养老保险的职工及离退休人数达到25 673万人，参加农村养老保险人数为10 277万人。第二支柱为企业年金以及将建立的职业年金，它由政府政策鼓励，企业自愿建立，企业和职工个人共同缴费为职工建立个人账户，通过商业机构运营，支付水平由缴费和投资收益率决定。截至2010年年末3.7万户企业建立了企业年金，参加职工人数为1 334万人。年末企业年金基金累计结存2 809亿元。第三支柱为个人储蓄型计划，由参保人员在银行或其他金融机构购买养老保障产品等方式实现。

我国基本养老保险实行"社会统筹与个人账户"相结合的制度模式，由于过去没有积累，历史欠账较多，在基金平衡上不得不采取统筹基金与个人账户基金混账管理，合并使用，个人账户基金大量被用于支付当期退休人员的养老金，导致个人账户出现"空账"运行的情况。2000年，《国务院关于印发完善城镇社会保障体系试点方案的通知》（国发〔2000〕42号）规定，社会统筹基金不能占用个人账户基金。从此，以辽宁省试点为起点，个人账户逐步做实，试点范围逐步扩大。截至2010年年底，做实个人账户的13个试点省市积累做实个人账户基金已达1 954.8亿元。

【阅读参考】

我国社会保险覆盖面不断扩大，受益人群不断增加。截止到2010年年底，全国城镇参加基本养老、城镇基本医疗、失业、工伤和生育保险的人数分别为25 673万人、43 206万人、13 376万人、16 173万人和12 306万人。各地在加快推进社会保险制度建设的同时，以非公企业从业人员、个体工商户、灵活就业人员、农民工、城镇非从业居民为重点，继续加大社会保险的扩大面力度。以农民工参加工伤保险为例，2005年为1 250万人，2010年增加到6 300万人。

二、社会保障基金构成

社会保障基金一般按不同的项目分别建立，主要包括社会保险基金、社会救济基金、社会救助基金、社会福利基金等。其中，社会保险基金是社会保障基金中最重要的组成部分。从保障层次的角度来划分，社会保障基金包括社会保险基金、补充保险基金、国家社会保障储备基金等。本书所指的社会保障基金主要指养老、医疗、工伤、失业、生育5项社会保险基金、补充养老保险基金、补充医疗保险基金和全国社会保障储备基金。

（一）社会保险基金

我国社会保险基金主要包括基本养老、基本医疗、工伤、失业、生育5个方面的保险基金。通过用人单位与劳动者缴纳社会保险费的方式形成基金，国家在税收、利率、财政等方面予以支持，并主要通过货币方式提供保障。与依靠公共财政负担的其他社会保障基金相比，社会保险费由用人单位与被保险者共同负担，并依照国家法律法规强制实施，收入来源比较固定。社会保险费采用按比例征收方式，专款专用，体现出社会保险"权利与义务"相对应的基本原则。因此，世界大多数国家普遍采用按比例分担社会保险费用的方式，筹集社会保险基金。

基本养老保险基金是在国家法律法规确定的范围内，依法征缴的用于支付劳动者退休养老待遇的专项基金，在社会保险制度中是最重要的项目，也是基金规模最大的险种。许多国家都把发展养老保险作为建立社会保险制度的重要突破口，从而带动其他社会保险制度的发展。

基本医疗保险基金是指国家为保障公民的基本医疗，以社会保险形式建立的用于抵御因疾病带来的经济风险的专用资金。一般来说，这一险种也是通过国家立法，强制性地由国家、企业、个人筹资建立医疗保险基金，当个人因疾病发生基本医疗费用，由社会保险经办机构按国家有关规定，从基本医疗保险基金中支付。

工伤保险基金是指劳动者因工作而受伤、患病、残疾乃至死亡，暂时或永久丧失劳动能力时，从国家和社会获得医疗、生活保障及必要的经济补偿所需要的资金。同其他社会保险基金相比，工伤保险基金具有显著的赔偿性质，因此一般都由用人单位负责缴费，劳动者个人不缴费。

失业保险基金是在国家法律保证下，以集中起来的失业保险费建立起来的、对因非自愿失业而造成的劳动风险损失给予补偿的资金。参加失业保险的有关各方都必须按照法律和政策规定，及时、足额地缴纳失业保险费，以保证失业保险基金有足够的、可靠的、稳定的来源。与其他社会保险基金不同，失业保障待遇标准过高往往带来不利的社会和经济后果，即造成劳动者对失业保险的依赖思想，不愿接受工资偏低或"不体面"的工作，也会加重用人单位的社会保险费用负担。

生育保险基金是针对女性劳动者在因生育过程而暂时中断劳动状态时，需要得到医疗保健保障和基本生活保障所需要的资金。女性劳动者除了要参加劳动和工作外，还负有生育子女、使劳动力再生产不断延续的重要责任。因此，生育保险基金可以保障女性劳动者在生育期间的权益，有利于实现社会的公平分配。

【阅读参考】

截止到2010年年底，我国5项社会保险基金收入为18 822.7亿元，其中基本养老保险基金收入为13 419.5亿元，占全部5项社会保险基金总额的71.3%，基本医疗保险基金收入为4 308.9亿元，失业保险基金收入为649.8亿元，工伤保险基金收入为284.9亿元，生育保险基金收入为159.6亿元。5项社会保险基金累计结余为22 902.9亿元，其中基本养老保险基金结余为15 365.3亿元，基本医疗保险基金结余为5 047.1亿元，失业保险基金结余为1 749.8亿元，工伤保险基金结余为479.1亿元，生育保险基金结余为261.4亿元。同时，新型农村社会养老保险基金收入453.4亿元，结存422.5亿元。社会保险基金规模不断扩大为我国社会保障制度的发展和改革提供了强大的物质支持。

(二) 补充保险基金

补充保险基金目前主要是由用人单位和职工个人缴费形成的企业年金、补充医疗保险基金，今后还包括职业年金，是多层次社会保障制度的重要组成部分。我国于20世纪末开始养老保险制度改革，初步建立起包括基本养老保险社会统筹、基本养老保险个人账户、企业年金、个人养老储蓄在内的多支柱养老保险制度框架。其中，从20世纪80年代后期开始，部分省市和行业统筹部门开始建立企业年金制度，自2004年5月1日起开始实施的《企业年金试行办法》和《企业年金基金管理试行办法》(2011年2月修订为《企业年金基金管理办法》)，规范了企业年金的受托管理、账户管理、托管以及投资管理。未来公务员、事业单位职工应当根据其特点建立职业年金。

【阅读参考】

据原劳动和社会保障部社会保障研究所预测，假定从2003年起，我国基本养老保险参保企业普遍建立起企业年金制度，企业年金积累在未来20年平均增长速度为29%，总积累额就将达到4.75万亿元。

(详细参见原劳动和社会保障部社会保障研究所所长何平在"中国企业年金财税政策与运行"课题成果发布会的报告，刊载于《中华工商时报》，2003年11月2日。)

(三) 国家战略储备基金

联合国发布的《世界人口展望：2008》提供了2010—2050年期间全球人口和地区人口年龄结构的预测数据。相关数据表明，未来40年全球人口规模将持续增长，老龄人口的规模和比例也将迅速上升。预计2010年时全球60岁以上的人口将有7.59亿人，占总人口的比例为11%。40年后60岁以上人口规模将扩大到20亿人，占总人口的比例上升一倍，达到22%。按照联合国人口老龄化标准(60岁以上人口比例超过10%或者65岁以上人口比例超过7%即认为是进入老龄化社会)，全球已经进入老龄社会。

【阅读链接】

世界人口展望：2008 (World Population Prospects: The 2008 Revision Population Database)，参见联合国网站：http://esa.un.org/unpp/index.asp?panel=2。

与世界各国相比，我国的老龄化问题尤为突出。一是我国人口老龄化进程非常迅速，全国老龄工作委员会的预测研究表明：到 2020 年，老年人口将达到 2.48 亿人，老龄化水平将达到 17.17%，其中，80 岁及以上老年人口将达到 3 067 万人，占老年人口的 12.37%。到 2050 年，老年人口总量将超过 4 亿人，老龄化水平上升到 30% 以上，其中，80 岁及以上老年人口将达到 9 448 万人，占老年人口的 21.78%。2050 年，我国在基本实现现代化的同时，承载着 4 亿多年老年人群各种需求的巨大压力。人口老龄化带来的严峻挑战，关系着全面建设小康社会和现代化的顺利实现，关系着社会主义和谐社会建设的进程。建设完善的养老保障体系，形成可持续的养老保险基金，是从根本上解决老龄社会日益突出的养老医疗问题的制度安排。2030 年人口老龄化最严峻时期到来以前，必须在全国城乡基本建立起符合我国国情、适应社会主义市场经济体制要求的老年社会保障体系，确保城乡老年人养老、医疗问题的妥善解决。

【阅读链接】

中国人口老龄化发展趋势预测研究报告. 全国老龄工作委员会网站：http://www.cnca.org.cn

为了应对人口老龄化高峰，增强社会保险基金的补充、调剂能力，2000 年国务院设立了全国社会保障基金。它是由中央财政拨入资金、国有股减持和股权划拨资产以及经国务院批准以其他方式筹集的资金和投资收益所形成的基金。全国社会保障基金作为中央政府掌握的基金，是重要的战略储备，是根据国家中长期财政状况，确保社会保障体系的可持续性，迎接老龄化挑战，从而保证各项改革开放措施顺利进行的物质保证措施。2000 年全国社会保障基金理事会正式成立，标志着我国在社会保障制度建设的基础上开始进入社会保障基金的实质性运作、实施阶段。到 2010 年年末，全国社保基金权益资产已达 8 377 亿元。

目前，全国社会保障基金理事会是开展社会保障基金投资运营的专门机构，在成立 10 年来的投资运营过程中，主要贯彻了以下原则：

一是正确认识收益和风险的辩证关系。收益和风险是互相作用的两个变量，高风险意味着有获取高收益的可能，低风险意味着低收益。养老基金投资的目标不是最小化风险，而是对风险进行有效的监控，使其始终保持在可接受的水平之内，并在此基础上力争获取最好的收益。

二是长期投资与短期行为的关系。社会保障基金特别是养老基金投资可以进行长期性投资，基本养老保险个人账户从开始积累到最后支付的时间跨度长达 25~35 年。投资不仅要考虑到短期内资产的收益和风险特征，而且要兼顾资产的长期收益和风险特征。从长期投资考虑，将一定比例的养老基金投资于股票和股权资产，不仅有利于降低养老基金的长期风险，而且有利于提高基金的长期收益。

三是多元化投资与专业化投资的关系。过去的 20 年，国际养老基金的投资渠道不断拓展，从货币资产、债券和股票延伸到大宗商品、房地产、股权投资基金和海外资产，多元化投资成为养老基金分散风险稳定收益的重要手段。多元化投资对养老基金管理机构的投资能力提出了很高的要求，养老金管理机构必须不断扩展视野，提高自身投资领域的专业能力。

四是海外投资与境内投资的关系。目前，只有全国社会保障基金可以进行海外投资，其余的养老基金只能投资于境内市场。从长远来看，养老基金开展海外投资是一个趋势。海外投资有利于分散投资风险；可以帮助中国养老基金进入到全球产业链条的各个环节，在世界范围内分享经济增长的成果；同时，有利于中国养老基金学习国际成功经验，提高境内机构的养老基金管理能力。

三、社会保障基金的性质、功能、特点

（一）社会保障基金的性质

国际劳工组织对社会保障的定义是："社会通过采取一系列公共措施，以保护其成员免受因疾病、生育、工伤、失业、伤残、年老和死亡造成的停薪或收入大幅度减少而出现的经济损失及社会贫困，并对其社会成员提供医疗照顾和对有子女的家庭提供津贴。"这一定义显示了社会保障的三个基本特征：第一，社会保障是由社会提供的援助，不同于家庭成员之间的相互帮助；第二，社会保障援助来自于公共措施，一般由政府主导，不同于私人的慈善行为；第三，社会保障提供的是经济援助，不包括精神抚慰等社会援助。

由此可见，社会保障是一种社会政策，是为达到既定社会目标如社会保险、社会福利、社会救助、社会优抚而设立的。其中的主体部分社会保险又是劳动者的一种权利，是由国家法律来保证实施的，在劳动者履行缴纳保险费义务之后，都有权通过社会保险来维持个人及其家庭的基本生活；社会保险是一种有效的经济补偿手段，通过所有劳动者的互助互济实现对少数遇险劳动者的收入损失补偿。从这个角度讲，社会保险是由国家根据全体社会劳

动者的共同需求，采取保险的形式对个人收入实行调节，是一种特殊性质的个人消费品再分配手段。在各项社会保障事业中，社会福利、社会救助、社会优抚是国家为推动社会经济的协调发展而设立的个人非付费项目，而社会保险主要是以劳动者（有的也包括全体公民）为保障对象，建立社会保险基金，在劳动者因年老、失业、疾病、工伤、生育、死亡等原因，暂时或永久失去劳动能力或劳动机会，从而部分或全部地失去正常工资收入时，由国家或社会对其本人或家属给予一定的物质帮助，从而保障劳动者及其家属的基本生活的强制保险制度。劳动者可能遭受的社会风险主要由全体劳动者之间的风险分散、风险共担方式来解决，这正是社会保险的本质所在。

社会保险本质决定了社会保险基金的性质。社会保险基金，是为了保障劳动者（公民）在年老、患病、工伤、失业、生育时获得必要的帮助，由国家法律确定制度框架，并依法强制实施，由用人单位和个人分别按照缴费基数的一定比例缴纳以及通过其他合法方式筹集的，用于社会保险待遇支出的专项资金。社会保险基金属于广义的基金范畴，但不同于政府性基金、专项基金和商业投资基金，在设立目标、制度意义、资金来源和使用范围等方面都有很大区别。社会保险基金是广大人民群众的"保命钱"，是社会保险制度的物质基础，关系到参保人员的切身利益和社会稳定。

按照社会保险险种，保险基金划分为基本养老保险基金、基本医疗保险基金、工伤保险基金、失业保险基金和生育保险基金。由于我国职工基本养老保险和职工基本医疗保险都实行统账结合模式，因此职工基本养老保险基金和职工基本医疗保险基金还有统筹基金和个人账户基金之分。随着社会保险制度从职工逐步扩展到城乡居民，社会保险基金还有新的类别，包括新型农村社会养老保险基金、城镇居民社会养老保险基金、新型农村合作医疗基金和城镇居民基本医疗保险基金等。当然，由于目前我国各项社会保险基金统筹层次参差不齐，且整体统筹层次较低，因此各类社会保险基金还没有做到全国统一，而是由每个统筹地区形成各自的基金。

【阅读链接】

林义. 社会保险基金管理［M］. 第一章"社会保险基金的基本概念". 北京：中国劳动社会保障出版社，2002

胡继晔. 保障未来：社会保险基金投资资本市场［M］. 第二章"社会保险基金的基本理论探讨". 北京：中国社会科学出版社，2006

（二）社会保障基金的功能

作为政府重要的社会公共政策，社会保障具有保障公民基本生活、维护社会稳定、促进经济发展、保持社会公平和增进国民福利等功能。当今社会，无论是发达国家还是发展中国家，事关百姓的饥寒冷暖、衣食住行乃至生老病死的社会保障制度，因其足以影响民心向背、社会稳定甚至政权更迭，而备受各国政府和民众的关注。目前，在全球225个国家和地区中，有172个建立了社会保障制度，但差异很大：发达工业化国家社会保障项目全、覆盖面广、水平高；发展中国家项目少、覆盖面窄、水平低，如中南部非洲和南亚国家的社会保障覆盖率仅为5%~10%。

国家进行的社会福利、社会救助、社会优抚等社会事业都需要资金予以保障，这些资金主要来源于政府的财政税收。而社会保险基金主要来源于劳动者及其用人单位的缴费。当劳动者因社会风险而受到损失时，即由社会保险基金给予一定的经济补偿。因此，对劳动者及其家庭提供基本生活保障，是社会保险基金的基本功能。由于社会保险的运行方式和本质特征，社会保险基金一般被认为有三个重要的功能：

一是社会稳定的"安全网"。工业化生产与自然经济形态相比，职业风险和社会风险程度都大大增加。无论是劳动者还是用人单位，仅靠个人往往难以抵御这些风险。国家通过社会保障制度筹集社会保障基金，把众多社会成员联结在一起，共同化解风险，突破了家庭、行业、地域的局限，有利于减少社会贫困，避免社会动荡。

二是收入分配的"调节器"。社会保障具有很强的收入再分配性质。在市场经济中，竞争法则造成初次分配差距拉大，通过社会保障制度可以缩小贫富差距，平衡不同利益群体之间的关系，缓解社会矛盾，从而实现社会公平的目标。

【新闻摘录】（中国网2010年8月24日讯）

国家统计局的数据显示，从2000年开始，我国的基尼系数已越过0.4的警戒线，2006年升至0.49。据央视《面对面》报道，国家发展和改革委员会社会发展研究所所长杨宜勇昨天接受采访时说，联合国约有190多个国家，在有完整的统计数据的150个国家中，基尼系数超过0.49的不超过10个，中国是其中的一个。排名前10的除了中国外，其他国家都是非洲和拉丁美洲的一些国家。收入分配改革不能再拖，"与其是一个被动的解决问题的办法，还不如说主动出击"。对基尼系数贡献最大的是城乡差距,造成这个问题最核心的因素是劳动力没有自由流动,如果解决这个问题,就能同工同酬。

(http://www.china.com.cn/news/gongyi/2010－08/24/content_20777913.htm)

发达国家在实施社会保障制度后,基尼系数一般能够从初次分配时平均0.44左右降为0.28左右。

关键概念

基尼系数是指在全部居民收入中,用于进行不平均分配的那部分收入占总收入的百分比。基尼系数最大为"1",表示居民之间的收入分配绝对不平均,即100%的收入被一个单位的人全部占有了;最小等于"0",则表示居民之间的收入分配绝对平均,没有任何差异。基尼系数由于给出了反映居民之间贫富差异程度的数量界线,可以较客观、直观地反映、预报、预警居民之间出现的贫富两极分化现象,因此得到世界各国的广泛认同和普遍采用,国际上通常认为基尼系数0.4是警戒线。

三是经济发展的"减震器"。政府通过调整社会保障的项目和标准,可以改善居民消费预期,调节社会总需求,有助于减小经济波动的振幅。社会保障基金的长期积累和投资运营,也有助于促进资本市场的稳定发展。由于社会保障制度对国家的政治、经济和社会生活影响巨大而深远,英国前首相劳合·乔治曾经把建立社会保障制度称为"一场静悄悄的革命"。

【阅读链接】

胡晓义.走向和谐:中国社会保障发展60年[M].第一章"总论".北京:中国劳动社会保障出版社,2009

(三)社会保障基金的特点

与依靠公共财政负担的社会福利、社会救济基金等其他社会保障基金相比,本书着重论述的社会保险基金是社会保障基金中最重要的组成部分,具有鲜明的特点。

一是保障基本。社会保险基金所提供的经济补偿水平只能以一定时期劳动者的基本生活需要为基准,既不能保证参保人原有生活水平不变,更不能满足其全面生活需求。这里的基本生活需要可以根据同一时期劳动者的平均工资水平而测定，一个劳动者从社会保险中获得的物质补偿不能超过自己在职时的工资收入。如失业保险的现金待遇相对较低，这是因为失业除与整个社会经济发展状况有关系外，还与劳动者个人的劳动技能等有一定的关系，恰当的保障水平有利于鼓励劳动者不断提高劳动技能，勤奋工作，并在失业后积极寻找机会重新就业。社会保险的这一"保障基本"的特征意味着：国家承认保障丧失劳动能力和失去劳动机会的劳动者的基本生活是社会的责任，需要借助整个社会的力量保障劳动者的基本生活；与此同时，在解决社会风险所引起的生活困难方面，个人也要承担相应的责任。

二是统筹互济。社会保险通过国民收入的分配和再分配，形成专门的统筹基金，统一调剂使用，使社会劳动者共同承担社会风险。一般情况下，在形成社会保险基金的过程中，高收入的社会劳动者比低收入的劳动者缴纳更多的社会保险费；而在使用的过程中，一般都是根据一定的给付标准进行分配，不是完全按照缴纳社会保险费的多少支付社会保险金。可见，社会保险具有较强的统筹互济因素。

三是保值增值。社会保险基金的运行总是先征集社会保险费形成基金，再分配使用。从每个劳动者的生命历程来看，亦是在劳动者具有劳动能力的时候，社会就以各种方式将其所创造的一部分价值逐年逐月进行强制性扣除，经过储存积累，在其丧失劳动能力或劳动机会、收入减少或中断时，从积累的资金中为其提供补偿。因此，实现社会保险基金的保值增值，防止贬值缩水造成损失，一直被列为运营管理好坏的最重要指标，同时社会保险基金积累部分的增值收入也是除社会保险费征缴、政府补助之外最重要的资金来源。

除此之外，我国企业年金的特点主要是在保障基本的基础上为参保人提供补充性的老年收入保障，体现效率的原则；而全国社会保障基金理事会管理的全国社会保障基金，主要特点是立足未来进行长期的战略储备。

第二节　社会保障基金运行模式

社会保障基金从筹集、管理到支付、运营，不同的运行模式对基金的影响不同，需要监管的重点也不同，因此筹资模式、运营管理模式、支付模式的选用对于基金安全具有重要意义。而在基金运行中时刻都存在着风险因素，如何规避风险、确保基金安全，进而保值增值，就成为分析社会保障基金运行模式的核心。

一、基金筹资模式

社会保障基金的筹集是社会保障制度稳定运行的前提条件和首要环节，担负着规范社会保障资金征缴、确保社会保障基金适度储备和及时支付的重要任务，而不同的筹集模式效果是大不相同的。

（一）现收现付制

享受任何一种养老待遇的来源只能有两个：一个是当时正在工作中的一代人所创造财富的转移支付，另一个是其本人在退休前的积累。以同一个时期正在工作的一代人的缴费来支付已经退休的一代人的养老金的制度安排，是现收现付（pay-as-you-go）制。

现收现付制要求以近期横向平衡为原则指导筹资，其特点是：以支定收，需要多少养老金就征收多少，即首先确定养老金的标准，然后通过税收或者其他方式征收；收入均等化，即一般根据统一的退休条件决定退休待遇，相对平等，并且可以实现代际之间和同代人之间的收入再分配；管理简单，不存在社会保险基金的长期保值增值问题。工作中的供款一代人与退休后的领款一代人的比例为抚养比。抚养比的变动受人口年龄结构变动的影响，随着大部分发达国家和部分发展中国家人口出生率的下降，以及经济发展水平和医疗保健水平的提高，人口老龄化是一个不可逆转的社会发展必然趋势。由于供款一代人的相对减少，现收现付制社会保障体系面临着前所未有的挑战。

（二）完全积累制

完全积累制也称"个人账户基金"（capital-funded individual account）制，是一种以远期纵向平衡为原则的筹资模式，它要求在预测未来时期养老保险需求的基础上，确定一个可以保证在相当长时期内收支平衡的总平均缴费率，劳动者每个人都有一个自己的个人账户，在工作期间通过一定程序把一部分劳动收入存入其个人账户，集中起来交给一个机构进行投资，退休之后，该机构再利用缴费的积累和投资回报向劳动者兑现当初的养老金承诺。由于这部分基金是长期积累型的，就需要通过具有较高收益率的投资予以保值增值；通过投资运作保值增值，可以使退休人员获得更好的老年收入。

与现收现付制相比，完全积累制的优点是具有很强的储蓄功能，使社会保障具有较为稳定的经济保证。这种方式的特点：一是以收定支，个人在职时完全积累，退休后按月支付，支付水平决定于过去的积累数额。由于缴费的增减是在科学预测的基础上，通过确定适当的缴费率来实现的，能防止人口老龄化给国家和企业所带来的沉重负担，并且能够较好地与国家宏观经济政策挂钩，通过投资，保证社会保障基金的保值增值，同时发挥对国民收入中积累与消费比例调节的作用。二是激励缴费，由于支付水平与本人在职时的工资和缴费水平直接相关，个人有缴费的积极性，同时也有敦促所在单位或者其用人单位缴费的积极性。三是强制储蓄，使个人一生的收入和消费均等化，能够实现自我保障，避免代际冲突，不存在支付危机和代际之间转嫁负担的社会矛盾。四是促进经济发展，坚持了效率优先的原则，众多个人积累起来的资金投入资本市场，成为资本市场的一个重要的长期投资人，有利于资本市场的发育和经济发展。

完全积累制往往也会遇到一些难以克服的难题，容易产生不良后果：一是要求币值稳定，有比较发达的资本市场作为投资场所，这对于大多数发展中国家是不现实的。因为社会保险基金积累时间长，极易受到通货膨胀的影响，确保基金不贬值的压力和难度都比较大。二是这种模式的难点在于能否实现预期的收支平衡。这主要取决于社会保险经济预测指标能否顺利实现，社会保险精算必须预先估计一些可变因素，如死亡率、利率、工资和退休金的调控、投保人数的增加等。由于这些因素的变化往往没有固定的规律可循，长期有效的预测通常难以做到。三是对于一个过去没有社会保障积累的国家来说，按照这种模式，在初期要求筹资对象既要负担当前已进入老年人行列的社会成员所需要的社会保障费用，又要负责他们自身进入老年人行列时所需的费用，这对于国家、企业和个人都是双重负担，需要较强的承受能力。

（三）部分积累制

这种制度是现收现付制和完全积累制的混合物。在初期，它的费率高于现收现付制但低于完全积累制，在资金结余方面，它会多于现收现付制度而低于完全积累制度。这一制度是要在迎接人口老龄化和完全积累制的高费率中寻找一条中间道路。通常的做法是将原现收现付制所交社会保险费中的一小部分积累于个人账户制度，或在现收现付制度之上提高费率，并将增量部分全部积累于个人账户制度。这一制度也同样面临基金保值增值问题。1997年建立的养老保险制度就采用了这种混合基金制度，称为社会统筹与个人账户制度相结合的养老保险制度。按照金融学家的分析，一国的金融发展和经济增长正相关。社会保障制度对金融发展的影响，主要体现在养老金制度方面，特别是不同的养老保障制度形成了规模不同的养老基金。养老金资产对金融发展的影响可以分为两个方面：数量上和质量上的影响。在数量方面，养老金资产增加了金融市场上的资金供给，促进经济发展。在质量方面，养老金资产的积累及其投资有利于提高公司治理结构、完善金融市场基础设施建设、提高金融市场信息披露程度，有利于建立更加完善的金融市场。

与个人投资者相比，作为机构投资者，养老基金对金融市场的影响主要体现在以下3个方面：（1）养老基金可以在更长的时间期限内进行投资组合，这就为金融市场提供了长期稳定的投资资金，可以从长计议作大文章，有利于金融市场的稳定。（2）养老基金作为最大的机构投资者之一，对于资本市场产生正面影响。养老基金作为股东，通过对董事提名规则的修改、代理投票、股东议案等方式要求更透明的信息披露、改善上市公司的治理结构和财务绩效。养老基金的这些行动有利于增强投资者对金融市场的信心。（3）养老基金作为大型投资机构，能够促进金融创新，提高证券交易所等金融机构基础设施建设的现代化水平，促进建立完善的清算和结算系统。

如果从现收现付制转向积累制，那么积累制的参加者除了要为自己缴费进行积累外，同时还要为他们的现收现付的上一代缴费，两次缴费却只有一次受益的一代在福利上显然要蒙受损失。为减轻改革阻力，一般都是由政府承担全部或者大部分转轨成本，以减少转轨一代福利的损失。

事实上，一个特定的养老金制度安排的收入再分配公平与否，在很大程度上取决于其中不同群体各自的价值判断以及他们怎样据此进行行为选择。一个养老金计划可以以收入再分配功能为主，但是也可以不具备任何再分配功能，如个人账户基金计划就是如此。在现实当中，新加坡的中央公积金和智利的AFPs便都不具备再分配功能。就一个特定的国家而言，如果其经济内部结构的整合程度已经达到了相当的高度，那么也可以通过一个养老金计划之外的制度安排，比如收入税、消费税以及遗产税制度，来实现同样的再分配功能，而不是通过现收现付的养老保险制度。

【阅读链接】

胡继晔. 保障未来：社会保险基金投资资本市场 [M]. 第二章"社会保险基金的基本理论探讨". 北京：中国社会科学出版社，2006

二、基金管理模式

社会保障基金的筹集形式主要有3种：一是体现政府职责的管理模式；二是员工分散性的管理模式；三是混合管理模式。

(一) 政府主导型的代表：美国第一支柱的社会保障制度

体现政府职责的管理模式在西方主要以开征社会保险税为主要形式，如美国、英国、德国、意大利、瑞典等国。社会保险税多由用人单位和员工分摊，各国的税率不一，其水平高低主要取决于社会保险的覆盖面及受益人的收益程度。也有通过社会保险缴费筹集的，社会保险基金由政府指定专门机构负责管理和运作，不直接构成政府财政收入，不足部分由财政专款补助。但不管是社会保险税还是社会保险费，现收现付制度体现的主要是政府的责任。

美国第一支柱是老年、遗属和残疾保险（Old-age, Survivors and Disability Insurance, OASDI），由国会立法强制实施，是美国最重要的社会保障项目。该制度是全国性的，覆盖了美国约96%的劳动人口，包括私人企业中所有获得报酬的员工，其次还包括联邦公务员、非营利性宗教、慈善和教育组织的员工、州和地方政府员工、自我经营者、农场经营主、农场工人、家庭工人、收取小费的员工、牧师、1957年以后服役的军人、铁路员工、国外就业员工等。OASDI计划是一个强制性的社会保障计划，它的统筹层次高，并直接由联邦政府在全国范围内统筹，凡能获取工资收入者，均必须参加OASDI计划，并依法缴纳社会保障税。联邦社会保障基金是通过征收社会保障税来实现的，税率为员工年薪的6.2%，用人单位缴纳同样的比例，合计12.4%，是美国仅次于个人所得税的第二大税种，每年的社会保障也是美国联邦财政预算的最大支出项目。

目前，美国50个州的约2 187个非城市或农村县都能参加OASDI计划，参保人员在获得第一份工作时就必须申请一个社会保障号码（SSN），联邦政府通过它跟踪工人的收入，以决定社会保障税的金额，并将积分记录在其个人账户中，以便员工退休之后，凭借其SSN直接领取相应的退休金。这样，美国的养老金管理和发放具有很强的便携性，解决了养老金区域转移的问题，有利于人才的自由流动，社会保障卡成为美国人最重要的身份证件。根据美国社会保障署的统计，在63%的退休人口中，联邦社会保险基金支付占其退休收入的一半或一半以上，其中占其收入90%以上的老人有1/4。

【阅读参考】

根据OASDI理事会在2009年5月12日向美国第111届国会众议院所做的2009年度报告,到2008年年底,OASDI的覆盖面已经达到1.62亿人,包括了96%以上的美国成年公民(部分参加州级公务员退休基金者除外)。有5 100万人领取OASDI基金,全年支出金额为6 152亿美元。当年联邦社会保险基金的收入为8 050亿美元,历年盈余的资产结余额达到2.4万亿美元,相当于美国当年GDP总额的18.3%。该年度报告在国会的档案号:111-41。

与西欧部分发达国家实行的普遍养老金、普遍儿童津贴和免费医疗服务制度相比,美国现行的社会保障征缴制度呈现出以下特点:一是实行现收现付的社会保障税制度,将社会保障收支直接纳入国家预算;二是强调"自助",主张其经费来源不像西欧国家那样部分或全部由政府提供,强调"受益人同时也是缴费者";三是老年、遗属和残疾保险构成整个社会保障体系的最大开支;四是私人保险发挥重要作用,尤其是医疗保险主要是依靠私营保险公司承担;五是实行差别化社会保障。社会保障主要倾斜于"保两头",即保儿童和老人。当然美国的社会保障制度也在不断改革之中,如在医保方面奥巴马政府2010年推出的医疗改革在覆盖率及资金投入上设立了目标值,计划在10年内耗资8 710亿美元,把至今尚无医保的3 200万人纳入医保覆盖范围。参议院法案首次明文规定,人人都应当享有医疗保险权利。

根据《1983年社会保障法修正案》,美国社会保障理事会由6名成员组成,其中4名成员分别为财政部长、劳工部长、卫生署长和社会保障署长。另外2名成员作为普通公众的代表由总统指定,经参议院批准后任期4年。社会保障署一名专门副署长处理基金的日常事务。理事会负责对联邦社会保障基金的收支状况进行评估,对投资进行决策和管理,每年需向国会报告社会保障基金的收支状况,并提出短期(10年)和长期(75年)基金的状况预测,根据长期预测就联邦社会保障基金的投资和征缴提出相应的建议。

虽然美国崇尚经济自由和市场开放,但政府对社会保障基金的投资却有着强烈的风险意识。美国的社会保障法对社会保障基金的投资有着严格的制约作用,在联邦社会保障基金入市问题上十分谨慎、异常保守。联邦社会保障基金的资产,除极少数现金和普通国债外,全部投资于美国财政部专为联邦社会保障基金发行的特种国债,因为《社会保障法案》对联邦社会保障基金投资的规定是只能投资于美国政府对其本息均予以担保的孳息型有价证券。

【阅读参考】

根据法律规定，截至2008年年底，美国OASDI全部资产均为年利率3.5%～8%的历年特种国债和公债有价证券，没有一分钱的股票等风险资产。同时，联邦社会保险基金不仅要由联邦政府统一集中管理，而且收支节余也必须投资于联邦政府连本带利担保的证券，所获利息也被存入信托基金。这样，美国政府从法律上严格确保了联邦社会保险基金不得被用于购买股票或进行委托投资、房地产开发等其他方面的投资。

此外，《美国联邦刑法典》也有对"侵占养老金与福利基金罪"的处罚规定，其中对违法者的处罚非常严厉，所以至今敢于以身试法侵占、挪用联邦基金的人几无先例。

（二）分散型的代表：智利模式

智利在20世纪80年代的完全市场化改革可以简单地概括为两个方面，一是建立个人账户，融资方式从传统的现收现付制转变为积累制；二是组建养老金管理公司（AFP），管理方式从传统的集中管理转变为分散化管理。智利的完全化市场改革深刻地改变了制度性质，涉及保费征缴、投资管理和待遇支付等多个方面。自从1981年改革以来，智利养老保险计划的参保人数从1981年年末的140万人上升到2004年年末的708万人，增长了406%，其中，缴费人口从1982年的106万人上升到2004年年末的357万人，上升了237%。截止到2004年年底，养老金资产规模累计达到608亿美元，相当于当年GDP的67%，过去24年间养老基金年均增长率达到28.3%。

【阅读链接】

房连泉．智利社会保险基金投资与管理［D］．中国社会科学院研究生院博士学位论文，2006

郑秉文，房连泉．社保改革——智利模式25年的发展历程回眸［J］．拉丁美洲研究，2006，28（5）：3-15

总体而言，智利完全市场化改革基本上是成功的，在保障退休职工生活，提供充足的养老金，维护社会稳定等方面发挥了重要作用。养老基金总体上是安全的，从没发生过AFP公司欺骗和破产现象。同时智利的市场化改革增加了国民储蓄，推动了经济增长，促进了资本市场的繁荣和稳定，增强了国民经济活力。与此同时，智利完全市场化改革也存在一些弊端，在强调效率的同时忽视了公平，诸如参保率低、分配差距加大、管理成本居高不下等问题。分散化投资管理在提高投资收益率的同时也面临着较高管理费用的问题。到2004年年底账户管理费用累计占养老金资产的比重大约为23.82%，这意味着超过1/5的养老基金资产会被管理佣金消耗掉，严重影响了养老金待遇水平的提高。

为解决分配差距加大的问题，智利于2008年建立了社会互济养老金（Solidarity-based Pension System，NPS），引入一个"普享型"养老金支柱，也称为社会基础养老金，增加对低收入人群的扶持力度，克服终身贫困者面临的风险，以弥补完全市场改革的不足。根据智利目前的测算，大约有60%以上的老年穷人可以获得社会互济养老金。这样，智利养老保障制度在私营养老保险支柱的基础上又增加了一项"普享型"养老金支柱。由此，智利多支柱养老保障制度改革取得重要成果。

【阅读链接】

房连泉. 建立国家主权养老基金——来自智利的经验启示［J］. 拉丁美洲研究，2008，30（5）：51-55

Chile Congress Approves Pension Reforms for Poor［EB/OL］. （2008）. http：//www.alertnet.org/thenews/newsdesk/N16652470.htm

（三）混合管理模式

目前，我国基本养老保险和医疗保险是实行社会统筹和个人账户相结合的社会保险模式。其中社会统筹部分一般按占工资总额一定比例确定一个筹资费率，在一定范围内由用人单位和在职职工个人分担（或全部由单位负担），以社会保险费的形式缴纳，形成社会统筹基金，以此基金按规定的计发办法和标准发放社会保险金，该部分具有收入再分配和社会互济的功能。个人账户是由社会保险经办机构为参加社会保险的职工建立的个人社会保险记录，按照国家规定由个人缴费和单位缴费的一定比例记入账户，累计储存，存储的本金及利息归个人所有。我国基本养老保险用人单位缴费为企业工资总额的20%，个人缴费为本人工资的8%；基本医疗保险用人单位费率为6%（有的地区达8%），个人缴费2%；工伤保险费率1%，失业保险费率2.5%，生育保险费率0.6%～1%。

三、基金支付模式

在基金支付模式上，社会保险基金支付管理是指社会保障部门按照法律规定的支付原则、条件、项目、标准和方式，支付各项社会保险待遇。涉及劳动者的切身利益和社会稳定的大局，必须依法实施，根据法律规定的范围、条件、水平和标准支付。社会保险金支付是社会保险政策目标的最终体现，只有社会保险金真正地发放到被保险人手中，保险基金的目的才能够真正达到，功能才得以发挥。

待遇确定型计划（Defined Benefits，DB型）：指缴费并不确定，无论缴费多少，员工退休时的待遇是确定的，一般根据设定的公式计发养老保险金。在这种制度下，退休一代人的养老金支付标准的计算方式主要是根据整个工作生涯中的工资总水平，尤其是最后几年的水平，还有资历、工龄、级别和贡献等综合因素。缴费确定型计划（Defined Contribution，DC型）：分为两类，一是上述的智利模式，个人缴费完全计入其个人账户，国家提供几个投资基金，由个人来决定投资组合，基金管理人负责具体运作，盈亏都由个人来承担，养老金支付水平几乎完全取决于缴费余额和投资收益（减去管理费用）。二是以新加坡为代表的中央公积金模式，这种模式在养老金支付上基本上是缴费确定型的，其收益率由国家根据投资收益情况统一确定，但在基金投资方面则完全由国家来运作。

待遇确定型和缴费确定型各有短长，利弊兼有。在一百多年前资本主义国家建立私人养老金时只有待遇确定型模式。它为资本主义经济的繁荣发展，对资本主义社会的稳定都曾做过不可替代的贡献。待遇确定型制度具有很多缴费确定型所不具备的优势：一是对个人来讲，待遇确定型制度下工人收入稳定，待遇较高，便于稳定职工队伍和招聘高管和特殊人才，不用为投资收益率而操劳；二是对企业来讲，财务缴费较为灵活，投资自主权较大，投资政策和投资收益也较灵活，资产分布的余地大一些，劝说年老工人退休比较容易实施；三是对国家来说，可以分担一些国家基本保险的某些责任，甚至可以发挥某些残障和遗属保险的待遇功能（例如美国大约有1/3的待遇确定型计划参加者可以得到残障待遇的承诺），国家无须为之制定税收优惠政策。

缴费确定型也具有许多待遇确定型所没有的优势。虽然缴费确定型模式大规模的发展是70年代以后的事情，但它的许多优势是待遇确定型所不具备的，所以很快吸引了相当多用人单位和员工。一般来说，缴费确定型模式的优势包括：一是对工人来说，它简单易懂，一目了然，缴费与待遇联系得紧密，很方便工人的计算，收入待遇虽没有承诺，随投资回报而变化，但收益率往往高于待遇确定型，并且容易"跳槽"，便携性很好，多缴多得，产权明晰，可以继承，透明度高，可以随时查询，发生经济困难时一般还可以申请贷款；二是对企业来说，它无须精算，缴费水平比较低，不用对职工做任何支付的承诺，裁员行动比较容易执行，没有很大的后果需要负责，负担比较小，省却了单独承担投资增值保值的麻烦，没有"最低融资条件"的强制性要求；三是对国家来说，监管相对比较容易和单纯，不必设立一个担保机制，国家没有财政风险，资金余额规模很大，并大多以信托制的形式出现，对资本市场的繁荣与发展具有较大的促进作用。

一般来说，不管在发达国家还是发展中国家，工人偏向于选择待遇确定型模式；用人单位则相反，倾向于选择缴费确定型模式。这是因为：待遇确定型模式的待遇水平更人性化，更容易被工人所接受；缴费确定型模式的操作更简单容易一些，用人单位的风险较小。在当前我国具体国情下，之所以说缴费确定型比待遇确定型更适合我国，除了缴费确定型的某些优势适合我国目前的国情以外，以下3个原因是我们必须要考虑到的：一是缴费确定型可以减少企业负担，提高竞争力；二是缴费确定型模式在客观上可以促进资本市场的发展；三是国家无须为之建立"再保险"机制，可以避免未来中央财政风险的包袱。

社会保险基金的支付应当做到如下几点：

1. 统一发放。社会保险基金由一定的社会机构管理，设立单独的社会保险基金财政专户，专门用于社会保险的各个项目开支，任何单位和个人都不得挤占挪用社会保障基金，也不得用于平衡财政预算。基金的支出要严格按照国家政策规定的项目和标准开支，维护国家政策的统一，防止政出多门，形成政策之间的矛盾。

2. 收支两条线。社会保险机构对社会保险基金收入和支付分别管理。对社会保险基金在银行分别开立收入账户和支出账户，将基金的筹集和支付分别进行核算，不得混合操作。

3. 专款专用、分账核算。社会保险基金是用于保障社会保障对象的社会保障待遇，按照国家法律、法规的有关规定而筹集的专项资金，除了这种特定用途外，任何地区、部门、单位和个人均不得挪用，将社会保险基金用于其他任何方面的开支都是对保险对象合法利益的侵占，都是违法行为。在社会保险管理过程中，要求按照项目分别设立账户，也就是说，对养老保险基金、医疗保险基金、失业保险基金、工伤保险基金、生育保险基金等都应分账核算，自求平衡，不得相互挤占和调剂。

4. 统筹范围内支付。理解"统筹范围"应当注意两点：一是基金必须支付给统筹范围内所有参加了社会保险的保障对象；二是基金的支付必须在统筹地区范围内，不得跨统筹范围支付。

【阅读链接】
　　郭士征. 社会保险基金管理［M］. 第四章"社会保险基金的收支管理". 上海：上海财经大学出版社，2006

四、基金运营模式

社会保障基金管理运营的核心是基金的保值增值。针对不同的基金，保值增值的侧重点也应当不同。五项社会保险基金统筹部分的运营管理核心应当是保值，而养老保险个人账户基金、企业年金基金和全国社会保险基金的运营管理核心应当是增值。

根据《中国人民银行关于对养老保险基金活期存款实行优惠利率的通知》（银发［1997］567号），养老保险基金存入各商业银行的活期存款按3个月整存整取定期存款利率计息。按照《国务院关于建立统一的企业职工基本养老保险制度的决定》（国发［1997］26号）的规定：社会保险基金结余额除预留相当于2个月的支付费用外，应全部购买国家债券和存入专户，严格禁止投入其他金融和经营性事业。按照这些规定，社会保险基金统筹部分的保值增值情况不容乐观。我国养老保险省级统筹虽然名义上已经在2009年年底实现，但实际上很多统筹基金还在市县一级运营。各地无处购买国债，结余的基金只能存在财政专户中。财政专户一般都在当地的商业银行开户。这些商业银行基于自身利益的考虑希望能支付活期利息，人民银行规定的优惠利率存款很难落到实处，而相关部门对存款的形式也没有硬性的法律规定。这样下来，估算的存款平均收益仅在1％～2％之间。2010年以来，消费者物价指数（CPI）高企，在3％以上，巨额的社会保险基金结余贬值损失严重，影响了参保人的利益。

【新闻摘录】（中国证券报2010年9月8日）

中国社科院世界社保研究中心主任郑秉文撰文称，进入本世纪以来，我国五个险种社会保险基金规模发展惊人。2001年累计结余为1 639亿元，但到2009年年底就近2万亿元（1.96万亿元），9年间增加了12倍，2002—

2009年平均增长率高达41%（养老保险含农村养老保险制度，不含企业年金基金；城镇职工养老和职工医疗制度中含统筹和个人账户部分）。社会保险基金规模快速扩大，令人喜忧参半。喜的是社会保险基金实力极大增强，彻底改变捉襟见肘的被动局面；忧的是投资收益率还不到2%，没有跑赢2.2%的CPI（2000—2008年），处于贬值状态，且规模越大，贬值风险越大。目前，社保五险基金的投资渠道只有存银行和买国债，不到2%的名义收益率既低于国外任何一个实行国债投资的收益率，也低于国外任何一个实行市场化的投资收益率，几乎是世界上收益率最低的。

借鉴美国《社会保障法案》关于联邦社会保障基金投资的经验，为使我国五项社会保险基金真正做到保值增值，需要研究定向发行"社会保险特种国债"的办法，解决社会保险基金无法购买国债的问题。目前各省的五项社会保险基金结余大多数存在财政专户中，2010年年初国务院通过了《关于试行社会保险基金预算的意见》（国发［2010］2号），开始将五项社会保险基金纳入预算编制范围，此时由财政部针对社会保险基金发行社会保险特种国债应该不存在技术上的问题。从性质来看，养老保险统筹基金和其他四项社会保险基金性质类似，以现收现付为主，保值应当作为首要目标；养老保险个人账户基金和企业年金基金跨时数十年，应当以抵御通货膨胀的增值为首要目标。为确保个人账户积累养老金和企业年金的增值，管理的核心是投资运营，构建符合其长期特点的投资组合、投资工具、投资期限，从而实现特定的收益性、安全性和流动性目标。基于分散的投资组合及市场竞争，市场化的养老金投资可以取得较高的收益。对于我国这样的发展中国家，要应对基金长期积累过程中的通货膨胀风险，必须保证有较高的投资收益率，而由竞争性的商业机构经营，市场竞争的力量能够确保更高的效率。全国社保储备基金投资在这方面已经积累了一些经验，通过公开、透明地选择基金管理公司管理资产，其收益率高于货币、资本市场平均回报率。目前，从国际通行做法看，社会保障基金的投资管理大体可划分为3种类型：政府集中型投资运营模式、适当集中型投资运营模式和分散型投资运营模式。

1. 政府集中型投资运营模式。这种模式是指政府通过强制手段，将参保人员的社会保险费或税集中到一家公共管理机构，政府主管部门直接负责基金的投资运营，从而实现基金保值增值的目标。政府采取多元化投资工具，将基金投入资本市场，主要是投资于银行、政府债券，参保人无权进行投资决策。同时，政府单方面制定社会保障基金的收益率，以此保证参保人员待遇水平。采用这种模式的国家和地区有新加坡、马来西亚等。可以说，政府集中型投资管理模式利弊共存。从有利方面看，政府通过集中筹集资金，投资管理形成规模经济效应，降低投资管理成本。由于参保人员无须对投资进行决策，节省为获取投资信息而支付的信息成本，这也会相对增加收益人的社会保障待遇收入。但是，由于这种投资管理类型强调行政干预，在具体业务管理中，极易受制于政治压力，甚至产生渎职和低效率后果。社会对政府集中管理基金的稳定性要求较高，导致投资限定于银行存款、购买政府债券等领域。投资风险降低了，但投资收益也随之降低。

2. 分散型投资运营模式。这种模式是指参保人员根据国家法律建立个人账户，每个参保人可以从国家核准的基金管理公司中，自由选择基金公司，委托其管理自己的个人账户。政府批准的基金公司可以自由进入该市场，通过竞争方式吸引社会保障基金。以智利为代表的拉美国家采取这种模式。分散型管理较少受政治因素影响，依据市场化原则进行投资，往往会采取最优投资组合，获取最佳收益。由于投资分散，灵活性强，能根据市场的变化，及时调整投资策略，这对于保持金融市场的活力，促进其发展都有益处。另外，多家机构参与营运，相互竞争，会使服务不断改进。缺点是由于这种投资运营相对分散，不能产生巨大的投资规模效应，并且各基金为了吸收客户，占领市场份额，推销费用较大。采用多元投资组合，管理复杂，内部成本也增高。

3. 适度集中型投资运营模式。这种模式仍然采取政府公共机构统一征收社会保障费，政府公共机构公开选择若干家经营良好的基金公司等金融机构，由其管理运作社会保障基金。或者，基金集中起来后再按照参保人员的选择，在几家基金公司之间进行分配。由于政府在选择基金公司时通常采取行政许可或公开招标等方式，避免了由政府垄断投资运营所容易导致的行政弊端。同时，这种模式适度集中社会保障基金，然后"分配"给指定的基金公司管理，仍然可以克服资金过于分散的弱点，发挥规模经济效益。在实行这种模式的一些国家，尽管参保人员不直接与基金公司打交道，但可选择基金公司，中央政府把社会保险基金分配给这些公司运营，仍体现了参保人员较大程度的自主权。当然，在这种模式中，政府把社会保险基金委托给基金公司经营，产生委托代理关系，使基金投资管理更加复杂化，需要不断改进约束和激励机制，提高运营效率。世界上一些国家的社会保障基金投资管理采取了这种模式。

五、基金运行风险管理分析

银行、证券、保险等金融业的监管理论中,风险管理都占据了非常重要的地位,诸如信用风险、市场风险、操作风险、流动性风险等贯穿于监督管理的始终。随着社会保障基金数额的大幅增长,涉及基金的风险也在同步增长,因此社会保障基金风险管理也逐步进入监管者的视野。

(一) 风险的分类与管理

风险通常用于表示概率或不确定性,尤其同难以预料的损失相关。如果一种损失确定会发生,就可以预先为之做好计划,并视其为一种明确的、可知的投入。只有当损失的发生存在不确定性时,风险才成为一个重要的问题。基金风险是指基金遭受损失的概率。例如,社会保险经办机构在征收社会保险费时有可能征收不到,这就是基金的收缴风险;发放时,有可能被冒领,这就是支付风险;结余基金被挤占挪用或违规动用,这就是经办过程中的管理风险。甚至由于部分积累的基金不足或存在结构性问题,出现支付危机。对于社会保障基金管理而言,会涉及信用风险、市场风险、操作风险和流动性风险,如果事先不对这些风险可能造成的损失做出相应计划,损失的代价会很大。国外的实践证明,社会保障基金风险还极端地表现在,由于支付危机,引发"多米诺效应",激起社会动荡,从而产生政治风险。基金风险论的出发点是,庞大的社会保障基金,无论从收支的过程来看,还是从具体运营的操作来看,都潜伏着巨大的风险。这种特殊性类似于金融风险,因此决定了国家对社会保障基金必须实行严格的监督管理。

首先是纯粹风险和投机风险的概念。纯粹风险不会带来任何收益的可能性,而只有损失的可能性。纯粹风险的例子包括由于火灾或洪水造成的财产损坏,或由于事故或疾病造成非自然死亡的预期。和纯粹风险相对,当某种既可能产生收益也可能造成损失的事存在不确定性时,则是投机风险。股票投资和赌博就是投机风险的例子,收益和损失都可能发生。在同一情况下,纯粹风险和投机风险都可能出现。例如,养老金管理人投资于金融衍生品的决策往往隐含着投机风险,当购买金融衍生品之后发生类似2008—2009年这样的全球金融危机,它就面临着纯粹风险。

【阅读参考】养老金投资风险控制模型框架

某公司养老金全球绝对回报经济模型，依靠一套完善的、可重复的风险控制投资过程。这一过程通过有效风险控制，获得LIBOR+5%的回报。

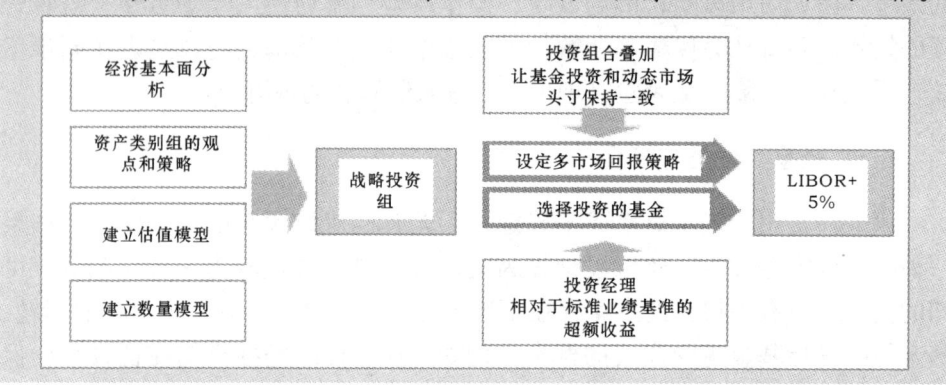

另一种风险划分是根据该风险是客观性还是主观性。主观风险是指对于给定事件的结果有疑虑的人所处的心理状态。一种特定风险除了是主观的之外还可以是纯粹的或投机的，以及静态的或动态的。主观风险本质上是一种心理的不确定性，而这种心理不确定性是源于个人的思维方式或心理状态的。客观风险与主观风险的不同之处主要是预期经验与现实可能之间的差异。主观风险的概念特别重要，因为它提供了一条解释那些面对相同形势却作出不同决定的人们行为的途径。比如，某人可能极度保守并总试图找出"安全途径"，即使在其他决策者认为是基本无风险的情况下也是如此。客观风险可能在两种情况下是一样的，但可能会被那些从他们自己的角度考察风险的人认为是很不一样的。所以，仅知道客观风险度是不够的，还必须了解人们对风险持有的态度。

在风险来源被识别和评估后，就可以对关于如何处理风险作出决策。传统风险管理的目标是最大程度地降低纯粹风险的成本。综合风险管理是要管理所有形式的风险，而不管其是什么种类的风险。

【阅读链接】

詹姆斯·特里斯曼等著. 风险管理与保险（第十一版）[M]. 第一章"风险导论". 裴平译. 大连：东北财经大学出版社，2002

(二) 社会保险涉及风险的特点及其识别、评估

社会保险主要涉及人的生命、健康和收入损失风险，不同的社会保险项目涉及的风险因素各不相同。例如，一个员工面临退休和失业，两者都会导致原本存在的收入来源的丧失，但是两者的重要区别在于时间因素——退休通常不会出人意料，因而可以事先计划多种选择，包括如退休金账户的长期投资。相比之下，解雇常常出人意料，所以较难在事先作好计划，只能通过失业保险来解决。员工生病或在事故中受伤将会产生医疗费用的支出，而这种医疗费用正变得越来越高昂。有时用人单位会安排支付其员工部分或全部的医疗费用而不考虑这种疾病或伤害是否与工作有关。然而，随着医疗费用的上涨，越来越多的个人（不管他是否被雇用）每年必须为自己和家人支出大笔医护费用。除了这些支出，还有另外一种与疾病和事故有关的潜在损失。假如，一个原本工作的人身受重伤或身患重病，他可能数月甚至数年无法工作，这导致的收入损失会对此人及其家庭的经济状况造成很大影响。

风险与损失暴露的识别是风险管理过程中最重要的步骤。如果不能识别出可能的损失来源，人们就无法选择适当有效的方法来处理可能发生的损失。损失暴露是一种可以与某一具体风险相联系的潜在损失。划分损失暴露的方法可以根据损失暴露的原因对它们进行分类。损失暴露或者是由财产、责任、生命、健康因素引起的，或者是由收入损失风险引起的。

风险识别的第一种工具是损失暴露清单。这种清单将来自资产损毁、法律责任的潜在风险来源具体化。风险识别的第二种方法是财务报表分析。根据可能存在的风险，可以对社会保障基金管理机构的资产负债表和利润表中的所有项目进行分析。通过分析预算、长期预测，以及成文的战略计划，有助于识别现在可能不存在但将来可能发生的风险。风险识别的第三种方法是现场检查。因为可能存在一些用以上几种方法仍难以识别的风险，所以风险管理者定期开展现场检查十分必要，通过检查使风险管理者更了解有关当前的损失暴露以及将来可能出现的潜在风险信息。风险识别的第四种方法是历史损失的统计分析。了解历史损失的某些特征很重要，这些特征包括损失的原因、所涉及的有关特定员工、损失发生的原因以及损失的总额。越来越多的风险管理者将能更有效地在其风险管理活动中使用历史损失的统计分析。

一旦识别了风险，风险管理的下一个步骤就是进行风险评估。风险评估是对风险性质、等级及其潜在危害等不确定因素进行衡量，是风险管理和决策的重要依据。对此，要制定详细完善的风险评估办法，积极探索建立风险

评估制度。风险评估分为专业风险评估、综合风险评估两大类,红色等级、黄色等级、橙色等级、蓝色等级、绿色等级五个级别,并对每个级别确定不同的分值区间。

对社会保障基金运营风险的评估方法可以有定性的和定量的。定性的分析可以利用一些国际或国内惯用的金融风险指标体系,如信用风险指标、市场风险指标、操作风险指标、流动性风险指标。定量化分析的模式应用比较广泛,如投资组合风险分析、收益模型分析等。

【阅读参考】
利用定量分析建立经济模式,可以提供科学准确的数据分析。例如,美国在第二次世界大战以后50年间标准普尔500种股票收益率的标准差为16.6%,就是投资标普指数的风险量度。如果期间美国某养老基金投资组合的标准差小于16.6%,就可以认为其风险小于标普指数。

运用计算机技术及数据分析方法,建立社会保障基金运营风险评估信息系统。通过社会保障基金运营风险管理信息系统的支持,对有关市场风险信息进行收集和存储;根据客户的信用历史资料和实况,利用一定的信用风险评估模型,运用计算机技术及数据分析方法,建立风险监测信息系统及社会保障基金运营风险监控信息系统,设立信用评估体系,从中得到不同等级的信用分数,提高社会保障基金运营风险管理的正确性和有效性。

在对社会保障基金运营风险的评估过程中,除了风险管理专家外,还应该聘请投资管理专家、财务专家、理财专家等对基金风险进行综合评估,及时发现基金管理中出现的一些问题,并提出解决问题的合理建议,使基金风险得到有效抑制,防患于未然。对不同情况采取不同的监管措施,当风险评估处于一定临界指标时,必须输入预警警报系统。

总之,通过借鉴国际经验,构建我国社会保障基金投资风险管理模型,研究监测预警体系,就可以对基金投资管理机构有关指标、经营管理活动及综合风险趋势进行动态监测,分析发现风险隐患,有效防范社会保障基金运营风险,提高我国社会保障基金投资管理机构专业化水准,有效防范和化解投资风险,实现社会保障基金的安全运营和保值增值。

(三)社会保障基金投资的风险控制

社会保障基金投资必须树立强烈的风险意识。中国证券市场不但存在着其他市场经济国家所普遍存在的一般风险，而且还面临着转轨经济国家特有的证券市场失效的系统性风险。在经济转轨过程中，由于证券法律和监管往往滞后于证券市场发展，加上企业和金融机构的治理结构不完善，因而极易使广大投资者的利益被少数人所侵害，最终导致证券市场的失效，从而使社会保障基金面临投资组合所无法有效分散的系统性风险。

【阅读参考】

俄罗斯和捷克都经历了这样一个过程：20世纪末俄罗斯证券交易所的股价指数不断下挫，股票交易极度萎缩，股票市场的融资功能丧失殆尽，大量企业衰败倒闭。捷克布拉格证券交易所1995年有1716家公司挂牌上市，而到1999年年初只剩下301家，其50种主要股票指数的投资价值也下降了60%。

引起捷克和俄罗斯等转轨国家证券市场失败的根源在中国也同样存在，因此政府主管部门和社会保障基金管理者应当有足够清醒的认识。对于社会保险基金投资的投资运营问题，政府应该通过发行专供社会保险基金投资的特种国债来防范股票市场的系统性风险。这样，社会保险基金一方面为积极的财政政策作贡献；另一方面也获得了稳定的投资回报，减少投资股票可能存在的系统风险。

对于非系统性风险，根据国内外资本市场运营的实际经验，当单一的机构投资者资金量占市场总市值的10%以上时，该资金的进出将对市场产生较大的冲击。我国规定证券投资基金投资单一股票比例不得超过10%，主要就是基于这种考虑。截至2009年年底，全国社会保障基金理事会管理的总资产已达7766亿元，其中基金已实现收益427亿元，大部分来源于权益类资产如股票和债券。为了体现全国社会保障基金投资的安全性、收益性和流动性原则，参照证券投资基金管理办法和《全国社会保障基金投资管理暂行办法》（2001年，财政部、劳动和社会保障部令第12号）的有关规定，基于风险控制的要求，全国社会保障基金以及养老保险个人账户基金，应当实行市场化管理方式，采取相对保守型的投资战略，除相当一部分投资国债外，投资股票以指数基金的方式较好，可以限制风险过高的商业化运作和激进的投资策略。自愿性的补充保险和商业养老保险，可以由个人根据自己的情况进行投资，也可委托保险公司选择合适的投资战略。例如，企业年金资产可以采取更加积极的投资战略，投资股票的比例可以略高。

第三节 社会保障基金监管

社会保障基金的监督管理,是确保基金收支、管理和投资运营各环节安全有效的重要制度性保障。如何通过监管来规避风险、维护基金安全、确保基金保值增值,进而促进社会保障事业持续发展,是社会保障基金监管机构的核心任务。

一、基金管理与监督

(一)社会保障基金管理

社会保障基金管理分为广义上的管理和狭义上的管理。广义上的管理是指收支、管理和投资运营各个环节的运作活动,狭义上的管理是指形成基金以后的保管支配活动。1996年以前,社会保险基金由社会保险经办机构管理,存放在社会保险行政主管部门在商业银行开设的账户中。为了加强预算外资金的管理,1996年国务院颁布了《关于加强预算外资金管理的决定》(国发〔1996〕29号),规定各部门和单位的预算外资金必须上缴同级财政专户,支出由同级财政按预算外收支计划和单位财务收支计划统筹安排,从财政专户中支出,实行收支两条线。同时规定,社会保险基金在国家建立社会保障预算之前,先按预算外资金管理制度进行管理。从1997年开始,社会保险基金存入财政专户进行管理。财政专户是指在各级财政和社会保险行政主管部门共同认定的商业银行开设的,用于对预算外资金收支进行统一核算和集中管理的专门账户。社会保险基金存入财政专户的具体做法是:实行由社会保险经办机构征收社会保险费的,可以在商业银行中开设收入户,并定期将收入户中征缴的社会保险费缴存财政专户,收入户只收不支,月末无余额。实行由税务机关征收社会保险费的,不在商业银行中设收入户,直接缴入国库,再由国库转入财政专户。

社会保险基金涉及征收、支付、管理、投资运营等各个环节,与之相关的社会保险基金管理部门主要是社保行政部门和经办机构,后来增加了财政专户管理、税务征收、银行或邮局发放、定点医院和药店等涉及基金运营的机构;企业年金及全国社会保障基金还涉及证券、保险、信托等多个行业,基金管理链条加长,涉及面扩大。

(二）基金管理与监督的关系

我国社会保障基金监督的概念，最早见于1991年《国务院关于企业职工养老保险制度改革的决定》（国发［1991］33号）中的规定：地方各级政府要设立养老保险基金委员会，实施对养老保险基金管理的指导和监督。1994年颁布的《劳动法》中规定：社会保险基金监督机构依照法律规定对社会保险基金的收支、管理和运营实施监督。基金监督正式作为一项工作始于1998年。国务院关于劳动和社会保障部的"三定"方案规定，设立社会保险基金监督司，负责对社会保险基金管理实施行政监督。社会保障基金监督，是基于社会保障基金管理的监督，是政府社会保险基金监督部门，对社会保障基金经办、管理、服务、运营等机构，征收、支付、管理和投资运营社会保障基金的安全性、合规性、效益性、流动性，以及内部控制体系、机制建设等实施监控、审核、分析和评价的活动。在建立覆盖城乡居民的社会保障体系中，负有维护基金安全、促进社会保障事业持续发展的重要责任。从基金监管工作体制来看，目前除人力资源社会保障部门的行政监督之外，财政、审计等部门对社会保障基金也承担一些监管职责。相关部门既可以开展联合检查，也可以单独部署检查。

二、基金监管的目标与原则

社会保险基金是社会保险事业的生命线，是社会保险制度运行的物质基础。社会保险基金的安全与完整，直接关系到广大参保人员的切身利益和社会稳定。国家高度重视社会保险基金监管工作。《社会保险法》在总则中明确要求"国家对社会保险基金实行严格监管"，并在第八章、第十章用专章作了详细规定，将党中央关于加强社会保险基金监管的决策部署转化为根本性、稳定性的国家法律制度，为进一步加强社会保险基金监管提供了更加有力的法律保障，对维护社会保险基金安全、有效运行发挥了重要的推动作用。

（一）基金监管的目标

各国社会保障基金监管的内容和形式，因各自历史背景和体制的差异不尽相同，但监管目标都大体一致。我国社会保险基金监管的根本目标是保证基金的资产质量，确保基金的安全与完整，促进基金的保值增值，保护公民的根本利益，维护社会的稳定，促进经济可持续发展，构建社会主义和谐社会。社会保障基金监督贯穿于整个基金管理过程，包括法律、法规与政策执行情况的监督、日常管理运营风险监督、金融机构准入与退出监督等，是对社会保障基金运行全过程的监督。社会保障基金监管的目标主要有以下几个方面：

首先，维护参保人员的合法权益。各项社会保障基金是政府强制或主导建立的专项资金，是保障广大群众的"养命钱"和"保命钱"。维护广大参保人员的权益，是加强基金监管的根本目的。由于种种原因，广大参保人员难以了解基金管理运营和资产质量的状况，无法直接参与并保护其切身利益，这使得监管机构代表参加保险人员，对基金经办管理和运营实行监督成为一种必然。

其次，确保基金的安全完整，这是基金监管的首要目标。我国巨额的社会保障基金，无论是从征缴、支付、管理的过程来看，还是从具体投资运营的操作来看，都存在一定的风险。基金规模越大，环节越多，风险点也越多。因此，国家必须采取有力措施，对基金实行严格的监管，以建立基金风险的"防火墙"和"隔离带"，保证基金的安全和完整。

再次，实现基金的保值增值。从某种程度上讲，基金监管不仅是社会管理问题，而且是经济管理问题。通过对基金进行有效监管，不仅可以确保基金安全，同时还可以鼓励投资运营创新，有效运行社会保障基金，促进基金投资决策机构、经办机构和运营机构等建立良好的治理架构，逐步改善投资管理方式和运行环境，合理配置基金资源，稳步提高投资效益，最终实现保值增值的目标。

最后，健全社会保障运行机制。按照党的十七大"建立健全决策权、执行权、监督权既相互制约又相互协调的权力结构和运行机制"的要求，建立健全社会保障政策、经办、监管运行机制，为社会保障体系保驾护航，确保基金安全和有效运行。

(二) 基金监管的原则

基金监管必须遵循一定的原则，按照基金运行的规律进行监督管理。一般来说，基金监管应坚持以下原则。

第一，科学性原则。基金监管是一门不断发展和完善的经济、社会、管理交叉学科。监管机构以强有力的行政监管体系为基础，建立严密适度的监管法规体系和科学规范的监管组织体系，适应社会保障事业和金融业发展和变革的情况，运用先进的科学技术，对诸多管理对象和目标进行监督，不断提高监管的质量和效率，推动基金监管迈向更高的层次和水平。

第二，法制性原则。基金监管是在法律法规和规章基础上政府管控社会保障基金的一种形式。法律赋予监管机构法律地位、权威和职责。监管机构依照法律行使行政监管权力，对检查发现的问题依法作出处理，同时自身的活动也受法律法规的严格约束，不能滥用职权，徇私舞弊，保证监管的严肃性、强制性、权威性和有效性。

第三，安全性原则。监管机构通过监管，维护基金安全完整，实现基金保值增值，从宏观上推进社会主义市场经济体制改革，为社会保障事业保驾护航；从微观上保护参加保险人员的合法权益，防止以权谋私、违法违规运作，避免基金损失以及由此引发的支付困难，保证制度可持续运行。

第四，公正性原则。监管机构在履行监管职能时，应以客观事实为依据，以法律规章为准绳，综合运用行政、经济和法律手段，对征收、支付、管理和投资运营环节中经办机构、征缴机构、管理机构和有关服务机构等的违法违规行为予以监督检查。监管机构按照客观、公正、公开的原则，提高执法的透明度，对监管主体、对象、目的、手段和程度作出统一规范，使被检查者充分了解自己的权利和义务，自觉地依照法律履行职责。

第五，独立性原则。监管机构对社会保障基金收支、管理和投资运营情况进行监督检查，依照法律独立行使行政监管权力，被检查单位和个人应该积极配合，不受其他行政机关、社会组织和个人的干预。不能直接参与监管对象的具体管理运营活动，如有利害关系和亲属关系应予回避。

第六，审慎性原则。监管机构按照基金安全性、流动性、效益性的原则，合理设置有关监管指标，进行评价和预测，最大限度地发现和控制风险，对检查出的问题审慎定论与处理，重在损失基金的清理回收，促进管理运营机构自我约束运作行为，不断加强基础管理，自觉防范基金风险。

【阅读链接】

张左己. 领导干部社会保障知识读本 [M]. 第十一章"社会保险基金监管". 北京：中国劳动社会保障出版社，2002

(三) 社会保障基金监管的模式

社会保障制度比较健全的国家，对社会保障基金监管采取的不同模式，值得借鉴。

1. 审慎监管模式（Prudential Regulatory Model）。是指在社会保险计划和基金的运行过程中，管理人应当达到必要的谨慎程度，即一个正常谨慎的人在与他们从事财产交易时所应具有的谨慎程度。也就是说，审慎监管模式通常不对社会保障基金的资产配置（如投资品种、投资比例）作任何数量限制，但要求管理人的任何一个行为都必须像一个谨慎的商人对待自己的财产那样考虑到各种风险因素，为社会保障基金构造一个最有利于分散和规避风险的资产组合和管理结构。

审慎监管模式包含以下两层含义：第一，管理人在从事社会保障基金投资时，必须遵守监管法规的规定，并以一个理性和谨慎的投资人在进行基金组合投资时应当具有的适当方式，做出审慎、专业化的投资决策；第二，管理人在社会保险计划或基金的投资管理过程中，必须应用必要的知识或技能水平，即基金管理机构在事实上拥有或者从职业（行业）标准来说应当拥有的与社会保险计划或基金管理有关的某种知识或技能水平。审慎监管模式是在以判例为基础的普通法中形成的。1830年的哈佛诉亚莫瑞判例首开了采用审慎监管模式的先河：受托人应当审慎地、细心地和有所谋略地履行其自身的职责，关注他们基金的长期头寸以及投资资本的可追求投资收益和投资安全，而不是考虑如何进行投机。此后的一百多年里，随着现代资产组合理论的发展，审慎监管模式的内涵开始包含了分散投资、实行投资多样化的含义。

审慎监管模式具有如下的特点：一是监管对象集中于投资管理人的行为。审慎监管模式主要关注人的行为方面，其中投资决策的制定是测试谨慎与否的核心。二是强调投资管理人的诚信义务和投资管理的透明度。审慎监管模式要求社会保障基金投资管理人对基金持有人负有诚信义务，也即忠实义务，要求基金投资管理人在作出投资决策时必须诚实善意，并且合理地相信其行为符合基金持有人（而非其个人）的最佳利益。三是要求投资组合管理采取多样化的方式。采用审慎监管模式的目的是分散投资，实现投资的多样化，尽量规避和控制投资风险。四是允许投资管理人在坚持投资多样化的前提下，实行投资的自由选择。五是监管机构更加关注信息披露。在采用审慎监管模式的情况下，监管机构对基金投资的内部控制方面有更为严格的信息披露要求，促使其信息披露更加充分，提高其运作的透明度，并且基金投资管理人必须遵守监管机构关于信息披露的各项规定。而在审慎监管模式下，监管机构通常较少干预基金的日常运营活动，只有在当事人提出要求或基金出现问题时才会介入。在很大程度上，监管机构是依靠会计师、精算师和资产评估机构等中介机构对社会保障基金的运营进行监督。

审慎监管模式是一种适应金融和资本市场理论发展的动态型自我监管模式，为英美普通法系国家所普遍采纳，其适用条件是：（1）本国经济比较发达；(2) 相关法律法规体系比较健全；(3) 金融体制比较完善；(4) 资本市场和各类中介机构发育相当成熟；(5) 投资管理人的投资管理能力较强，其治理结构和内控制度比较完善；(6) 监管机构的监管经验比较丰富，监管水平较高。

2. 严格数量限制监管模式（Quantitative Asset Restrictions）。是指对社会保障基金投资的资产类别、投资比例等进行直接的数量限制。这一模式通常对社会保障基金持有低流动性、高波动性、高风险性的资产都有禁止性规定或比例限制，比如对股票、风险资本、实物资产以及外国资产等的投资限制。严格数量限制的主要特点有：(1) 集中于对投资的资产类别和投资比例进行直接的数量限制，而不是对投资组合进行限制；(2) 对股票、风险资本、实物资产以及外国资产等风险资产实行数量限制；(3) 把谨慎视同于投资低风险资产；(4) 对单个金融工具的投资进行限制；(5) 不允许投资的自由选择；(6) 建立严格的信息披露制度，信息披露的内容包括基金资产估价的原则、资产估价的频率及其他财务数据等，监管机构通常直接审查信息披露的真实性、准确性和完整性。

严格数量限制模式主要为大陆法系国家所采用，适用于发展尚不完善的金融市场，其中的资本市场和各类中介机构发育尚不成熟、投资管理人的投资管理能力不强、治理结构和内控制度尚不完善。这些国家监管机构的监管经验尚不丰富，监管水平不高，需要设立严格的数量限制措施。正因为如此，严格数量限制模式存在着内在的缺点：它妨碍社会保障基金投资组合管理的最优化，限制了金融衍生工具的使用，阻碍了恰当的投资策略的运用，过分关注于单个资产品种而不是资产组合，缺乏灵活性，不能随股票、货币或不动产市场的变化而相应调整资产配置，容易导致社会保障基金成为财政预算目标实现的工具，限制了基金国际投资的范围，从而限制了国际投资多样化可以带来的益处。

考虑到我国的法律传统和监管环境，目前更适合采取严格数量限制。随着未来制度环境的健全，我国应顺应金融创新的发展，避免严格数量限制的弹性不足等缺陷，将严格限量监管和谨慎性监管有效地结合起来，通过对社会保障基金投资风险和收益相对运动所产生净效果的评价，在两者中寻找最佳的结合点，在积极维护市场秩序的基础上，充分调动社会保障基金各当事人的积极性，使监管适度有效而富有弹性。

【阅读链接】

尹蔚民. 中华人民共和国社会保险法释义 [M]. 北京：中国劳动社会保障出版社，2010

三、社会保障基金监管的重要环节

（一）基金征缴的监督管理

《社会保险费征缴暂行条例》（1999 年，国务院令第 259 号）要求社会保险费征收机构按照社会保险经办机构核定的缴费数额全额征收，将征收的社会保险费及时全额存入社会保险基金财政专户，不得截留、挪用社会保险基金。为加强社会保险受益人对自身基金信息的了解，社会保险征收机构应当每年至少一次向缴费单位和个人提供缴费凭证，接受缴费单位和个人的查询和监督。要加强依法征收的宣传教育，加大监督执法的工作力度，对擅自减免社会保险费的行为依法进行处理，确保社会保险费应收尽收。

（二）基金支付的监督管理

社会保险基金支付环节是欺诈行为发生最多的环节。因此，监管重点应当防止任何法人和自然人通过隐瞒事实真相、虚构领取条件、伪造变造相关材料等方式骗取或协助他人骗取社会保险待遇。社会保险基金受益人在基金领取过程中对其提交资料的真实性要负法律责任。严禁使用伪造、变造的虚假证明文件骗取、冒领社会保险基金。为加强内部控制，社会保险经办机构、社会保险金发放机构、社会保险服务和中介机构，不得与任何自然人及法人串通，以欺诈、伪造证明材料或者其他手段骗取社会保险待遇。

（三）基金账户的监督管理

社会保险账户是基金存储、划转、拨付等活动的重要载体，也是基金监督机构进行监督检查时需要重点查询的部分。按照政策规定，社会保险经办机构和财政部门，要在共同认定的商业银行按险种开设社会保险基金收入户、财政专户、支出户；各项社会保险基金要按险种分别建账、分账核算，不得相互挤占或者调剂使用，不得随意改变专户的使用功能。由于社会保险账户的特殊地位和作用，它也成为进行监督检查活动需要查询的重要资料。按照法律法规和规范文件的规定，负责管理社会保险账户的相关部门，在社会保险基金监督机构需要提供这方面的资料时，应积极配合，提供真实情况和资料，以保证监督检查工作的依法进行，使相关问题得以查清，纠正和挽回基金损失。

（四）基金运营的监督管理

监管机构应当依法对社会保险基金运营机构在运营过程中的风险状况的合规性进行监督检查，以保证基金的安全性、流动性和收益性。投资运营机构要建立健全内部控制制度、合规检查制度、风险评估制度，按照勤勉、审慎的原则，加强风险管理，在投资决策前必须进行可行性研究和风险评估，在投资过程中随时进行风险监测，以实现安全投资和保值增值的目标。社会保险基金监督机构对基金投资运营的监督检查，就是要检查法律法规的执行情况，内部制度建立和实施情况，实际运作的合规情况，运营效果的评价情况，切实维护基金所有人的合法权益。

思 考 题

1. 社会保障基金包括哪些种类？其中社会保险基金主要有哪些特点？
2. 社会保障基金有哪几种监管模式？
3. 社会保障基金监管的目标和原则是什么？

第二章
社会保障基金监管历史沿革

本章导读

通过对1951年以来我国社会保障制度发展研究归纳,将社会保障基金监管体系发展演变划分为4个阶段,帮助读者学习了解我国社会保障基金监管的历史沿革。

随着我国社会保障制度的发展和完善,以及社会保障基金规模的扩大,建立健全切实有效的社会保障基金监管体系,是促进我国社会保障制度健康、稳定、可持续发展的必然要求。

《社会保险法》对社会保险基金的监管主体、监管内容和监管措施作出了原则性规定,我国现已形成包括国家权力机关监督、国家行政机关监督、社会监督等在内的监管框架。

新中国的社会保障制度从成立初期开始建立并逐步发展。改革开放以来,社会保障制度作为社会主义市场经济体制的组成部分,在经济、社会和政治生活中发挥了越来越重要的作用。社会保障基金监管是我国社会保障制度运行的重要保障,经历了从无到有、逐步发展的过程。随着《社会保险法》的颁布实施,社会保障基金开始步入强化依法监管的阶段。

第一节 初始阶段:基金监管蕴含于基金管理之中

1949年新中国成立到1984年,是社会保障基金监管发展的初始阶段。这一时期,社会保险是采取企业自行管理的即期支付方式,没有全面形成社会保障基金,基金监管主要是通过企业和管理机构的相关财务制度来体现,基本是蕴含于基金管理之中。

新中国成立到1957年是社会保障制度从无到有的建立时期，主要以1951年政务院颁布的《劳动保险条例》为标志。该《条例》规定了养老保险、医疗保险、生育保险、工伤保险等一系列社会保障政策和措施；规定中华全国总工会是劳动保险事业的最高领导机关，负责统筹全国劳动保险事业，并督导各地方工会组织、各产业工会组织执行劳动保险政策。各工会基层委员会具体负责劳动保险事务，劳动保险基金则由中华全国总工会委托中国人民银行代理保管。同时，《条例》还明确劳动部为最高监督机构，各级人民政府劳动行政机关对劳动保险金缴纳及所有基金业务实施监督管理，负责处理有关劳动保险事件的申诉。可见，这个时期采取的是一种政事分离的管理体制，即各级工会负责具体经办劳动保险和管理劳动保险基金，劳动行政部门负责监督。

从1958年党的八届三中全会到1966年"文化大革命"前是社会保障制度的调整时期。1958年，党的八届三中全会决定对国民经济实行"调整、巩固、充实、提高"的方针，并对社会保险政策作了调整和完善。从1966年到1978年党的十一届三中全会前是社会保障制度遭受"文化大革命"严重破坏甚至陷于瘫痪的时期。1969年2月，财政部发布了《关于国营企业财务工作中几项制度的改革意见草案》，要求国营企业一律停止提取劳动保险金，企业的退休职工、长期病号工资和其他劳保支出在营业外列支，劳动保险统筹调剂的职能丧失，社会保险蜕变为企业保险。此外，各级劳动保险经办机构工作停止运行，总工会所属劳动保险专管机构被撤销，劳动保险费用的统一征集、管理和调剂使用的制度停止执行，基金监管也随之消亡，这种情况一直持续到20世纪80年代初。

1978年党的十一届三中全会召开，标志着我国开始从计划经济体制向市场经济体制转轨，为扭转中国的混乱局面创造了政治、社会条件，对社会保障制度的发展也起到了促进作用。1978年3月5日，第五届全国人民代表大会第一次会议通过了《宪法》修正案，在第四十八条、四十九条、五十条分别对劳动者的福利、养老、疾病医疗或者丧失劳动能力的物质帮助以及对残废军人、烈士家属等的生活保障问题作出了原则规定。1984年10月20日，党的十二届三中全会通过《中共中央关于经济体制改革的决定》，标志着经济体制改革由农村走向城市和整个经济领域。随后进行的城市经济体制改革，核心是增强企业特别是全民所有制大中型企业的活力，建立以承包为主的多种形式的经济责任制。在这种背景下，社会保障制度改革的指导思想定位在服务企业改革需要上，把社会保障制度改革作为企业改革的配套措施来进行，从根本上触动了传统的国家—单位保障的经济基础，这使劳动保险制度走上了变革之路。因此，这两次全会对我国社会保障制度，包括社会保障基金监管事业的发展具有重大的历史意义。

综上可见，传统的劳动保险制度是一种典型的"国家—单位"保障模式，由国家扮演着社会保障制度的确立者、保证者的角色，再由国家和单位共同扮演社会保障的供给者与实施者的角色，社会成员则被分割在各自的单位无偿地享受着相关社会保障待遇。这一阶段基金监管主要是政府的行政监管，包括劳动保险条例的贯彻实施、劳动保险业务的规范执行及资金的筹集和使用等。

【阅读链接】

胡晓义. 走向和谐：中国社会保障发展60年 [M]. 第八章"社会保障基金监管". 北京：中国劳动社会保障出版社，2009

第二节　探索阶段：形成社会保障基金监管的理念

从1984年到1998年，我国以社会统筹与个人账户相结合为特征的社会保障制度逐步建立和发展，在一些国家法律和政策中提到了社会保险基金的使用原则和基金监管的要求，社会保险基金监管被提上日程。国家开始鼓励有条件的企业建立补充养老保险制度，并出台专门的规范性文件，但补充养老保险基金的管理监督政策尚不明确。

一、社会保险基金监管

（一）养老保险基金监管

随着1984年退休费用社会统筹试点工作的推进，社会保险制度开始建立，社会保险基金监管也进入了探索阶段。1985年，原劳动部下发的《关于做好统筹退休基金与退休职工服务管理工作意见》提出，"各级政府要建立社会保险机构，负责统一征收、统一开支和统一管理退休基金，指导退休职工服务管理委员会开展对退休职工的服务管理工作，并逐步创造条件，把整个社会保险工作统一管起来。各级社会保险机构可以列为同级劳动人事部门的事业单位。"根据这一意见，各地纷纷建立起了隶属于劳动部门的社会保险经办机构,形成了政事合一的社会保险管理体制。

1986年,国家"七五"计划首次提出社会保障的概念,并颁布了《国营企业实行劳动合同制暂行规定》,着手改革劳动制度,进行企业职工养老保险制度改革,建立退休费用统筹制度,由各级统筹机构负责管理退休费用。

1991年,国务院颁布《关于企业职工养老保险制度改革的决定》,要求企业和职工个人缴纳的基本养老保险费转入社会保险管理机构在银行开设的"养老保险基金专户",实行专项储存,专款专用,任何单位和个人均不得擅自动用。劳动部门所属的社会保险管理机构负责经办基本养老保险和企业补充养老保险的具体业务,并受养老保险基金委员会委托,管理养老保险基金。同时,根据国家的政策规定,编制养老保险基金和管理服务费收支的预、决算,并接受财政、审计、银行和工会的监督。地方各级政府设立了养老保险基金委员会,由政府主管领导任主任,劳动、财政、计划、审计、银行、工会等部门的负责同志组成,实施对养老保险基金管理的指导和监督。

1993年,十四届三中全会通过《中共中央关于建立社会主义市场经济体制若干问题的决定》,提出建立包括社会保险、社会救济、社会福利、优抚安置和社会互助、个人储蓄积累保障的多层次社会保障体系。要求按照社会保障的不同类型确定其资金来源和保障方式,城镇职工养老和医疗保险金由单位和个人共同负担,实行社会统筹和个人账户相结合。社会保障管理体制的改革方向是建立统一的社会保障管理机构,实行社会保障行政管理和社会保险基金经营分开、执行机构与监督机构分设的管理体制。同时,建立由政府有关部门和社会公众代表参加的社会保险基金监督组织,监督社会保险基金的收支和管理。社会保险基金经办机构在保证基金正常支付和安全性、流动性的前提下,可依法把社会保险基金主要用于购买国家债券,确保社会保险基金的保值增值。

1994年,《劳动法》以法律形式正式提出了社会保险基金监管的问题,规定设立社会保险基金监督机构,依照法律规定对社会保险基金的收支、管理和运营实施监督,明确规定任何组织和个人不得挪用社会保险基金。

1995年,国务院发布了《关于深化企业职工养老保险制度改革的通知》(国发〔1995〕6号),明确基本养老保险应逐步做到对各类企业和劳动者统一制度、统一标准、统一管理和统一调剂使用基金。要实行社会保险行政管理与基金管理分开、执行机构与监督机构分设的管理体制。各地区和有关部门要设立由政府代表、企业代表、工会代表和离退休人员代表组成的社会保险监督委员会,加强对社会保险政策、法规执行情况和基金管理工作的监督。

1997年,《国务院关于建立统一的企业职工基本养老保险制度的决定》规定,要抓紧制定企业职工养老保险基金管理条例,加强对养老保险基金的管理。基本养老保险基金要实行收支两条线管理,保证专款专用,全部用于职工养老保险,严禁挤占挪用和挥霍浪费。基金结余额除预留相当于2个月的支付费用外,应全部购买国家债券和存入专户,严格禁止投入其他金融和经营性事业。要求建立健全社会保险基金监督机构,财政、审计部门要依法加强财务和审计监督,确保基金的安全完整。为有利于提高基本养老保险基金的统筹层次和加强宏观调控,逐步由县级统筹向省或省授权的地区统筹过渡。

【阅读链接】

郑功成. 中国社会保障30年 [M]. 北京:人民出版社,2008:52-63

(二)失业保险基金监管

我国失业保险制度的正式建立是以1986年国务院发布的《国营企业职工待业保险暂行规定》为标志,但直到1999年《失业保险条例》的颁布,才将"待业保险"改为"失业保险"。1993年,原劳动部《关于进一步加强就业经费、待业保险基金管理的通知》(劳部发[1993]150号),要求各地要按照财政部、原劳动部《关于加强就业经费管理工作的通知》(财社字[1999]157号)和国务院《国有企业职工待业保险规定》的规定,对就业经费、待业保险基金的使用情况进行检查。对不符合规定的或已经发生挤占、挪用的开支,要限期清理回收。对虽已投入扶持生产资金,但不符合国家产业政策、配套资金来源不落实、建设条件不具备、市场前景不明的项目,要下决心停下来。对检查中发现的问题要及时处理,同时完善有关规章制度,严明纪律。

针对基金管理中存在的问题,重点加强对待业保险基金的筹集、使用和发放等各个环节的管理,确保这项基金专款专用,在救济待业职工生活、帮助转业训练、组织生产自救和促进职工再就业方面充分发挥作用。待业保险基金中生产自救费的使用必须独立设账严格管理,明确使用方向,投放前要进行可行性论证,并按规定的权限申报审批,对其使用情况要经常进行检查。

(三)医疗保险基金监管

中国的医疗保障体系始建于1952年,主要包括:政府公务人员及相关人员享受由财政提供经费的公费医疗,企业职工享受由企业福利费提取费用的劳保医疗,几乎没有资金积累。从1993年起,党的十四届三中全会通过的

《中共中央关于建立社会主义市场经济体制若干问题的决定》指出："城镇职工养老和医疗保险金由单位和个人共同负担，实行社会统筹和个人账户相结合"，标志着医疗保险制度的改革步入了建立统账结合的阶段。1994年，国务院选择了江苏省镇江市和江西省九江市两个中等城市进行试点，被称为"两江模式"。1996年，原国家体改委、财政部、原劳动部和卫生部联合发布了《关于职工医疗保障制度改革扩大试点的意见》，规定医疗保险基金由医疗保险事业机构负责经办，而且医疗保险行政管理部门要和经办机构分开。同时，设立由政府代表、用人单位代表、工会和职工代表、专家代表参加的医疗保险监督组织，定期听取医疗保险机构、医疗机构关于医疗保险基金收支、运营及管理、服务的工作汇报，并向社会公布。审计部门定期对医疗保险基金和保险机构的收支情况进行审计。

（四）工伤保险基金监管

1988年，原劳动部主持研究社会保险改革方案，形成工伤保险改革框架。各地先后开展工伤保险改革试点，各试点地区政府都出台了工伤保险规定。1996年，原劳动部发布了《企业职工工伤保险试行办法》，并于同年10月1日起在全国试行。规定工伤保险基金按以支定收、收支基本平衡的原则统一筹集，存入银行开设的工伤保险基金专户，专款专用，任何单位和个人不得挪用或挤占。工伤保险基金应当留有一定的风险储备金，不足时由同级政府临时垫支。工伤保险经办机构应当接受省级、地（市）级社会保险基金监督委员会的监督。

（五）生育保险基金监管

为配合《劳动法》的贯彻实施，更好地保障企业女职工的合法权益，1994年，原劳动部制定了《企业职工生育保险试行办法》，办法规定企业职工生育保险基金的筹集和使用，实行财务预、决算制度，由社会保险经办机构作出年度报告，并接受同级财政、审计监督。同时，强调社会保险监督机构定期监督生育保险基金管理工作。

针对生育保险基金可能存在的问题，要求对企业虚报、冒领生育津贴或生育医疗费的问题，应追回全部虚报、冒领金额，并由劳动行政部门给予处罚。对于企业欠付或拒付职工生育津贴、生育医疗费的，由劳动行政部门责令企业限期支付；对职工造成损害的，企业应承担赔偿责任。同时规定，劳动行政部门或社会保险经办机构的工作人员滥用职权、玩忽职守、徇私舞弊，贪污、挪用生育保险基金，构成犯罪的，依法追究刑事责任；不构成犯罪的，给予行政处分。

总体来说，这一时期尽管国家提出了社会保障和社会保险基金监管的概念，但管理体制仍是按分管部门、按险种实行政策、事务、监督"一条龙"的管理方式。行政管理与业务管理未能真正分开，监管机制尚未正式形成。国家对基本养老保险中的社会统筹基金和个人账户基金未实行分开核算、分别管理，而是混合管理或称作调剂使用，并采取同样的政策对社会统筹基金和个人账户基金进行投资和监管。因此，在没有独立的监管机构和明确的监督机制下，挤占、挪用、乱投资和超额提取管理费等现象比较多，不少地方动用社会保险基金违法搞基本建设项目投资和房地产投资，直接参股或购买地方债券，委托金融机构贷款或自行放贷，兴办经济实体，公款私存及存入非银行金融机构，超标提取和滥支管理费等，出现了很多侵害社会保险基金的问题，造成了部分基金的损失。

二、补充养老保险基金监管

1991年，《国务院关于企业职工养老保险制度改革的决定》中，第一次提出国家提倡和鼓励企业实行补充养老保险，标志着一种新的养老保障形式开始出现。文件规定："企业补充养老保险是由企业根据自身经济能力为本企业职工建立的一种养老保障制度，所需费用从企业自有资金中的奖励、福利基金内提取。"1994年颁布的《劳动法》规定，"国家鼓励用人单位根据本单位实际情况，为劳动者建立补充保险"，为建立我国企业补充养老保险制度提供了法律依据。1995年，原劳动部制定下发了《关于建立企业补充养老保险制度的意见》，明确了企业补充养老保险制度的管理主体、决策程序、资金来源、计发办法等政策。企业若自行经办补充养老保险，必须建立专门的经办机构，并将补充养老保险基金与企业其他资金分开管理。

【新闻摘录】（中国劳动咨询网"养老保险"专题中收录）

企业补充养老保险：南方航空公司的经验

随着基本养老保险改革的不断深化，在有条件的企业中加快建立企业补充养老保险已日趋重要和迫切。作为国家劳动保障部建立企业补充养老保险的试点企业，中国南方航空（集团）公司从1996年1月1日起正式建立了企业补充养老保险。

(http://www.51labour.com/labour-law/show-7602.html)

随着政策的出台，补充养老保险逐步发展。各级劳动行政部门负责企业补充养老保险的政策制定、组织推动、统一指导和监督检查，但不能直接经办企业补充养老保险业务。随后，部分省市相继制定了一些地方性办法，各地在补充养老保险方面进行了不同程度的探索，做法不一：有的是由地方社会保险经办机构管理，有的是由行业或企业经办机构管理，还有的是直接购买了商业保险。1997年，《国务院关于建立统一的企业职工基本养老保险制度的决定》中又进一步明确，要在国家政策指导下大力发展企业补充养老保险。

在这一时期，中国的补充保险处于起步阶段，在管理方面也处于地区、企业和行业分块管理的状况。由于管理体制不顺和资本市场发展滞后，积累起来的补充养老保险基金主要是存入银行和购买国家债券。这期间对补充养老保险基金的监管，基本上蕴含在基金管理之中，没有专门的监管机构和监督机制，基金管理不规范，基金运营存在较大风险。

第三节　建立阶段：社会保障基金监管事业逐步成形

从1998年到2010年，这一阶段随着社会保障事业的蓬勃发展，社会保障基金规模日益扩大，基金安全和保值增值逐渐受到各方关注。1998年，国务院组建了劳动和社会保障部，并成立了社会保险基金监督司，统一了社会保险监管体制。地方劳动和社会保障部门也陆续设立社会保险基金监督机构，专门负责社会保障基金监管工作。随后，国家制定了一系列有关社会保险基金、企业年金基金和全国社会保障基金的监管政策，并依据这些政策对基金运作情况进行监管。

一、社会保险基金监管

这一阶段，国家先后制定了社会保险基金管理政策法规，逐步建立健全基金监督管理法规体系。1999年，财政部发布《社会保险基金财务制度》（财社字［1999］60号），规范社会保险经办机构经办社会保险基金的财务行为，加强社会保险基金监管。其中规定：基金实行收支两条线管理，社会保险经办机构和财政部门在协商确定的国有商业银行开设"基金收入户""基金财政专户"和"基金支出户"三个专用账户。基金根据国家要求实行统一管理，按险种分别建账，分账核算，专款专用，自求平衡，不得相互挤占和调剂。同时，经办机构要建立健全内部管理制度，定期或不定期向社会公告基金收支和结余情况，接受社会监督。劳动保障、财政和审计部门等也要定期或不定期地对收入户、支出户和财政专户内的基金收支和结余情况进行监督检查，发现问题及时纠正，并向政府和基金监督组织报告。同年6月，为规范社会保险基金的会计核算，监督基金的合理使用，财政部又颁布了新的《社会保险基金会计制度》（财会字〔1999〕20号），要求有条件的地区对基本养老保险基金的结余应设置"统筹养老基金结余"和"个人账户养老基金结余"两个明细科目，并在"个人账户养老基金结余"明细科目下按缴费个人设置明细账进行明细核算。通过基金结余的核算，全面反映基金的存量，为制定养老保险基金预算，加强基金宏观管理提供有用的会计信息。

1998年年底，国务院在总结统账结合经验的基础上，颁布了《关于建立城镇职工基本医疗保险制度的决定》（国发〔1998〕44号）。该《决定》规定基本医疗保险基金由统筹基金和个人账户基金构成，并划定了各自的支付范围，分别核算，不得互相挤占。基本医疗保险基金纳入财政专户管理，专款专用。社会保险经办机构负责基本医疗保险基金的筹集、管理和支付，并要建立健全预决算制度、财务会计制度和内部审计制度。各级劳动保障和财政部门要在相应的职权范围内加强对基本医疗保险基金的监督管理，而审计部门要定期对社会保险经办机构的基金收支情况和管理情况进行审计。此外，统筹地区应设立由政府有关部门代表、用人单位代表、医疗机构代表、工会代表和有关专家参加的医疗保险基金监督组织，加强对基本医疗保险基金的社会监督。

1999年，《失业保险条例》的颁布，标志着失业保险制度逐步走向完善。《失业保险条例》规定：失业保险基金必须存入财政部门在国有商业银行开设的社会保障基金财政专户，实行收支两条线管理，专款专用，不得挪作他用，不得用于平衡财政收支。存入银行和按照国家规定购买国债的失业保险基金，分别按照城乡居民同期存款利率和国债利息计息。失业保险基金的利息并入失业保险基金。失业保险基金收支的预算、决算，由统筹地区社会保险经办机构编制，经同级劳动保障行政部门复核、同级财政部门审核，报同级人民政府审批。财政部门和审计部门依法对失业保险基金的收支、管理情况进行监督。

1994年，《劳动法》以法律的形式将工伤保险制度确立下来。自2004年1月1日起实施的《工伤保险条例》，标志着工伤保险制度在中国的基本定型，对工伤保险基金的监督和管理也进一步加强。2010年新修订的《工伤保险条例》规定：工伤保险基金存入社会保障基金财政专户，用于本条例规定的工伤保险待遇、劳动能力鉴定以及法律、法规规定的用于工伤保险的其他费用的支付。任何单位或者个人不得将工伤保险基金用于投资运营、兴建或者改建办公场所、发放奖金，或者挪作其他用途。经办机构应当定期公布工伤保险基金的收支情况，社会保险行政部门依法对工伤保险费的征缴和工伤保险基金的支付情况进行监督检查，财政部门和审计机关依法对工伤保险基金的收支、管理情况进行监督。任何组织和个人对有关工伤保险的违法行为均有权举报。为了维护工伤职工的合法权益，工会组织也会依法对用人单位的工伤保险工作实行监督。

这个时期，社会保险基金监督机构对基金征缴、管理和内控制度建设等方面会同审计署等有关部门开展了多次专项检查和审计整改，并联合开展社会保险基金专项治理，收到了明显成效，进一步规范了基金管理，维护了基金安全。同时，社会保障行政部门从法规建设、组织体系、监管手段等方面不断探索建立基金监管的长效机制。

2000年年底，《国务院关于印发完善城镇社会保障体系试点方案的通知》中明确规定：要加强社会保障行政监督和社会监督，建立由政府部门、用人单位、职工代表和专家等组成的社会保障监督委员会，依法对社会保障政策执行和基金管理情况进行监督检查。有关部门要切实履行监督职能，对玩忽职守、徇私舞弊和贪污、挪用、扣压、拖欠社会保障资金等行为依法予以查处。2001年，原劳动和社会保障部颁布了《社会保险基金行政监督办法》（劳动和社会保障部令第12号）、《社会保险基金监督举报工作管理办法》（劳动和社会保障部令第11号）等社会保险基金监督管理办法，要求省级劳动和社会保障部门开设专门的社会保险基金监督电话，并通过新闻媒体公布社会保险基金监督举报电话号码，开通社会监督的渠道，逐步建立覆盖全国的社会保险基金监督网络。各级劳动保障行政部门基金监督机构应根据举报工作管理的规定，拟定举报案件处理办法，规范运作程序，建立举报受理和办理情况汇总报告制度，按季汇总分析上报报表，每半年上报一次总结分析报告。此外，各级劳动和社会保障部门可建立举报有功人员奖励制度。

2003年，国务院办公厅转发卫生部、财政部、农业部《关于建立新型农村合作医疗制度的意见》，开展试点。2004年，国务院办公厅转发了卫生部等11个部门《关于进一步做好新型农村合作医疗试点工作的指导意见》，明确加强基金监管的要求。2008年在全国基本推行，2010年实现新型农村合作医疗制度基本覆盖农村居民的目标。

社会保障基金监管

2006年上海社会保险基金的问题出现以后，中央特别强调加强社会保险基金监管，国务院专门召开会议研究加强社会保险基金管理问题，原劳动和社会保障部作为主管部门，进一步加大基金监督检查工作力度，要求各级劳动保障行政部门对本行政区域内，通过社会保险基金行政监督、审计等部门检查、媒体披露、受理举报核实、检察机关和法院立案审理等方式发现的各类社会保险基金挤占挪用、欺诈冒领等问题要及时报告。要情报告制度包括：要情报告、结案报告、要情统计报告、要情档案管理等，并实行行政领导负责制，保证所报告内容的真实性和完整性。

2007年，国务院印发《关于开展城镇居民基本医疗保险试点的指导意见》（国发〔2007〕20号），确定88个试点城市。2008年，试点城市扩大到229个。同年10月，国务院办公厅印发了《关于将大学生纳入城镇居民基本医疗保险试点范围的指导意见》（国办发〔2008〕119号），明确将大学生纳入居民医保覆盖范围。2009年，人力资源和社会保障部与财政部印发《关于全面开展城镇居民基本医疗保险工作的通知》（人社部发〔2009〕35号），标志着基本医疗保险制度覆盖全民。同年，人力资源和社会保障部印发《关于进一步加强基本医疗保险基金管理的指导意见》（人社部发〔2009〕67号），对强化基本医疗保险基金监管作出明确要求。

近年来，社会保险基金安全程度虽然明显提高，但仍存在管理不规范的诸多问题，挤占挪用现象仍时有发生，影响了基金安全和社会保险制度运行。2008年7月，人力资源和社会保障部、监察部等10部门联合发布了《关于印发社会保险基金专项治理工作方案的通知》（人社部发〔2008〕55号），决定在全国范围内对包括养老保险基金在内的六类社会保险基金进行专项治理。为保证这项工作的开展，成立了部级和省级的专项治理工作领导小组，对社会保险基金征缴、支付、管理和运营情况进行全面检查。专项治理活动历时近两年，检查发现了大量管理不规范、内部控制薄弱、监督不到位等问题，清理和新查处了一批侵占、挪用社会保险基金的违法问题，提出了加强基金管理、维护基金安全的任务要求。

【阅读参考】

为了加强社会保险基金监管工作，更好地维护基金安全，从2008年7月开始，人力资源社会保障部、财政部、国务院纠风办、审计署等9部门联合开展了社会保险基金专项治理活动，目前已取得积极成效。

2008年，中央纪委第二次全会决定开展社会保险基金专项治理。人力资源社会保障部等9个部门成立了专门领导小组，制订下发了实施方案，组织推动专项治理工作。专项治理的范围为5项基本保险基金和全国社会保障基金，重点放在社会保险基金征缴、支付、管理、存储等方面，并通过专项治理争取实现强化基金征缴、努力应收尽收；方便群众领取，防止欺诈骗保；规范内部管理，严禁挤占挪用；安全投资运营，实现保值增值；加强监督检查，监管及时有力5项目标。活动分为动员部署、自查自纠、检查验收和总结报告4个阶段。

专项治理过程中，对2007年、2008年社会保险基金征收、支付、管理、存储等各环节实施了检查。检查发现，发生问题的地区除涉案人员法纪观念淡薄外，都不同程度地存在管理不规范，内部控制薄弱，监督不到位等问题。对以前年度审计、检查中发现、尚未回收纠正的社会保险基金问题进行梳理和整改，解决了一些历史遗留问题。据不完全统计，各地已回收纠正挤占挪用、违法违规等历史遗留问题基金14亿元、追缴社会保险欠费49亿元。

（http：//news.xinhuanet.com/politics/2009-07/22/content_11749276.htm）

同时，专项治理活动还针对社会保险经办管理中存在的问题和薄弱环节，边查边改，进一步健全基金管理制度和内部控制机制。各地也普遍利用这次上下联动和部门互动的契机，把查处纠正违法违规问题与责任追究、建章立制、加强内控制度建设、严格基金监管结合起来，通过加强和完善基金管理制度建设，努力做到用制度管人、管事、管钱，探索建立基金安全长效机制。此次专项治理活动成效显著，不仅使各地的社会保险基金监管制度建设和监管机构建设取得新的进展，还提高了广大干部职工的基金安全意识和基金监管重要性的认识，增强了做好工作的责任感。

这个时期，配合《社会保险法》草案的修改，社会保障行政部门还开始着手研究《社会保障基金监督管理条例》《养老保险个人账户基金投资管理办法》的调研起草，加快基金监管法律体系建设；开发推广社会保险基金监管信息系统，提升监管手段，提高监管能力；开展社会保险基金安全宣传教育，从源头上防范违法违规问题的发生。

二、企业年金基金监管

2000年12月，《国务院关于印发完善城镇社会保障体系试点方案的通知》中，将"企业补充养老保险"更名为"企业年金"，明确"有条件的企业可为职工建立企业年金，并实行市场化运营和管理。企业年金实行基金完全积累，采用个人账户进行管理，费用由企业和职工个人缴纳，企业年金缴费在工资总额4％以内的部分，可从成本中列支"。按照文件精神，辽宁省率先开展了企业年金试点工作。随后，其他一些地方也相继进行建立企业年金制度的探索。为了保证企业年金健康发展，国家主管部门考虑制定出台专门的办法，规范企业年金建立和企业年金市场。

2004年1月，原劳动保障部公布了《企业年金试行办法》，规定建立企业年金计划的企业必须符合"依法参加基本养老保险并履行缴费义务；具有相应的经济负担能力；已建立集体协商机制"等条件。建立企业年金后，企业应当确定企业年金受托人（以下简称受托人）受托管理企业年金。受托人可以是企业成立的企业年金理事会，也可以是符合国家规定的法人受托机构。但是，企业年金基金必须与受托人、账户管理人、投资管理人和托管人的自有资产或其他资产分开管理，不得挪作其他用途。县级以上各级人民政府劳动保障行政部门负责对本办法的执行情况进行监督检查。对违反本办法规定的，由劳动保障行政部门予以警告，责令改正。这个办法构建了我国企业年金制度的基本框架，标志着企业年金制度开始全面推进。

2004年2月，原劳动保障部、银监会、证监会、保监会联合颁布了《企业年金基金管理试行办法》，明确要求企业年金基金必须存入企业年金专户，并具有完全的资产独立性。对受托人、账户管理人、投资管理人和托管人的资格条件和职责义务也作了严格的规定。所有的管理主体必须事先申请，然后经原劳动保障部组织的专家评审委员会评审后，才可开展企业年金基金管理的相关业务。此外，对企业年金基金投资的资产配置比例、投资工具、管理服务费用、信息披露等方面也作出了规定。劳动保障行政部门对受托人、账户管理人、投资管理人和托管人的业务活动，进行全过程监管，各业务监管部门按照各自职责对其经营活动进行监管。

这两个办法的颁布实施，使新的企业年金制度和市场化管理运营的政策得以落实，企业年金步入了规范管理和加快发展的阶段，促进了多层次养老保险制度的建立和发展。

【新闻摘录】（南方都市报 2004 年 7 月 10 日）

太平人寿获推荐参与企业年金试点工作

日前，太平人寿发起设立的太平养老保险股份有限公司首先获得中国保监会批准筹建，成为国内首家专业化的养老保险公司。

……

保监会已推荐太平人寿作为保险业的代表参与辽宁企业年金试点工作，得到了劳动和社会保障部的充分认可；现在，太平人寿积极参与浙江、广东等地的企业年金试点工作，与当地政府进行充分、有效的沟通，努力推动企业年金业务的发展。

（http：//edu.beelink.com.cn/20040710/1625667.shtml）

上海社会保险基金问题发生后，企业年金基金的安全运营进一步引起了社会各界的广泛关注。2007 年，原劳动保障部发布了《关于做好原有企业年金移交工作的意见》（劳社部发［2007］12 号），规定由社会保险经办机构、原行业管理以及企业自行管理的原有企业年金均应移交给具备资格的机构管理运营，进一步厘清了企业年金的管理和运营体制。2009 年，人力资源和社会保障部办公厅在《关于规范企业年金基金管理服务有关问题的通知》（人社厅发［2009］35 号）中，对企业年金管理机构和咨询公司、投资顾问公司、信用评估公司、律师事务所、会计师事务所等各类中介服务机构，在服务内容、服务质量、管理费用及有序竞争等方面作出了原则性的规范。为了提高企业年金市场的信息透明度，2010 年 1 月 1 日起实施的《人力资源和社会保障部关于企业年金基金管理信息报告有关问题的通知》（人社部发［2009］154 号），明确规定了企业年金基金管理信息报告（包括定期报告、临时报告、终止报告）的具体内容。企业年金基金管理信息报告主要包括：受托人（包括企业年金基金法人受托机构和企业年金理事会）按照规定和合同约定，向委托人报告企业年金受托管理情况；账户管理人向受益人报告企业年金权益情况；账户管理人、托管人和投资管理人分别向受托人报告企业年金账户管理、托管和投资管理情况；受托人、账户管理人、托管人和投资管理人向社会保障行政部门报告企业年金基金管理情况。这标志着我国企业年金制度初步建立起了信息披露制度，对提高企业年金基金管理的规范化、透明化，具有重要作用。

【新闻摘录】(解放日报 2007 年 5 月 20 日)

长江养老保险公司开业 将承接沪现有企业年金

经过近 3 个月的紧张筹备,长江养老保险股份有限公司顺利通过中国保监会开业验收,昨天在上海正式揭牌开业。

……

中共上海市委常委、常务副市长冯国勤在致辞中说,长江养老保险公司的成立是上海养老保险事业改革发展和上海国际金融中心建设进程中又一件大事。企业年金是社会养老保险体系的"第二支柱"。企业年金的规范发展是发挥企业年金应有职能的基本保证,市委、市政府高度重视并寄予厚望。长江养老保险公司的设立,必将有利于促进上海企业年金市场的健康发展,促进企业年金专业化、市场化经营能力的提升,促进广大职工退休待遇的提高和社会的和谐稳定。

(http://news.qq.com/a/20070520/000590.htm)

《企业年金基金管理试行办法》(劳动和社会保障部令第 23 号)自 2004 年 5 月发布实施以来,对推动我国企业年金市场发展起了重要作用。截至 2010 年年底,人力资源和社会保障部共认定 58 个企业年金基金管理机构资格,其中受托人 11 家、账户管理人 16 家、托管人 10 家、投资管理人 21 家,投资运营企业年金基金 2 800 多亿元。随着企业年金工作的开展和市场情况的变化,该办法的部分条款已不适应市场发展的需要。人力资源和社会保障部从 2008 年 8 月启动该办法的修订工作,2011 年 1 月 11 日,《企业年金基金管理办法》(人力资源和社会保障部令第 11 号)由人社部第 58 次部务会审议通过,并经银监会、证监会和保监会审议通过,于 2011 年 5 月 1 日起施行。该管理办法及相关配套规章的出台,将促进企业年金更加规范、科学地发展。

【新闻摘录】(中国证券报 2011 年 2 月 18 日)

《企业年金基金管理办法》5 月 1 日起正式执行
人社部拟试点企业年金集合计划

人力资源和社会保障部副部长胡晓义 2 月 17 日表示,人社部拟通过试点逐步推开企业年金集合计划。他是在出席全国社会保险基金监督工作和企业年金工作座谈会时做上述表示的。

另据人社部消息,新修订的《企业年金基金管理办法》将于 5 月 1 日正式执行。……胡晓义称，为配合《管理办法》的实施，人社部将制定企业年金基金管理合同指引，规范合同文书，降低自由裁量的磨合成本，提高工作效率；将支持企业年金管理机构签订企业年金基金管理服务及收费标准，促进行业自律。

三、全国社会保障基金监管

为增强社会保障基金的支撑能力，应对我国人口老龄化高峰时的社会保障资金需求，2000年8月，党中央、国务院决定建立全国社会保障基金，作为国家的战略储备，同时设立全国社会保障基金理事会，负责全国社会保障基金管理运营工作，财政部、人力资源和社会保障部负责进行监管。按照国务院授权，2001年财政部、原劳动保障部联合发布了《全国社会保障基金投资管理暂行办法》，规定全国社会保障基金与理事会单位财务分别建账，分别核算。由理事会选择全国社会保障基金投资管理人、托管人，并对投资运作和托管情况进行检查；负责全国社会保障基金的财务管理与会计核算，编制定期财务会计报表；定期向社会公布全国社会保障基金资产、收益、现金流量等财务状况。同时，对投资管理人和托管人的资格条件和职责义务、全国社会保障基金的投资范围和资产配置比例、管理服务费用、信息披露等方面都作出了明确规定。财政部会同原劳动保障部拟定全国社会保障基金管理运作的有关政策，对全国社会保障基金的投资运作和托管情况进行监督。中国证监会和中国人民银行按照各自的职权对全国社会保障基金投资管理人和托管人的经营活动进行监督。2006年，财政部、原劳动保障部出台了《全国社会保障基金境外投资管理暂行规定》（财金〔2006〕24号），对全国社会保障基金境外投资管理人、托管人的资格条件，投资管理合同和托管合同，投资工具和比例及信息披露制度等作了规定。全国社会保障基金理事会将对全国社会保障基金境外投资管理和托管情况进行检查和评估，按季度、半年、年度定期向财政部和原劳动保障部报告有关情况；并将境外委托资产纳入全国社会保障基金总资产统一编制财务会计报告，依照《全国社会保障基金投资管理暂行办法》的规定进行披露和报告。全国社会保障基金境外投资运作情况主要由财政部、原劳动保障部进行监督，银监会、证监会按各自职能对相关事宜进行监督。

1998年以来，国家和有关部门出台了一系列社会保障方面的法律、法规和政策，建立了社会保障基金收支、管理和投资营运的一系列监督管理制度，初步搭建起社会保障基金监管的框架，形成了由社会保障行政部门专门监督和财政、审计监督相结合的行政监督体系。

> 【阅读参考】社会保险基金应形成制衡式监管制度
>
> 　　当前，中国的社会保险基金管理必须在体系建设上明确全面性、独立性、制衡性这三条基本原则，要全面地考察制度、管理、运作、投资管理等各个环节的风险所在，建立相应的风险控制措施和约束机制；要加大在监督管理环节的投入力度，将社会保险基金行政部门和基金管理部门相分离，建立统一、独立的监管主体，专司监管，从制度上最大限度地避免违规行为的出现。
>
> 　　因此，具体措施包括：第一，形成多种监管方式相结合的多层次、全方位的制衡式监管制度。在监管组织结构方面，可将相关的监督职能予以剥离，建立一个多权分离、各司其职、各负其责的管理制度，采用以法制监管为核心，适当集中的综合监管模式。第二，建立健全社会保险基金监管的法律体系。社会保险基金投资需要良好的法制环境，要建立健全社会保险基金管理法规，尽快出台与之配套的《社会保险法》，使社会保险基金走上规范运作和良性发展的道路。第三，加强基金运营的信息披露，完善基金管理公示制度，提高基金管理透明度。要研究制定社会保险基金信息披露办法，建立信息披露制度。定期向社会公布社会保险基金的投资状况及收益情况，使参保单位和参保人员可及时了解基金的筹集、支付、运行和管理情况。第四，补充监管资源，适应现有社会保险基金庞大规模的需要。现阶段每年五项社会保险基金的收支规模超过2万亿元，但监管机构人员编制不足，使政府对社会保险基金的筹集和使用监控非常缺乏。社会保险基金监管在人员和经费方面，都亟须得到加强，在省市一级应设立专门的监督机构，使社会保险基金的监督队伍建设与其承担的监督任务相匹配，从而推动社会保险基金现代监管体系的形成。
>
> 　　（巴曙松. 社会保险基金应形成制衡式监管制度 [M]. 大河报，2010-07-13. http//thesis.cei.gov.cn）

第四节　发展阶段：社会保障基金强化依法监管

　　2010年10月，第十一届全国人民代表大会常务委员会第十七次会议审议通过了《社会保险法》，我国社会保险制度有了第一部专门法律，成为社会保障事业的重要里程碑。该法对社会保险基金监督作了专章规定,明确了基金监管的基本原则、组织体系、主要内容、工作手段、处罚措施等内容,确立了社会保险基金监督的法律地位,标志着社会保险基金步入强化依法监督的阶段。对进一步做好社会保险基金监督工作,更好地维护基金安全,具有非常重要的意义。

【新闻摘录】(人民网记者刘晓林、李有军2010年10月27日讯)

解读《社会保险法(草案)》五大"改点"

10月25日,《社会保险法(草案)》提请当日举行的十一届全国人大常委会第十七次会议审议。这是吸引了中国社会各界众多"眼球"的《社会保险法(草案)》时隔10个月后,第四次提请中国最高立法机关审议。

全国人大法律委员会副主任委员张柏林向会议作草案审议结果报告时指出,制定《社会保险法》,对于规范社会保险关系,促进社会保险事业发展,保障全体公民共享发展成果,维护社会和谐稳定,具有十分重要的意义。

……

(改点之三)社会保险基金不得挪作他用,确保安全保值增值

【背景】社会保险基金是民众的"保命钱",须确保其安全和保值增值。目前,社会保险基金累积结存数额较大,又较分散,亟须严格规范,加强监管,保障基金安全。

【修改】草案四审稿增加规定:"社会保险基金不得违规投资运营,不得用于平衡其他政府预算,不得用于兴建、改建办公场所和支付人员经费、运行费用、管理费用,或者违反法律、行政法规规定挪作其他用途。"

(http://cpc.people.com.cn/GB/64093/64387/13058620.html)

一、《社会保险法》为社会保险基金监管法律法规体系奠定了基础

《社会保险法》中,提出了完善基金监管法规政策的基本要求。主要体现在:(1)针对社会保险基金的收支、管理和投资运营的运行过程,提出国家对社会保险基金实行严格监管的基本原则。(2)针对社会保险基金监管制度缺位的问题,《社会保险法》明确国务院和省、自治区、直辖市人民政府建立健全社会保险基金监督管理制度,为拟定《社会保险基金监督管理条例》提供了上位法依据。(3)针对社会保险基金面临侵占、挪用等"显性"损失和不能保值增值的"隐性"损失问题,提出社会保险基金在保证安全的前提下,按照国务院规定投资运营实现保值增值,从而为拟定《社会保险基金投资管

理规定》作出了法律安排。(4)针对社会保险中存在的冒领、骗领等欺诈问题,提出社会保险经办机构以及医疗机构、药品经营单位等社会保险服务机构以欺诈、伪造证明材料或者其他手段骗取社会保险基金支出的,由社会保险行政部门给予处理,从而为拟定《社会保险反欺诈管理规定》提供了法律支撑。

二、《社会保险法》明确了社会保险基金的监管主体

《劳动法》中曾规定"社会保险基金监督机构依照法律规定,对社会保险基金的收支、管理和运营实施监督"。"社会保险基金监督机构的设立和职能由法律规定"。目前,我国还没有独立的社会保险基金监督机构,实行的是社会保险行政部门负责基金监督工作的体制。《社会保险法》根据这一现状,强调了社会保险行政部门对社会保险基金的行政监管作用,并详细规定了其对社会保险基金的收支、管理和投资运营情况进行监督检查的相应措施及职权。在此基础上,为加强社会保险基金监督,《社会保险法》除了明确各级人大常委会、财政部门和审计机关对社会保险基金监督职责外,还重点提出了县级以上人民政府社会保险行政部门应当加强对用人单位和个人遵守社会保险法律、法规情况的监督检查,这就形成了社会保险基金监管以基金监督机构为主体,同时由整个社会保险行政部门进行法律、法规等落实情况的综合监管。

三、《社会保险法》明确了社会保险基金监管内容和组织体系

在监管内容方面,除了对社会保险基金的收支、管理和投资运营情况进行监管外,根据法律授权,还要对全国社会保障基金的收支、管理和投资运营情况实施监督。在此基础上,《社会保险法》构建了人大监督、行政监督和社会监督共同组成的社会保险监督体系。其中,人大监督是指各级人大常委会对《社会保险法》实施情况的监督;行政监督则主要包括各级人民政府及其所属的社会保险行政部门、财政部门和审计机关根据各自职责对社会保险基金进行的监督。同时,还特别强调了社会监督的作用,规定各统筹地区人民政府成立由用人单位代表、参保人员代表,以及工会代表、专家等组成的社会保险监督委员会,掌握、分析社会保险基金的收支、管理和投资运营情况,并可聘请会计师事务所进行年度和专项审计,对社会保险工作提出咨询意见和建议。

四、《社会保险法》为社会保险基金监管执法提供了法律依据

社会保险行政部门对社会保险基金的收支、管理和投资运营情况进行监督检查，发现存在问题的，应当提出整改建议，依法作出处理决定或者向有关行政部门提出处理建议。同时，社会保险基金检查结果应当定期向社会公布，进行信息披露。社会保险行政部门对社会保险基金实施监督检查，有权采取下列措施：查阅、记录、复制与社会保险基金收支、管理和投资运营相关的资料，对可能被转移、隐匿或者灭失的资料予以封存；询问与调查事项有关的单位和个人，要求其对与调查事项有关的问题作出说明、提供有关证明材料；对隐匿、转移、侵占、挪用社会保险基金的行为予以制止并责令改正。

【新闻摘录】（中国政府网 2010 年 11 月 23 日）

2010 年 11 月 23 日 15 时，人力资源社会保障部副部长胡晓义接受中国政府网专访，就"全面准确领会《社会保险法》积极推动《社会保险法》顺利贯彻实施"进行现场解读并回答网民提问。

［网友 关注者］请问部长，我们都知道现有不法分子打社会保险基金的主意，骗养老金，骗医保费，《社会保险法》实施后，在加强基金监管方面有什么具体规定？

［胡晓义］这个问题非常好，作为社会保险工作者，我也很感谢这位网友提的问题，我认为他代表了公民对社会保险、对公共利益的高度关注，这是我们人民高素质的一种表现。随着社会保险事业的发展，基金规模越来越大，我可以给大家透露一个数据，就是到今天为止，我们仅仅是城镇的五项社会保险结余金额已经接近 2 万亿元，应该说很大。自然就会出现一些不法分子，看中了这块"唐僧肉"，想方设法地要吃这块肉，所以各种各样的骗保、欺诈的事情都有出现。对此，我们已经采取了很多措施，《社会保险法》也作出了明确规定，第八十八条规定，以欺诈、伪造证明材料或者其他手段骗取社会保险待遇的由社会保险行政部门责令退回骗取的保险金，处骗取金额 2 倍以上、5 倍以下的罚款。就是说对这种诈骗行为规定了明确的法律责任，这也是有威慑力、震慑力的。过去，我们在行政处罚时发现这样的案例，也只能要求他退回诈骗的资金，而要对他实施处罚的话，应该说是于法无据的，现在法律给予行政处罚充分的依据，应该说也是震慑这些欺诈行为。

（http：//www.gov.cn/zxft/ft209/wz.htm）

思考题

1. 简述我国社会保障基金监管的发展历程。
2. 简述《社会保险法》颁布对基金监管的重要意义。
3. 我国社会保障基金监管未来发展的主要思路是什么?

第三章
社会保障基金监管体系

本章导读

自建立基金监管这项工作以来,我国出台了一系列社会保障基金监督法律法规和规范性文件,以《社会保险法》出台为标志,我国社会保障基金监管法律体系已初步形成。

通过回顾总结和阐述分析基金监督机构的设置、职责任务、工作要求,使读者进一步了解掌握基金监督机构从无到有的成长发展历史,以及履行的职责任务和承担的工作。

社会保障基金监督工作体系包括国家权力机关监督、国家行政机关监督和社会监督。社会保险行政部门的行政监督是社会保障基金监管的主体。

第一节 基金监管法律体系

自建立社会保障基金监管制度以来,我国出台了一系列相关的法律、法规、部门规章和规范性文件等,初步形成了社会保障基金监管法律体系。

【阅读链接】

徐卫东,祝杰. 关于完善我国社会保险基金运用监管制度的法律思考 [M]. 冯彦君. 和谐社会建设与社会法保障. 北京:中国劳动社会保障出版社,2008

一、法律法规

法律法规具有强制性、稳定性、长效性,是依法行政的重要载体。《劳动法》尤其是《社会保险法》的颁布实施,使社会保障基金监管工作成为根本性、规范性的国家法律制度,为进一步加强社会保障基金监管提供了更加有力的法律保障,对维护社会保障基金安全、有效运行将发挥重要作用。

(一)《劳动法》

1994年7月,《劳动法》经全国人民代表大会第八次会议审议通过,自1995年1月1日起施行。《劳动法》明确规定,社会保险基金监督机构的设立和职能由法律规定,社会保险基金监督机构依照法律规定对社会保险基金的收支、管理和运营实施监督,任何组织和个人不得挪用社会保险基金,并明确要求劳动行政部门监督检查人员执行公务时,必须出示证件,秉公执法并遵守有关规定。《劳动法》的颁布实施,第一次将社会保险基金监督上升到国家法律的层次,对基金监督工作的开展起到了开创性、基础性作用。

(二)《社会保险法》

2010年10月,《社会保险法》经十一届全国人大常委会第十七次会议审议通过,自2011年7月1日施行。《社会保险法》是我国社会保障法律体系中起支架作用的重要法律。其在总则中明确要求:"国家对社会保险基金实行严格监管。国务院和省、自治区、直辖市人民政府建立健全社会保险基金监督管理制度,保障社会保险基金安全、有效运行",并且专设了第十章,以及第八章、第十一章的有关条款,对社会保险尤其是社会保险基金监管作出了比较全面系统的规定。例如,对社会保险基金的监管内容包括:(1)五项社会保险基金分别建账,分账核算,执行国家统一的会计制度情况;(2)社会保险基金专款专用,是否存在隐匿、转移、侵占或者挪用问题;(3)社会保险基金存入财政专户,实行专户管理情况;(4)社会保险基金是否在保证安全的前提下,按照国务院规定投资运营实现保值增值,有无违规投资运营问题;(5)社会保险基金用于平衡其他政府预算、兴建、改建办公场所和支付人员经费、运行费用、管理费用,或者违反法律、行政法规规定挪作其他用途的问题;(6)社会保险经办机构以及医疗机构、药品经营单位等社会保险服务机构以欺诈、伪造证明材料或者其他手段骗取社会保险基金支出的问题;(7)以欺诈、伪造证明材料或者其他手段骗取社会保险待遇的问题;(8)社会保险经办机构及其工作人员克扣或者拒不支付社会保险待遇、丢失或者篡改缴费记录、享受社会保险待遇记录等社会保险数据、个人权益记录以及违反社会保险法律、法规的其他问题;(9)社会保险费征收机构擅自更改社会保险费缴费基数、费率,导致少收或者多收社会保险费的问题;(10)社会保险经办机构是否定期向社会公布参加社会保险情况以及社会保险基金的收入、支出、结余和收益情况。此外,还要对全国社会保障基金收支、管理和投资运营情况进行监督。这是我们国家继《劳动法》之后,第一次从法律层面上对社会保险基金监管工作作出的具体制度性安排,相关规定更加全面、完整和系统,使社会保险基金监管工作的法律地位更加明确。

(三)《失业保险条例》

1998年12月,《失业保险条例》经国务院第十一次常务会议审议通过,1999年1月22日起施行。该条例明确规定失业保险基金专款专用,不得挪作他用,不得用于平衡财政收支;劳动保障行政部门负责对失业保险费的征收和失业保险待遇的支付进行监督检查;财政部门和审计部门依法对失业保险基金的收支、管理情况进行监督;同时对于骗取失业保险待遇,以及劳动保障行政部门和社会保险经办机构的工作人员滥用职权、徇私舞弊、玩忽职守,造成失业保险基金损失的,规定了明确的处罚办法。

关键概念

专款专用是指财政收支管理中以特定来源资金用于指定用途的办法。通常将这种有特定来源和专门用途的资金称为专用资金或专项资金。

专用资金大致可以分为3类:(1)收入和支出都包括在预算之内,作为预算的一部分。例如,我国中央预算中属于基金性质的基本建设基金和列收列支的改烧油为烧煤专项资金。(2)享有法律自主权的专用基金。立法机关通过专门法令建立这些基金,这部分收支独立于财政体系的其他环节。(3)自主性较大的专用资金,一般由各主管部门掌握,用于指定的目的。例如,我国的预算外资金,它们根据法律、法规的规定,或者按照国务院规定的程序设立、收取、提留和安排使用。

(四)《社会保险费征缴暂行条例》

1999年1月,《社会保险费征缴暂行条例》经国务院第十三次常务会议审议通过,并于1月22日起正式施行。该条例根据《劳动法》的规定,进一步明确了社会保障行政部门对社会保险费征缴的监督检查职能,规定了少缴、漏缴以及挪用社会保险费的法律责任,对违法违规行为形成了有力制约。条例明确规定:国务院劳动和社会保障部门负责全国的社会保险费征缴管理和监督检查工作,县级以上地方各级人民政府劳动保障行政部门负责本行政区域内的社会保险费征缴管理和监督检查工作；劳动和社会保障部门依法对单位缴费情况进行检查时，被检查的单位应当提供与缴纳社会保险费有关的用人情况、工资表、财务报表等资料，如实反映情况，不得拒绝检查，不得谎报、瞒报；劳动保障行政部门可以记录、录音、照相和复制有关资料。工作人员行使有关职权时，应当出示执行公务证件。同时该条例还规定了劳动保障行政部门、财政部门和审计部门在社会保险费征缴工作中的监督职责，并对社会监督作出了规定。

（五）《工伤保险条例》

2003年4月，《工伤保险条例》经国务院第五次常务会议讨论通过，自2004年1月1日起施行。根据2010年12月20日《国务院关于修改〈工伤保险条例〉的决定》修订的条例规定，工伤保险基金存入社会保障基金财政专户，用于本条例规定的工伤保险待遇、劳动能力鉴定、工伤预防的宣传、培训等费用。任何单位或者个人不得将工伤保险基金用于投资运营、兴建或者改建办公场所、发放奖金，或者挪作其他用途；社会保险行政部门依法对工伤保险费的征缴和工伤保险基金的支付情况进行监督检查；财政部门和审计机关依法对工伤保险基金的收支、管理情况进行监督；同时对单位或者个人违反本条例规定挪用工伤保险基金的行为，明确了相应的法律责任。

二、规章和规范性文件

近年来，根据有关法律法规规定，国家主管部门相继制定出台了一系列规章和规范性文件，有效地推动了社会保障基金监管工作的开展。主要的规章和规范性文件如下：

（一）部门规章

1.《社会保险费申报缴纳管理暂行办法》。1999年3月，原劳动保障部为规范社会保险费的申报和缴纳管理工作，根据《社会保险费征缴暂行条例》的规定，以第2号部令的形式颁布实施了《社会保险费申报缴纳管理暂行办法》。该办法明确征收的社会保险费，应当进入社会保险经办机构在国有商业银行开设的社会保险基金收入户。社会保险经办机构应当按照有关规定定期将收到的基金存入财政部门在国有商业银行开设的社会保险基金财政专户；缴费单位应当每年向本单位职工代表大会通报或在本单位住所的显著位置公布本单位全年社会保险费缴纳情况，接受职工监督；社会保险经办机构应当至少每半年一次向社会公告社会保险费征收情况,接受社会监督。

2.《社会保险费征缴监督检查办法》。1999年3月,原劳动保障部为加强社会保险费征缴监督检查工作,规范社会保险费征缴监督检查行为,根据《社会保险费征缴暂行条例》和有关法律、法规规定,以第3号部令的形式颁布实施了《社会保险费征缴监督检查办法》。该办法明确规定,劳动保障行政部门负责社会保险费征缴的监督检查工作,对违反《社会保险费征缴暂行条例》和本办法规定的缴费单位及其责任人员,依法作出行政处罚决定。该办法还规定,劳动保障行政部门应当向社会公布举报电话,设立举报信箱,指定专人负责接待群众投诉。对符合受理条件的举报,应当于7日内立案受理,并进行调查处理,且一般应当于30日内处理结案。

3.《社会保险基金监督举报工作管理办法》。2001年5月,原劳动保障部为了规范社会保险基金举报管理,加强社会保险基金监督,以第11号部令的形式发布实施了《社会保险基金监督举报工作管理办法》。该办法对五项社会保险基金收支、管理方面违法违规行为举报的受理和办理工作作出专门规定。办法规定县级以上各级人民政府劳动保障行政部门负责社会保险基金监督的机构具体承办举报受理和办理工作,包括受理当面举报和开设社会保险基金监督举报电话,在全国形成监督网络。同时规定了举报案件的处理方式、工作程序和办结时限,并对其接受社会监督、依法保护举报人合法权益等提出了明确要求。

4.《社会保险基金行政监督办法》。2001年5月,原劳动保障部为了保障社会保险基金的安全,规范和加强社会保险基金监管,根据法律法规和国务院有关规定,以第12号部令的形式发布实施了《社会保险基金行政监督办法》。该办法规定,劳动保障行政部门对养老保险基金、医疗保险基金、失业保险基金、工伤保险基金和生育保险基金的收入户、支出户、财政专户以及其他与社会保险基金有关的账户收支和结余情况进行监督;原劳动保障部主管全国社会保险基金监督工作,县级以上地方各级人民政府劳动保障行政部门主管本行政区域内的社会保险基金监督工作;劳动保障行政部门负责社会保险基金监督的机构具体实施社会保险基金监督工作。同时,该办法还对监督机构及其监督人员的工作职责、权利义务、监督方式和监督程序作出了具体规定。

5.《全国社会保障基金投资管理暂行办法》。2001年12月,财政部、原劳动保障部为了规范全国社会保障基金投资运作行为,根据国家有关法律法规,以财政部、劳动和社会保障部第12号令的形式制定颁布了《全国社会保障基金投资管理暂行办法》。该办法明确全国社会保障基金投资运作的基本原则是，在保证基金资产安全性、流动性的前提下，实现基金资产的增值；全国社会保障基金资产独立于理事会、社会保障基金投资管理人、社会保障基金托管人的资产；财政部会同劳动保障部拟定全国社会保障基金管理运作的有关政策，对全国社会保障基金的投资运作和托管情况进行监督；证监会、银监会按照各自的职权对全国社会保障基金投资管理人和托管人的经营活动进行监督。同时对投资管理人和托管人的资格条件和职责义务、投资范围和资产配置比例、管理服务费用、信息披露等方面作出了明确规定。

6.《企业年金基金管理试行办法》。2004年2月，原劳动保障部会同银监会、证监会、保监会为了维护企业年金各方当事人的合法权益，规范企业年金基金管理，根据《劳动法》《信托法》《合同法》《证券投资基金法》等法律和国务院有关规定，发布实施了《企业年金基金管理试行办法》（劳动和社会保障部、中国银行业监督管理委员会、中国证券监督管理委员会、中国保险监督管理委员会令第23号）。该办法规定："企业年金基金必须存入企业年金专户。企业年金基金财产独立于委托人、受托人、账户管理人、托管人、投资管理人和其他为企业年金基金管理提供服务的自然人、法人或其他组织的固有财产及其管理的其他财产"。对受托人、账户管理人、托管人和投资管理人的资格条件和职责义务作了严格规定，对企业年金基金投资的资产配置比例、投资工具、管理服务费用、信息披露等方面作出了系统规定，明确"受托人、账户管理人、托管人、投资管理人开展企业年金基金管理相关业务，应当接受劳动保障行政部门的监管。受托人、托管人和投资管理人的业务监管部门按照各自职责对其经营活动进行监督"。

7.《企业年金基金管理办法》。2011年2月，人力资源社会保障部、银监会、证监会、保监会，经过对《企业年金基金管理试行办法》修订，发布实施了《企业年金基金管理办法》（人力资源和社会保障部令第11号），对企业年金基金管理机构准入条件、投资品种和比例、法人治理结构、管理机构行为规范等方面进行了补充和完善。

（二）规范性文件

1.《国务院办公厅关于一些地区挤占挪用社会保险基金等问题的通报》（国办发明电［1996］6号）。1996年4月，国务院办公厅针对一些地方存在的挤占挪用社会保险基金，用于基本建设或投资入股、炒房地产，以及超标提取和使用社会保险基金管理费等情况，下发了该通报。通报指出，"这些做法，严重违反了国务院的有关规定，造成社会保险基金的损失和浪费，损害了国家、企业和职工的利益，影响了社会保险制度改革的顺利实施，也扰乱了财政金融秩序，必须予以纠正"；同时要求社会保险基金结余主要用于购买国家债券，不得用于其他任何形式的投资；要建立健全社会保险基金的管理和财务、会计制度，坚持专款专用，严格控制管理费的提取和使用，确保社会保险基金的安全与完整。

2.《国务院关于印发完善城镇社会保障体系试点方案的通知》（国发［2000］42号）。2000年12月，国务院下发了《关于印发完善城镇社会保障体系试点方案的通知》。《通知》要求，各项社会保险统筹基金要纳入财政专户，实行收支两条线管理，严禁截留、挤占、挪用。要加强社会保障行政监督和社会监督，建立由政府部门、用人单位、职工代表和专家等组成的社会保障监督委员会，依法对社会保障政策执行和基金管理情况进行监督。有关部门要切实履行监督职能，对玩忽职守、徇私舞弊和贪污、挪用、扣压、拖欠社会保障资金等行为依法予以查处。

关键概念

收支两条线是针对预算外资金管理的一项改革，其核心内容是将财政性收支（预算外收支属于财政性收支）纳入预算管理范围，形成完整统一的各级预算，提高法制化和监督水平。

3.《社会保险基金财务制度》（财社字［1999］60号）。1999年6月，财政部、原劳动保障部为规范社会保险经办机构管理社会保险基金的财务行为，加强社会保险基金管理，维护保险对象的合法权益，根据国家关于社会保险的有关法律、法规、颁布实施了《社会保险基金财务制度》。该制度规定了"基金纳入单独的社会保障基金财政专户，实行收支两条线管理，专款专用，任何地方部门、单位和个人均不得挤占、挪用，也不得用于平衡财政预算"；"基金根据国家要求实行统一管理，按险种分别建账，分账核算，专款专用，自求平衡，不得相互挤占和调剂"；同时明确"劳动保障、财政和审计部门等要定期或不定期地对收入户、支出户和财政专户内的基金收支和结余情况进行监督检查，发现问题及时纠正，并向政府和基金监督组织报告"。

4.《关于加强社会保障基金监督管理工作的通知》（劳社部发［2002］12号）。2002年6月，原劳动保障部、财政部、信息产业部、中国人民银行、审计署、国家税务总局、国家邮政局为建立社会保险基金协同监管的工作机制，顺应社会保障制度改革及基金监督工作的需要，制定下发了《关于加强社会保障基金监督管理工作的通知》。该通知要求，"劳动保障行政主管部门要切实负起责任，加强对社会保险费征收机构、社会保险金发放机构、社会保障基金管理和运营机构征缴、支付和管理运营基金情况的监督，定期不定期地对基金收入户、支出户及财政专户等各类社会保障基金银行账户进行监督检查"，同时还要求，"各级劳动保障、财政、审计、税务、邮政部门和人民银行分支行，要按照各自职能，加强对社会保障基金管理和运营机构贯彻执行基金管理法规和政策情况的监督检查，实施对社会保险费征缴、社会保险金发放，基金管理和运营各个环节的全过程监督"。

5.《关于印发〈社会保险经办机构内部控制暂行办法〉的通知》（劳社部发〔2007〕2号）。2007年1月，原劳动保障部为了加强社会保险经办机构内部管理与监督，提高内控执行力，确保社会保险基金安全，制定下发了《社会保险经办机构内部控制暂行办法》。该办法要求充分认识加强社会保险经办机构内部控制工作的重要性和必要性，要把加强内部控制作为一项管长远、固根本、保安全的基础性工作来抓，通过建章立制，确保社会保险基金安全；要寓内控办法于业务操作流程之中，建立岗位之间、业务环节之间相互监督、相互制衡的机制；同时对加强内部控制工作的监督管理和定期报告制度提出了要求。

6.《关于印发社会保险基金监督检查证管理规程的通知》（人社部发〔2010〕85号）。2010年11月，人力资源和社会保障部按照《劳动法》和《社会保险法》关于依法行政、持证上岗等有关规定，制定下发了《社会保险基金监督检查证管理规程》。该规程对社会保险基金监督检查证的发放对象、义务、职责、培训考试形式、年检以及检查证管理等事项作出了明确规定。检查证管理规程的颁布实施，规范了检查证的发放管理，有利于提高各级基金监督人员的业务水平，进一步加强基金监管工作。

三、地方规章制度

全国各省市结合本地的工作实际进行了有益探索，在国家法律法规的框架内，出台了一些地方性的法规、规章和规范性文件，对社会保险基金监督作出相应规定，并在本行政区域内组织实施，推动社会保险基金监督工作的开展。

根据《社会保险基金监督举报工作管理办法》和《社会保险基金行政监督办法》，各地普遍制定了社会保险基金监督举报暂行规定和社会保险基金行政监督实施细则等规定。例如，上海市的《社会保险基金行政监督实施细则》进一步明确了社会保障行政监督部门负责社会保险基金监督工作，研究、制定适合基金运行管理的监督制度，组织实施对各级社会保险经办机构和财政专户的监督检查等综合管理工作，形成了完整的行政监督组织框架。同时，办法界定、细化了社会保险基金行政监督的具体内容，涵盖了社会保险政策执行、社会保险基金征缴、支付、预算、专户管理等保证基金安全的主要环节，还提出了实时监控、分级监督、现场检查、报送监督等具体监督检查方式，为社会保障职能部门认真履行基金监督职责、依法开展工作提供了有力依据。河北省的《社会保险基金监督举报暂行规定》对全省社会保险基金监督举报的主体、形式、程序等内容作出了明确的规定，公开了举报电话，同时还对省内各级社会保险基金监督机构做好举报受理工作提出了具体要求，进一步保证了基金的安全和完整。

此外，一些地区还结合当地基金监督工作的实际，有针对性地、创造性地开展基金监督立法实践，颁布了一些具有特色的地方性法规和文件。例如：

2004 年 3 月，广东省制定实施了《广东省社会保险基金监督条例》。该条例是全国第一部社会保险基金监督的省级地方法规，赋予了基金监督工作有力的法律武器，开创了基金监督工作的新局面。该条例构建人大监督、监督委员会监督、基金监督部门行政监督和社会监督的多层次监督体系，监督内容包括社会保险基金征收、支付、结余等管理的全过程，监督的对象包括监督部门、管理机构、代理发放机构、参保单位、领取待遇人员，是全过程、全方位的监督。该条例还进一步明确了社会保险监督委员会等相关监督部门的责任，增强了参保单位和个人的知情权。实行几年来，该条例对规范基金管理行为，保障基金安全，遏制违法违规行为，维护参保人的合法权益发挥了很好的作用。

2008 年 3 月，北京市劳动保障局、财政局为进一步加强对社会保险基金的监督管理，防范和制止各种侵害社会保险基金的违法行为，维护社会保险基金安全，保障参保人员的合法权益，经市政府批准同意，颁布实施了《北京市社会保险基金监督举报奖励试行办法》（京劳社督发［2008］101 号）。该办法规定，任何个人举报参保单位或个人、社会保险服务机构以及社会保险经办机构、管理机构违反基本养老、基本医疗、失业、工伤、生育保险基金有关规定的事项，经查证属实、符合本办法规定的，可以获得奖励，奖励金额最低 100 元，最高为 5 000 元。

2009 年 12 月，重庆市政府为了防范和查处骗取社会保险基金行为，维护社会保险基金安全,根据《劳动法》《劳动保障监察条例》和有关法律、行政法规,结合本市实际,颁布实施了《重庆市骗取社会保险基金处理办法》(市政府 231 号令)。《处理办法》对通过隐瞒事实真相、虚构相关条件、伪造变造相关材料等方式领取或者提供相关证件、支付凭证协助他人领取社会保险基金的行为进行了界定;明确了人力资源和社会保障部门负责查处骗取社会保险基金工作,以及在调查涉嫌骗取社会保险基金工作时应遵守的规定、享有的权力和可以采取的措施,为加强社会保险基金监管和维护基金的安全完整提供了必要的制度保障。

【新闻摘录】(大洋网记者陈治家、通讯员刘颖红 2006 年 3 月 2 日讯)

首个《社会保险反欺诈办法》昨起正式施行

广东省首个"社会保险反欺诈办法"——《珠海市社会保险反欺诈办法》(下称《办法》)昨起正式施行,根据《办法》规定,骗保单位和个人,最高可能受到 3 万元罚款处罚。

据悉,随着社会保险覆盖面进一步扩大,社会保险基金面临欺诈的风险也越来越大。骗领、冒领社会保险基金等欺诈行为屡有发生,直接冲击着社会保险基金安全。

《办法》主要是对社会保险的征缴环节和支付环节实施反欺诈。反欺诈的主要对象是参保单位、参保人及享受社会保险待遇人员。《办法》详细列举了养老、医疗、失业、工伤和生育五项社会保险欺诈行为。同时《办法》明确了对社会保险支付环节的欺诈行为进行举报的予以奖励,对举报人的奖励金额为 100~500 元。

(http://news.sohu.com/20060302/n242096158.shtml)

四、推进基金监督依法行政

依法行政是法治国家开展行政活动必须遵循的一项基本原则。党和国家高度重视依法行政工作,党的十七大报告提出"全面落实依法治国基本方略,加快建设社会主义法治国家"。2010 年,国务院法制办颁布了《全面推进依法行政实施纲要》,温家宝总理在全国依法行政工作会议上,深刻阐述了依法行政的重要意义和依法行政的原则要求,指出"推进依法行政,建设法治政府,是我们党治国理论从理念到方式的革命性变化,是我国政治体制改革迈出的重要一步"。"政府只能行使法律赋予的权力,所有行政行为都要于法有据、程序正当。"依法行政要求行政机关在行政活动中,遵循合法行政、程序正当、诚实守信、权责统一的原则。作为基金监督的执法人员，必须在基金监督工作中严格执法、公正执法、廉洁执法，做到有法可依，有法必依，执法必严，违法必究。

关键概念

依法行政是指行政机关必须根据法律法规的规定设立，依法取得和行使其行政权力，并对其行政行为的后果承担相应的责任。

(一) 基金监管工作依法行政的意义

为适应我国基金监管工作面临的新形势，各级基金监督人员在基金监管工作中，要在法律允许的范围内行使国家赋予的监管权力，切实地履行好监管职责，审慎地使用好监管权力。

1. 只有依法行政，才能贯彻为人民服务的宗旨。我国是人民群众当家做主的社会主义国家，只有依法行政才能体现"权为民所用"的宗旨。我国建立强制性的社会保障制度和社会保障基金，是为了保证全体人民老有所养、病有所医，为社会提供"安全网"和"稳定器"。因此，社会保障基金的安全与完整，直接关系到广大参保人员的切身利益和社会稳定。基金监督人员需要严格遵循依法行政的原则，把依法行政的理念与全心全意为人民服务的宗旨相结合，用依法行政的要求规范和约束我们的监督检查行为，树立基金监督人员良好的工作作风、端正的工作态度。通过基金监督这一具体的行政管理行为，保护参保人员的合法权益，践行为人民服务的宗旨。

2. 只有依法行政，才能确保社会保障基金的安全完整。通过基金监管，实现社会保障基金的安全完整是基金监管工作永恒的主题。基金监督人员根据法律法规规定的内容、方式和手段进行监管，最终目的是使用人单位和参保个人、社会保险基金征收机构、社会保险基金管理机构、社会保险和补充保险基金投资运营机构等被监督的对象依法履行义务，规范基金管理行为，确保社会保险基金的安全完整。各级基金监督人员只有依法行政，严格按照有关规章制度的规定进行监督，才能及时发现和堵塞基金监管中的漏洞，减少和杜绝欺诈、骗取、贪污、挪用社会保障基金等违法违规行为，社会保障基金安全才能真正成为带电的"高压线"，任何人都不能侵占挪用。

3. 只有依法行政，才能建立基金监管的长效机制。依法行政，是实现社会发展长治久安的重要保证，对于基金监管工作而言，也只有通过依法行政，才能建立基金安全的长效机制。社会保障基金是社会保障事业的生命线,是社会保险制度运行的物质基础。只有基金安全,社会保险制度才能平稳运行,社会保险事业才能健康协调可持续发展。实现依法行政,需要逐步建立健全基金监管法律法规体系,确保各级基金监督人员严格遵循法律法规行使监督检查职责,使基金监管工作逐步走向法制化、制度化、规范化,用法规制度来管人、管钱、管事,形成长效工作机制。

(二)提高基金监督人员依法行政的意识和能力

社会保险行政部门在推行依法行政时,首先要加强基金监督人员的思想认识和道德修养,采取多种措施提高基金监督人员依法行政的意识,不断增强基金监督人员的业务素质和执法能力。

1. 正面引导。加强正确的世界观、人生观及价值观的教育和引导,是提高基金监督人员依法行政意识和能力的重要途径。在日常的监督工作中,要加强基金监督队伍的法治教育,不断增强依法行政意识,通过学习依法行政、为民服务的先进典型,提高自身党性修养和思想觉悟,树立基金监督人员"守纪律、讲奉献、顾大局"的思想,不断提高自身的业务素质和执法能力,切实做好基金监督工作。

2. 反面警示。基金监督人员身为执法监督者,要更加敬畏法律、更加严格地执行基金监督法律法规。为此,在日常监督检查工作中,各级基金监督部门通过实际发现的问题、违法违规案件警示、请一些人员现身说法等方式,使基金监督人员在思想上做到警钟长鸣,进一步增强依法行政的意识,认真履行工作职责。

3. 加强培训。提高基金监督人员依法行政的意识和能力,还要对基金监督人员定期进行基金监督有关法律法规的学习培训,通过案例教学、法律法规讲解、行政执法实务操作以及推行持证上岗制度等方式,使依法行政的推进与基金监督人员思想观念的转变和法律素质的提高形成良性互动,不断提高其依法行政的能力和水平,使依法行政真正成为基金监督工作人员自觉的行动。

(三)依法行政的执行及完善措施

1. 完善基金监管法律体系。我国社会保障基金监督工作历史还比较短,相应的法律法规体系还有很多需要完善的地方。《社会保险法》颁布后,我国社会保障基金监管法规层次得到提高,但基金监管的配套政策还不健全,亟须进一步加强法制建设，理顺体制和运行机制，确保基金安全完整。为此，人社部提出了"十二五"期间建立健全基金监管法律体系的构想，即在《劳动法》和《社会保险法》的基础上，制定颁布相关的配套法规和规章政策，为我国社会保障基金监督提供坚实的法律保障，使基金监督的各项工作都能实现有法可依。

2. 规范基金监督人员执法行为。依法行政的本质是依法治权，依法治事，而不是依法治民。各级基金监督机构要严格执行法律、法规、规章等有关规定，依法行使权力、履行职责。根据有关法律、法规、规章的规定，对基金监督的各个环节、步骤进行具体规范，切实做到流程规范、要求明确、结果清楚。要建立监督检查工作底稿制度，完善行政监督、行政许可、行政强制、行政处罚等基金监督检查案卷的评查制度。

3. 加强对基金监督人员的监督。强化行政执法监督，是切实推进依法行政的保障。作为老百姓"养命钱"的守护人，不仅要监督各项社会保障基金的管理使用，同时还要主动接受监督，对违规违法的监督人员要依法处理。《社会保险法》规定，"国家工作人员在社会保险管理、监督工作中滥用职权、玩忽职守、徇私舞弊的，依法给予处分"。对于监督工作人员发生上述不依法行政的违法行为，并不是仅仅需要按照有关规定给予党纪、政纪处分，构成犯罪的，还要追究刑事责任。只有做到有法必依、违法必究，才能确保各级基金监督人员在基金监督工作中严格依法行政。

4. 提高监督人员执法能力。推行依法行政、持证上岗制度，对拟从事基金监督工作的行政人员进行社会保障政策、基金监督实务以及法律、财务等相关业务知识的考试，经考试合格的才能授予其行政执法资格，允许其上岗行政执法。要健全和整顿基金监督队伍，严格禁止无监督检查资格的人员履行行政执法职责。通过推行依法行政，进一步健全各级基金监督机构纪律约束机制，加强基金监督人员思想建设、作风建设，确保各级基金监督人员在监督工作中做到严格执法、公正执法、文明执法。

第二节　基金监管组织体系

1994年颁布的《劳动法》规定，社会保险基金监督机构依照法律规定，对社会保险基金的收支、管理和运营实施监督。社会保险基金监督机构是为了维护基金安全，依法行使监督检查权的各级政府社会保障职能部门。社会保险基金监管组织体系，是为了履行基金监管职责，实现基金监管目标而设立的专门的社会保险基金监督机构及其体系。各级政府设立专门的社会保险基金监督机构,赋予监管社会保障基金的法定职责,独立开展基金监管业务,是社会保障事业发展到一定阶段的产物,是基金监管在社会保障体系建设中日趋重要的必然结果。

一、机构设置

1984年,我国开始养老保险社会统筹的改革以来,基金收支规模持续扩大,结余数量不断增加。1994年,《劳动法》以法律形式正式提出了社会保险基金监督的问题,规定设立社会保险基金监督机构,依法对社会保险基金的收支、管理和运营实施监督。但是,当时基金监督还只是一个概念,以怎样的组织形式监督,如何监督,如何设立机构,没有具体规定,基金管理缺乏有效约束,一些地区违规管理运作,导致部分基金被挤占挪用,有的造成严重损失,基金安全面临严峻挑战。为加强社会保险基金监管,遏制挤占挪用、违规动用基金问题的发生,确保基金安全和完整,根据《劳动法》关于设立社会保险基金监督机构的要求,国务院及地方政府相继设立了基金监督机构。

(一)国家社会保险基金监督机构

1998年国务院机构改革,为组建社会保险基金监督机构、实现《劳动法》关于"对社会保险基金的收支、管理和运营实施监督"的要求提供了契机,国家组建劳动和社会保障部,在内部设立了社会保险基金监督司,专司社会保险基金监管工作。在劳动和社会保障部的领导下,按照规定的职责范围,根据分级负责的原则,组织和推动全国社会保险基金监管业务工作。基金监督司成立后,根据上级机关指示,积极疏通社会监督渠道,开通监督电话受理举报,组织对社会保障基金开展清理,查处了一批违法违规动用基金的案件,有力地遏制了挤占挪用基金等问题的发生。

2008年国务院机构改革,国家成立人力资源和社会保障部,保留社会保险基金监督司,继续负责全国社会保险基金监管工作,并对1998年确立的工作职责进行了调整,人员编制有所增加。主要负责拟定社会保险及其补充保险基金监督制度、运营政策和运营机构资格标准,认定运营机构资格并对其实施监督;建立社会保险基金及其补充保险基金监督信息和举报系统,受理投诉举报;监督社会保险基金及其补充保险基金征缴、支付、管理和运营,组织查处重大案件;负责中央企业企业年金基金管理合同备案工作;参与拟定全国社会保障基金投资政策,监督基金投资运营情况;负责管理社会保险基金监督检查证及企业年金基金管理人员资格；负责企业年金统计工作等。

(二) 地方社会保险基金监督机构

1998年国务院机构改革，地方人民政府也相应进行了机构改革，省级及省以下各级政府在原劳动和社会保障部门相继成立了基金监督机构。近半数省区市在省一级、个别地市在地市一级设立了专门的基金监督处（科），其他地区主要与业务职能相近的如规划财务处（科）等合设，负责本行政区域内的社会保险基金监管工作，全国自上而下逐步建立起了一支专门从事社会保险基金监督管理的工作队伍，组织体系初步形成。据2006年对全国基金监督机构设置和人员配备情况的调查，北京、上海、重庆、陕西、云南等15个省区市在省一级设立了专门的监督机构，河北、山西、黑龙江等省区市基金监督机构与其他处合设；省一级共配备专职监督人员106人，其中硕士研究生8人，大学本科77人，大专20人，中专及高中以下1人。

2008年国务院机构改革，目前地方机构改革尚未最后结束，全国省一级人力资源和社会保障部门基本上都成立了专门的基金监督机构，编制普遍为4人左右，最多的达到10人。地市级也在组建基金监督队伍，单独或合设了基金监督科室，基金监管工作队伍建设得到加强。

当前，社会保障事业快速发展，参保人数不断扩大，基金规模持续增加，管理运作部门和环节越来越多，基金监管难度加大。基金监督机构设置（包括体制和机制）、人员队伍、监管手段等严重滞后和不足，与社会保险事业发展的要求不相适应，监管力量投入与监管职责任务不配比的矛盾非常突出。《社会保险法》规定：国家对社会保险基金实行严格监管，国务院和省、自治区、直辖市人民政府建立健全社会保险基金监督管理制度，保障社会保险基金安全、有效运行。县级以上人民政府采取措施，鼓励和支持社会各方面参与社会保险基金的监督。随着《社会保险法》的贯彻实施和社会保障事业的快速发展、基金监管工作的不断深入，基金监督机构设置和队伍建设应有一个长足的发展，真正建立起一支专业、高效的基金监管队伍，充分发挥基金监管的职能作用。

(三) 工作关系

社会保障基金监管与其他行政管理工作相比，有其相对的独特性，就其监管业务而言，既不同于其他行政工作，也区别于一些部门的"垂直管理"。从近些年的工作实践看，上级对下级的监管业务工作具有指导和推动关系，必要时还可以直接办理下级管辖范围内的事项。下级既要根据上级部署的监管任务开展工作，也要围绕当地中心工作开展基金监管业务。下级完成监管任务后，对同级政府和上一级部门负责并报告工作。如何确定新时期上下级之间基金监管工作关系，充分发挥地方监管部门的职能作用，是做好社会保障基金监管工作的一个重要方面。上级与下级的工作关系主要体现在以下几个方面：

一是制定有关法规规章和制度办法，提出工作计划，进行宏观指导。部、省两级这方面的职责更重一些，市县基本上属于执行层级。通常来说，上级制定的法规、规章是指令性的，下级必须贯彻执行；规范性文件和工作部署是指导性的，要求下级结合当地实际贯彻落实。

二是部署安排监管工作，检查工作情况，总结推广经验，解决存在的问题。上级部门通过制定监管工作计划或部署专项检查，直接安排基金监管业务工作，并对检查程序及文书格式进行统一规范，对下级的工作质量、工作进度进行督促检查，以防范检查风险，提高检查质量。下级部门在围绕本单位中心工作开展监管业务的同时，应做好上级部门部署安排的工作，并且按照要求予以报告。

【阅读参考】部基金监督司制定监管工作计划、统一部署实施检查举例

2006年，原劳动和社会保障部统一部署安排了全国社会保险经办机构内部控制检查。这次检查以基金安全为主线，围绕经办机构养老保险内部控制机制的建立，从经办管理运行程序、权利制约以及责任追究等方面入手，设置了37个检查控制点，覆盖制度、业务、财务、信息系统控制等内容。检查要求各级自查率100%，地市对县（市）的抽查面不少于40%，省级对地市的抽查面不少于30%。各地按照总体部署精心组织，周密安排，认真实施检查，发现了大量内控制度不健全等管理问题和风险隐患，并按要求将检查结果逐级向上报告。基金监督司组织力量对10个省区市的检查情况进行了抽查。检查结束后，向全国下发了内控检查情况通报，指出存在的问题和不足，提出了整改意见和工作要求。这次检查对指导和推动经办机构加强内控建设、完善制度、规范行为、提升管理水平、维护基金安全具有积极意义。

三是直接查办所属辖区内任何一级单位基金管理使用情况和违法违规案件。上级部门在部署安排监管工作或处理举报案件时，认为需要直接查办的，可以直接组成检查组对其所辖区域内下属的任何一级社保经办管理服务单位进行抽查或监督检查,并直接提交监督检查报告,处理有关违法违规行为和问题。

四是交办或者指导下级办理监督事项。上级部门认为需要下级办理的监督事项,可以逐级向下级交办,一般情况下不能越级交办。我国社会保障基金监管工作起步较晚,当前社会经济形势发生了深刻变化,社会保险制度也在不断改革和完善,这些都给监管工作带来了许多新情况、新问题,需要全体监督人员不断学习,不断研究,尤其需要上级部门加大对下级监督人员的业务指导力度,督促完成相关工作任务。

五是针对下级基金监督机构队伍进行培训。社会保障基金监管工作专业性比较强,要切实履行监管职责,完成监管任务,维护基金安全,上级部门应通过制订培训计划、用人标准和持证上岗等政策措施,确保监督机构工作人员符合监督工作的要求与条件。通过对基金监督人员的轮训,不断提高监督人员的政治素养和监管能力,造就一支高素质的监管人才队伍。

六是开发并部署进行监督机构信息化建设。社会保障基金监督信息化建设是解决"监督人员少、监管任务重"这一突出问题的根本手段,也是提高监管质量,增强监管效能的重要措施。针对基层监管工作目前的现状,上级部门要增强服务意识,加强技术指导,统筹规划信息化建设。要统一建设数据库、网络和监管应用软件,强化软件系统的管理应用,避免重复建设和损失浪费;要强化软件系统的监督业务功能,针对业务工作需要不断升级完善,并通过下发应用规则等形式,规范指导基金监督人员学习应用,切实提高监督人员运用计算机开展监管工作的能力。

二、职责任务

2008年,人力资源和社会保障部"三定"方案重新规定了基金监督司负责全国基金监督工作的主要职责,在1998年原职责任务基础上,去掉了内部审计的职责,强化了社会保险基金、补充保险基金投资运营的监管,更加突出了基金监督机构专门监管社会保险基金的工作职责。

【阅读参考】

2008年,国务院办公厅关于印发《人力资源和社会保障部主要职责内设机构和人员编制规定》的通知。基金监督司主要职责:

拟定社会保险及其补充保险基金监督制度、运营政策和运营机构资格标准;依法监督社会保险基金及其补充保险基金征缴、支付、管理和运营,并组织查处重大案件;参与拟订全国社会保障基金投资政策。

基金监督机构的主要职责任务是：

（一）拟定社会保险及其补充保险基金监督制度、运营政策和运营机构资格标准，认定运营机构资格

1. 拟定社会保险基金监督制度。拟定社会保险基金监督制度就是基于社会保险基金管理体制、机制和模式，以及基金管理中存在的问题和风险隐患，通过制定法律、法规和政策，建立和完善基金监管政策体系，维护基金安全。我国社会保险制度改革不断深化，基金规模逐步扩大，征缴方式发生转变，多部门共同参与管理，点多面广，环节多，链条长，社会保险基金大量结余，保值增值问题日益凸显。上述情况和特点，都迫切需要制定和完善社会保险基金监督管理制度，确定基金监督的目标、任务内容、程序、方法、要求等，使基金监管职责变得更加清晰、可操作。1998年以来，社会保险基金监督主管部门依据《劳动法》，先后制定了《社会保险基金行政监督办法》《社会保险基金监督举报工作管理办法》等，地方也制定转发了相应制度政策，对于建立健全基本保险基金监管法律体系、依法实施基金监管起到了积极作用。《社会保险法》颁布实施后，将研究拟定《社会保险基金监督管理条例》等行政法规、配套规章和规范性文件，进一步完善监管制度，逐步建立健全社会保险基金监管法律法规体系。

2. 拟定补充保险基金监管制度。补充保险基金监督制度是指为规范企业年金、职业年金、补充医疗保险等基金监管行为而制定的基金监管制度。20世纪90年代初国家就提出了发展补充保险制度的政策要求，但真正健全制度框架体系、全面推行补充保险制度，还是近几年的事情，而且目前主要限于补充养老保险。2004年，原劳动和社会保障部公布了《企业年金试行办法》，与银监会、证监会、保监会联合公布了《企业年金基金管理试行办法》，之后又出台了一系列监管制度政策，构建了企业年金制度的基本框架，确立了企业年金基金监管的制度体系。企业年金基金监管制度明确了企业年金基金管理采取专业机构管理、市场化运营的运作方式，主要由受托人、账户管理人、投资管理人、托管人4个责任主体来承担的管理制度，建立了人社部、银监会、证监会、保监会等协同配合的政府监管机制，实现了对企业年金的发起和设立，资金的筹集、归属、支付和发放，以及投资运营合规、有序安全的监管，促进基金保值增值。

3. 拟定社会保险基金运营政策、运营机构资格标准。1997年《国务院关于建立统一的企业职工基本养老保险制度的决定》和1999年财政部、原劳动

和社会保障部颁布的《社会保险基金财务制度》都规定：社会保险基金结余除根据财政和劳动保障部门商定的、最高不超过国家规定预留的支付费用外，全部用于购买国家发行的特种定向债券和存入银行，任何地区、部门、单位和个人不得动用基金结余进行其他任何形式的直接或间接投资。基本保险基金只能存放在国有商业银行。随着我国社会保险事业发展和金融体制改革，现行的基本保险基金运营政策及运营机构资格标准政策已经难以应对当前的发展形势和工作需要，必须从制度建设上加以完善和解决。一是特种定向债券一直没有发行，国家债券缺乏正常的购买机制；基金存银行缺少存期、结构等政策约束；个人账户做实等积累性基金没有投资运营渠道。基金投资手段单一，大量活期存储，基金隐性损失严重。二是国有商业银行开户存储政策，已不能适应国有商业银行改制和网点收缩的形势，难以满足基层，尤其是偏远地区的社保业务需要。近年来，基金监督机构通过各种监督检查和社会保险基金专项治理活动，积极推动各级政府正确认识这一问题，制定相关政策增加基金存储收益。2003年，《劳动和社会保障部关于转发〈中国人民银行关于商业银行办理养老保险个人账户基金人民币协议存款的通知〉的通知》（劳社部发［2003］4号），明确了养老保险个人账户基金办理协议存款的政策。2007年，财政部、原劳动和社会保障部颁布的《做实企业职工基本养老保险个人账户中央补助资金投资管理暂行办法》（财政［2007］8号）规定，将中央政府补助职工基本养老保险做实个人账户的资金，委托全国社会保障基金理事会投资运营。上述政策，对做实个人账户后的基金保值增值发挥了积极作用。此外，还牵头组织研究做实养老保险个人账户基金投资运营办法等基金运营政策，协调研究基金银行开户存储和个人账户做实基金运营机构资格标准等。下一步还将针对社会保险基金的保值增值问题开展专题研究。

4. 拟定企业年金基金运营政策及运营机构资格标准，认定运营机构资格。企业年金市场化管理运营，必须有具备资质的机构承担管理运营任务。为规范企业年金基金管理机构资格认定工作，加强市场准入和监管，2004年年底原劳动和社会保障部制定下发了《企业年金基金管理机构资格认定暂行办法》（劳动和社会保障部令第24号），明确了企业年金基金管理机构的资格条件，规定了从事企业年金基金管理业务的机构取得相应的企业年金基金管理资格的法定程序，所有的管理主体需要向劳动和社会保障部提出书面申请，劳动和社会保障部组建专家评审委员会对申请材料进行评审。2005年和2007年，原劳动和社会保障部对企业年金基金管理机构进行了两次认定工作，目前共有 38 家机构获得了 58 个企业年金基金管理资格。

（二）建立社会保险基金及其补充保险基金监督信息和举报系统，受理投诉举报

1. 建立基金监管信息系统。2001 年，《社会保险基金行政监督办法》明确，"社会保险基金监督方式包括现场监督和非现场监督"。2003 年，《关于全面实施金保工程统一建设劳动保障信息系统的意见》（劳社部函 [2003] 174 号）决定建设全国联网社会保险基金监管应用子系统，通过网络实现社会保险基金的非现场监督。2004 年开始，部基金监督司组织开展基金监管系统研发工作；2008 年 7 月，监管软件陆续在江苏省泰州市、福建省本级、重庆市等地试点运行。2009 年 11 月，人力资源和社会保障部下发《关于开展社会保险基金监管软件联网应用工作的通知》（人社厅发 [2009] 135 号），部署安排联网应用工作，计划用 2~3 年的时间完成软件安装上线，并拟通过制定非现场监督工作规则的方式，指导、推动、规范监管软件的应用，进一步加强非现场监督工作，提升监管手段，实现监督工作信息化，建立现场与非现场监督相结合的监督机制。

依据《企业年金试行办法》《企业年金基金管理试行办法》等法规政策，2004 年原劳动和社会保障部印发《企业年金基金账户管理信息系统规范》，推行建立企业年金账户管理信息系统。该规范对系统必须具备的基本功能、运行环境和风险控制能力作出了规定，并且明确账户管理信息系统用于企业年金计划及计划受益人账户管理，支持企业年金基金账户管理人与委托人、受益人、受托人、托管人、投资管理人以及有关监管部门之间的信息交换，以及监管部门对企业年金基金账户管理业务的监督和企业年金基金账户管理信息系统的评定。在此基础上，研究企业年金基金管理数据接口的规范标准，将由国家标准化委员会下发执行。

2. 建立基金监督举报系统，受理投诉举报。社会保险基金监督举报系统是指各级基金监管机构依据《社会保险基金监督举报工作管理办法》设立的，为公民、法人和其他社会组织对社会保险基金收支、管理方面的违法违规行为进行检举、控告提供服务管理的社会监督工作平台。各级人力资源和社会保障部门基金监督机构负责建立举报系统，受理投诉举报案件。2001 年，原劳动和社会保障部开设了全国统一的社会保险基金监督电话，向社会公布监督电话号码、传真号码、通讯地址、邮政编码和受理举报的范围，并为举报人提供其他便利条件。各地基金监督机构也相继开设了监督举报电话，并受

理、查处了大批投诉举报案件。

【新闻摘录】（南方网 2003 年 12 月 10 日讯）

社会保险基金欢迎监督　广东省举报投诉电话公布

为确保社会保险基金的安全，广东省根据有关规定在全省地级以上市的劳动和社会保障部门设立社会保险基金监督举报投诉电话，接受社会监督。凡涉及社会保险（包括养老、医疗、失业、工伤和生育 5 个险种）基金在征收、支付、管理、储存、运营以及申领、审批社会保险待遇各环节中发生的违法违法行为，社会各界群众可以直接向所在市的劳动和社会保障局举报投诉，也可向省劳动保障厅举报。举报人可以采取电话举报、电子邮件举报、当面举报，以及传真、信函举报等方式进行举报投诉，一般应当署名，也可以匿名。

(http：//www.southcn.com/news/gnews/gdanounce/200312100180.htm)

（三）监督社会保险基金及其补充保险基金征缴、支付、管理和运营，组织查处重大案件

对社会保险基金及其补充保险基金开展监督检查是基金监督机构的基本工作职责和任务。监督检查的内容包括基金收支、管理和投资运营的全过程。监督检查的对象主要包括征收、发放、管理、投资运营、社会服务机构，以及缴费单位、待遇享受人等。监督检查的方式主要分为现场监督和非现场监督等。监督检查的方法主要是通过调查、审核、评价和处理等手段进行。监督检查的要求主要是保证基金的真实性、安全性、合规性、效益性、流动性。

1. 组织开展监督检查。对社会保险基金实施监督。依法监督检查基本养老、基本医疗、失业、工伤、生育保险等基金征收、支付、管理和运营情况，发现问题按规定予以报告，提出检查处理意见，制止纠正违法违规行为，情节严重的移送有关部门予以党纪政纪和司法处理。各级社会保险基金监督机构成立十多年来，通过现场、非现场等多种监督检查方式，积极组织对养老、医疗、失业、工伤基金征缴、管理使用、内控建设等内容开展监督检查，并督促问题的整改，努力维护基金安全完整。

对补充保险基金市场化管理运作实施监督。依法对企业年金基金的投资运营和年金市场进行监管，指导机构有序竞争、合规运营，保障基金安全并促进基金保值增值。近几年，人力资源和社会保障部会同有关部门先后对企业年金基金受托人、账户管理人、托管人、投资管理人管理运作企业年金基

金的合规情况进行了多次检查，针对检查发现的问题下发整改意见函，并要求相关管理机构将整改情况及时作出报告。

2. 组织查处重大案件。社会保险基金重大案件是指各级人力资源和社会保障部门通过社会保险基金行政监督、经办机构内部控制、审计等部门检查、媒体披露、受理举报核实等方式发现的各类金额巨大或性质严重并造成恶劣影响的社会保险基金挤占挪用、欺诈冒领案件。1998年以来，基金监督机构采取直接和授权查处等方法查处了一批重大案件。为了发挥警示作用，震慑违法违规行为，还对一些案件在系统内予以了通报处理。

基金监管部门在查处重大案件过程时，注重事实清楚、证据充分、定性准确等原则，充分发挥组织协调配合作用，凡是涉及基金管理的违法违规行为，都做到了一查到底，依纪依法追究相关责任人的责任，最大限度地挽回基金损失。同时，注重建立和完善典型案例分析、通报制度，通过典型案例的分析，研究社会保险基金违法违规行为的新动向、新特点，推动基金监管工作的深入开展。

（四）中央企业年金基金管理合同备案及企业年金统计

2005年，原劳动和社会保障部印发《关于企业年金方案和基金管理合同备案有关问题的通知》（劳社部发［2005］35号），对企业年金方案和基金管理合同备案的报送、材料、受理以及监管进行规范。根据通知要求，主要是通过企业年金方案及企业年金基金管理合同报备审查，对企业年金的发起与设立是否符合法规要求，是否符合制度发展方向进行监管。

为加强监管，部基金监督司建立了企业年金基金管理业务报表制度，对了解企业年金管理运营情况，及时分析并解决有关问题，加强企业年金市场监管起到了积极作用。

（五）参与拟定全国社会保障基金投资政策，监督基金投资运营情况

国务院授权财政部、人力资源和社会保障部作为政府监管部门制定全国社会保障基金管理运作的有关政策，并对其投资运营情况进行监督。《全国社会保障基金投资管理暂行办法》规定，全国社会保障基金的投资主要有两种方式：一是由全国社保基金理事会直接运作；二是由社保基金理事会进行委托投资管理。财政部、人力资源和社会保障部对全国社保基金的监管主要是通过研究分析社保基金会上报的财务及投资报告，实施监督管理。同时建立管理机构准入和信息披露制度，强化基金监管。社保基金会制定评审办法，

成立专家评审委员会，通过公开招标等方式，选定投资管理人和托管人。社保基金会、社保基金投资管理人、社保基金托管人应当按照要求定期披露社保基金投资运作的有关情况。

（六）管理社会保险基金监督检查证及企业年金基金管理人员资格

社会保险基金监督检查证是社会保险基金监督机构监督人员从事检查工作的专用证件。为规范检查证的发放管理，2002年，原劳动和社会保障部办公厅下发了《关于进一步规范管理〈社会保险审计检查证〉的通知》（劳社厅发〔2002〕4号），明确了社会保险审计检查证管理规程，规范了审计检查证培训、考试、发放管理制度。此后，各地按照要求，认真组织审计检查证培训、考核和发证工作，全国共有11 600余名基金监督机构工作人员和社会保险经办机构稽核人员，通过培训考试取得了审计检查证。2008年机构改革后，为了更好地落实依法行政要求，根据新部"三定"方案明确基金监督司"负责管理社会保险基金监督检查证"的职责，将"社会保险审计检查证"更名为"社会保险基金监督检查证"。2010年11月，人力资源和社会保障部下发了《社会保险基金监督检查证管理规程》，明确了社会保险基金监督人员持证检查制度，进一步规范了社会保险基金监督检查证的发放管理。2009年和2010年，部里统一组织了两期全国社会保险基金监督业务培训班，支持江西、河北、重庆市、新疆4个省区市举办监督业务培训班，共计培训952人，大多数通过考试领取了监督检查证，持证上岗工作迈出了重要一步。

三、监督人员的权力与责任

法律法规赋予监督人员在实施基金监管过程中享有行使行政执法手段的权力，同时要求其承担和履行相应的责任，即规定其必须做出一定的行为或禁止做出一定的行为。基金监督人员的权力和责任，作为法律关系同时产生而又相互依存。一方面，法律法规授予基金监督人员在基金监管过程享有和行使监管权力，保障基金监督人员顺利实施监管工作；另一方面，基金监督人员应当自觉地履行和承担规定的责任，确保监管工作依法进行。

（一）监督人员享有的权力

《社会保险法》规定，社会保险行政部门对社会保险基金的收支、管理和投资运营情况进行监督检查，发现存在问题的，应当提出整改建议，依法作出处理决定或者向有关行政部门提出处理建议。社会保险行政部门对社会保险基金实施监督检查，有权采取下列措施：查阅、记录、复制与社会保险基金收支、管理和投资运营相关的资料，对可能被转移、隐匿或者灭失的资料予以封存；询问与调查事项有关的单位和个人，要求其对与调查事项有关的问题作出说明、提供有关证明材料；对隐匿、转移、侵占、挪用社会保险基金的行为予以制止并责令改正。

法律明确监管人员的权力，一是有利于落实依法监督的原则，保障监督人员履行监管工作职责；二是有利于顺利实施监管工作，避免基金监督机构和人员实施监管时受到被监督单位的阻碍；三是有利于提高基金监督工作的权威性，提高依法维护社会保险基金安全、有效运行的效能。

根据《社会保险法》等法律法规的规定，基金监督人员具有如下权力：

1. 检查权。监督检查人员在履行监督检查职能时有权进入被检查单位或采取网络远程监控等方式对被检查单位基金征收、支付、管理、运营等行为的合规性、安全性、流动性、效益性等进行监督检查。

2. 搜集资料权。监督检查人员实施监督检查，有权要求被检查单位提供或报送社会保险基金、企业年金基金等财务、业务资料，以及其他与检查有关的资料和文件。具体搜集哪些资料将根据每次检查的范围内容确定，检查过程中需要增加、补充资料的，可以随时要求被检查单位提供。主要包括：（1）用人单位与缴纳社会保险费有关的会计报表、账册、凭证、工资表、人员花名册等。（2）社会保险费征收机构、社会保险经办机构、财政部门以及投资运营机构中与社会保险基金管理有关的文件、资料及计算机系统的相关数据。（3）社会保险服务机构与提供社会保险服务有关的资料。（4）社会保险基金收入户、支出户、财政专户和投资运营户等社会保险基金银行账户相关资料等。

3. 调查取证权。监督检查人员针对需要了解掌握的事项搜集资料后，应当及时对资料进行审查，有权通过查阅、录音、录像、照相、复印等多种手段对与社会保险基金相关的证件资料进行记录和复制。通过采取上述措施，形成对检查事项的确凿证据，从而确认被检查单位是否存在违反社会保险基金管理法律法规政策的行为。

4. 资料封存权。监督检查人员在监督检查过程中，对被检查单位转移、隐匿、伪造、变造会计凭证、会计账簿、会计报表以及其他与社会保险基金管理有关的资料的行为予以纠正或制止。必要时，对可能被转移、隐匿或者灭失的资料有权予以封存，以达到保全证据资料的目的。

5. 询问权。监督检查人员在监督检查过程中，就监督事项或发现的疑点问题有权向当事人、单位领导或其他工作人员进行调查询问，要求其对与调查事项有关的问题作出说明、提供有关证明材料。被询问的人员应当在限定的期限内就有关问题作出解释或说明，如实回答询问。监督检查人员应当做好笔录，并由监督检查人员和被询问人员签名或盖章，或直接由被询问人员以书面形式回答询问，并向监督检查人员提交有关书面资料。

6. 建议权。监督检查人员根据检查情况，针对被检查单位社会保险基金管理工作存在的问题，认真剖析原因，查找在管理、制度上存在的问题，提出整改建议。一般情况下，需要提出整改建议的问题，主要应是管理不规范、可能影响基金安全，但没有对基金造成侵害的行为。

7. 处理权。监督人员根据检查情况，对被检查单位及个人违法行为有权采取行政处理措施。一般情况下，需要采取行政处理措施的问题应是性质比较严重、对社会保险基金已经造成侵害的问题，如发现被检查单位正在或者已经实施的隐匿、转移、侵占、挪用社会保险基金等违法违规行为。具体的处理措施包括责令改正、责令退回或追回、罚款、赔偿、没收违法所得、解除服务协议和吊销执业资格等。

8. 法律法规规定的其他权力。

（二）监管人员应当承担的责任

基金监督人员应当承担的责任主要包括忠于职守、秉公执法、持证检查、接受监督等。监督人员自觉履行义务，是实现其监管职能的前提。

1. 忠于职守。忠于职守是指基金监督人员应当充分认识自己肩负的重要责任，对工作尽职尽责，严格按照法律法规的规定，积极、主动、认真、谨慎地履行各项监督检查职责，完成各项工作任务。不能因不履行职责，使监督检查流于形式。否则，因失职渎职、玩忽职守造成基金损失的，应当依法承担相应的法律责任；构成犯罪的，依法追究刑事责任。

2. 秉公执法。秉公执法是指基金监督人员履行监督检查职责时，在是与非、对与错、合法与违法等原则问题上要旗帜鲜明，不能含糊，不能让步。要始终坚持把国家和人民的利益放在首位，把维护法律的权威和尊严放在首位，对监督检查中发现的违法违规问题，坚决依法处理。

3. 持证检查。出示有效执法监督证件是基金监督人员行使监督检查职责时不可缺少的程序，是一项法定的规则，监督检查人员必须遵守。要求监督检查人员出示有效执法监督证件，体现了监督执法活动的严肃性、规范性。被检查单位有权要求监督检查人员出示有效执法监督证件，对不出示有效执法证件，或者出示的证件不符合要求的人员，被检查单位有权拒绝接受"监督检查"。按照规范要求，基金监督有效执法证件都要统一为人力资源和社会保障部印制的《社会保险基金监督检查证》。

4. 接受监督。基金监督人员在履行监督检查职责时应当接受监督。对基金监督人员的监督，主要来自内部监督、司法监督和社会监督等方面。内部监督主要通过监督人员所在单位和上级单位对于监督人员执法行为进行监督；司法监督主要通过纪检、监察等机关对监督人员的执法行为进行监督；社会监督主要是人民群众和社会舆论对监督人员的执法行为进行监督。

四、工作要求

（一）坚持依法行政

根据《劳动法》《社会保险法》和有关法规的规定，社会保险基金监督是社会保险行政部门的一项重要职责，也是社会保险行政部门的一项具体行政行为，具有行政性和强制性的特点。社会保险行政部门在社会保险基金监管工作中，应当按照依法行政的要求，严格规范监督行为，建立权责明确的监管体制，按照法定的权限和程序行使权力，做到行政权力授予有序，行使有规，监督有效。

（二）认真履行职责

维护社会保险基金的安全完整，是保护广大参保人员的合法权益，保证社会保险制度平稳运行的必然要求，也是社会保险基金监管工作的目标和任务。基金监督人员在监管工作中，应当忠于职守、不徇私情、秉公执法，坚持有法可依、有法必依、执法必严、违法必究的原则，对违法违规行为依法予以纠正和查处。

（三）保持清正廉洁

社会保险行政部门工作人员应当遵守国家有关勤政廉政的规定，严于律己、一身正气，维护社会保险监督人员清正、公正、勤政、廉政的形象，不得将国家赋予的社会保险基金监督权力作为个人谋取不当利益的工具。

（四）严格保守秘密

《社会保险法》规定，社会保险行政部门和其他有关行政部门、社会保经办机构、社会保险费征收机构及其工作人员，应当依法为用人单位和个人的信息保密，不得以任何形式泄露。社会保险行政部门在开展监督检查工作过程中，应当严格保守国家机密，为用人单位和个人信息保密。随着信息技术的发展，信息交流的速度和方式发生了巨大变化，但随之而来，非法泄露、收集、利用、公开个人信息的案件也频频出现。社会保险行政部门和其他有关行政部门、社会保险经办机构、社会保险费征收机构及其工作人员在办理社会保险登记、社会保险费征收和社会保险基金监督检查过程中，掌握了用人单位和参保人员的大量信息，如用人单位的职工总数、工资总额、个人工资、个人的身份证号码、家庭住址等情况，这些信息涉及用人单位的商业机密和个人隐私。为保护用人单位和参保人员的权利，《社会保险法》对社会保险行政部门和其他有关行政部门、社会保险经办机构、社会保险费征收机构及其工作人员的保密要求作出了明确规定。违反规定的，依法给予处分；构成犯罪的，依法追究其刑事责任。

同时，在处理举报案件时，社会保险行政部门及其工作人员还应为举报人保密。为保证社会保险监督检查的公正性，社会保险行政部门工作人员，与被检查单位有利害关系的，应当依法回避。

（五）增强监管能力

社会保障基金监管工作主要通过基金监督人员实施。基金监督人员代表社会保险行政部门履行职责，客观上要求监督人员必须具有较高的政治、业务素质，较强的专业技能，应当熟悉社会保险和相关法律法规和政策；掌握经济、金融、医政、财务和审计等专业技能和知识；具有较强的调查研究、综合分析和文字表达能力；经过统一考试，取得国家社会保险行政部门颁发的社会保险基金监督检查证等行政执法证件。各级社会保险行政部门应当选配符合条件的人员从事社会保险基金监管工作，并加强教育培训，建设一支过硬的基金监管队伍。

第三节　基金监管工作体系

按照《社会保险法》等有关法律法规规定，社会保障监管工作体系主要包括国家权力机关监督、国家行政机关监督和社会监督。

一、国家权力机关监督

依照《宪法》规定，全国人民代表大会常务委员会监督国务院的工作，县级以上地方各级人民代表大会常务委员会监督本级人民政府的工作。《社会保险法》规定，"各级人民代表大会常务委员会听取和审议本级人民政府对社会保险基金的收支、管理、投资运营以及监督检查情况的专项工作报告，组织对《社会保险法》实施情况的执法检查等，依法行使监督职权"。国家权力机关的监督是指各级人大常委会对《社会保险法》实施情况的监督。各级人大常委会作为国家权力机关的常设机构，监督政府工作是其重要职责。人大的监督是党和国家监督体系中的重要组成部分，目的在于确保《宪法》和法律得到正确实施，确保行政机关正确行使权力，确保公民、法人和其他组织的合法权益得到尊重和维护。各级人大常委会的监督是社会保险监督体系中最高层次、最具权威和最有法律效力的监督。

（一）审议预算

《国务院关于试行社会保险基金预算的意见》（国发〔2010〕2号）规定，从2010年起，企业职工养老、城镇职工医疗、失业、工伤、生育5项社会保险基金，分别纳入年度预算编制范围。并规定，全国社会保险基金预算草案由人力资源和社会保障部汇总编制，经财政部审核后，由财政部与人力资源和社会保障部联合向国务院报告。待条件成熟时，由国务院适时向全国人大报告。

在预算体系中，社会保险基金预算单独编报，与公共财政预算和国有资本经营预算相对独立、有机衔接。从长远来看，社会保险基金将逐步纳入人大审议范围，常务委员会对决算草案和预算执行情况报告，重点审查下列内容：(1) 预算收支平衡情况；(2) 预算超收收入的安排和使用情况；(3) 向下级财政转移支付情况；(4) 本级人民代表大会关于批准预算的决议的执行情况等。

【新闻摘录】（证券之星 2010 年 1 月 7 日讯）

2.3万亿社保基金将向全国人大报告　加强监督

新出台的《国务院关于试行社会保险基金预算的意见》，对5项社会保险基金预算编制范围予以明确，每一险种预算都包括收入和支出预算两部分。比如拿企业职工基本养老保险基金预算来说，基金收入包括基本养老保险费收入、利息收入、财政补贴收入、转移收入、上级补助收入、下级上解收入等；基金支出则包括基本养老金支出、医疗补助金支出、丧葬抚恤补助支出、转移支出、补助下级支出、上解上级支出等。分析该《意见》可看到，此次纳入预算的养老、医疗保险基金，还仅限于企业职工基本养老保险基金和城镇职工基本医疗保险，农村社会养老保险等险种并不包含在内。然而诸福灵表示，今后这些险种也将逐渐纳入，正如《意见》中提到"其他社会保险基金，条件成熟"时，也应尽快纳入社会保险基金预算管理。

(http：//www.stockstar.com/focus/SS2010010730008449.shtml)

(二) 听取专项工作报告

根据《社会保险法》的规定，各级人大常委会要听取和审议本级人民政府对社会保险基金的收支、管理、投资运营以及监督检查情况的专项工作报告。听取政府的专项工作报告是各级人大常委会行使监督权的一种重要方式。《各级人民代表大会常务委员会监督法》规定，各级人民代表大会常务委员会每年选择若干关系改革发展稳定大局和群众切身利益、社会普遍关注的重大问题，有计划地安排听取和审议本级人民政府、人民法院和人民检察院的专项工作报告。听取政府的专项工作报告具有经常性、针对性、及时性以及实效性的特点，是各级人大常委会加强监督工作，实施经常性监督的有效途径。社会保障基金关系到人民群众的切身利益，其收支、管理、投资运营情况，社会普遍关注，应列为关系改革发展稳定大局的重大问题，由各级人大常委会听取和审议本级人民政府的专项工作报告，充分行使监督权。

根据《各级人民代表大会常务委员会监督法》的相关规定，社会保险基金的收支、管理、投资运营以及监督检查情况的专项工作报告由人民政府的负责人向本级人民代表大会常务委员会报告，也可以委托有关部门如社会保险行政部门负责人向本级人民代表大会常务委员会报告。听取和审议工作报告前，委员长会议或者主任会议可以组织本级人大常委会组成人员和本级人民代表大会代表，对有关工作进行视察或者专题调查研究。常务委员会可以安排参加视察或者专题调查研究的代表列席常务委员会会议，听取专项工作报告，提出意见。常务委员会听取和审议专项工作报告前，常务委员会办事机构应当将各方面对该项工作的意见汇总，交由本级人民政府研究并在专项工作报告中作出回应。人民政府应当在常务委员会举行会议的20日前，由其办事机构将专项工作报告送交本级人民代表大会有关专门委员会或者常务委员会有关工作机构征求意见；人民政府对报告修改后，在常务委员会举行会议的10日前送交常务委员会。常务委员会办事机构应当在常务委员会举行会议的7日前,将专项工作报告发给常务委员会组成人员。

常务委员会组成人员对专项工作报告的审议意见交由本级人民政府研究处理。人民政府应当将研究处理情况由其办事机构送交本级人民代表大会有关专门委员会或者常委会有关工作机构征求意见后,向常委会提出书面报告。常委会认为必要时,可以对专项工作报告作出决议;本级人民政府应当在决议规定的期限内,将执行决议的情况向常委会报告。常委会听取的本级人民政府对社会保险基金的收支、管理、投资运营以及监督检查情况的专项工作报告及审议意见,人民政府对审议意见研究处理情况或者执行决议情况的报告,向本级人民代表大会代表通报并向社会公布。

(三) 组织对《社会保险法》实施情况的执法检查

对法律的实施情况进行监督检查是人大常委会的一项法定职权。根据《各级人民代表大会常务委员会监督法》规定,各级人民代表大会常务委员会每年选择若干关系改革发展稳定大局和群众切身利益、社会普遍关注的重大问题,有计划地对有关法律、法规实施情况组织执法检查。组织对法律、法规实施情况的执法检查,有利于保证法律、法规得以顺利实施,维护法律、法规的权威,促进行政机关依法行政和司法机关公正司法,维护人民群众的根本利益。同时,通过执法检查还能发现法律、法规本身存在的问题,为下一步修改和完善法律、法规提供依据。《社会保险法》是社会主义市场经济支架性的法律之一,是保障和改善民生的重要法律,各级人大常委会应定期组织对《社会保险法》的执法检查。

依照《各级人民代表大会常务委员会监督法》的规定,监督检查由本级人民代表大会有关专门委员会或者常务委员会有关工作机构具体组织实施。常务委员会根据年度执法检查计划,按照精干、效能的原则,组织执法检查组。执法检查组的组成人员,从本级人民代表大会常务委员会组成人员以及本级人民代表大会有关专门委员会组成人员中确定,并可以邀请本级人民代表大会代表参加。执法检查结束后,执法检查组应当及时提出执法检查报告,由委员长会议或者主任会议决定提请常务委员会审议。执法检查报告包括下列内容:(1) 对《社会保险法》实施情况进行评价,提出执法中存在的问题和改进执法工作的建议;(2) 对《社会保险法》提出修改完善的建议。常务委员会组成人员对执法检查报告的审议意见连同执法检查报告,一并交由本级人民政府研究处理。人民政府应当将研究处理情况由其办事机构送交本级人民代表大会有关专门委员会或者常务委员会有关工作机构征求意见后，向常务委员会提出报告。必要时，由委员长会议或者主任会议决定提请常务委员会审议，或者由常务委员会组织跟踪检查；常务委员会也可以委托本级人民代表大会有关专门委员会或者常务委员会有关工作机构组织跟踪检查。常务委员会对《社会保险法》实施情况的监督检查报告以及审议意见，人民政府对其研究处理情况的报告，向本级人民代表大会代表通报并向社会公布。

【新闻摘录】（新华网北京 2008 年 9 月 18 日电）

全国人大常委会开展劳动合同执法检查

全国人大常委会劳动合同法执法检查组第一次全体会议 18 日上午在北京人民大会堂举行。全国人大常委会委员长吴邦国作出重要批示，强调《劳动合同法》的立法宗旨在于调整劳动关系，保护劳动者合法权益，促进社会和谐，要通过这次检查，推动《劳动合同法》的有效实施。

吴邦国指出："《劳动合同法》是社会普遍关注的一部法律。该法的立法宗旨在于调整劳动关系、保护劳动者合法权益、促进社会和谐。该法是 2008 年执法检查的重点之一，希望通过这次检查，重点解决劳动合同签约率低、劳动合同短期化、劳务派遣不规范等侵犯劳动者利益的问题，尤其是农民工的合法权益问题，以充分体现该法的立法宗旨，推动《劳动合同法》的有效实施。"

(http：//news.xinhuanet.com/newscenter/2008-09/18/content_10074944.htm)

二、国家行政机关监督

根据《社会保险法》的规定，实施社会保险监督的国家行政机关，主要包括各级人民政府及其所属的社会保险行政部门、财政部门和审计机关。

（一）各级人民政府

按照《社会保险法》的规定，县级以上人民政府应当采取措施，完善相关政策制度和绩效考核体系，对下一级人民政府和本级社会保险行政部门、财政部门和审计机关发展社会保险事业，履行社会保险法定职责等情况进行监督。包括：一是监督社会保险事业发展情况。监督县级以上政府是否按照《社会保险法》的规定"将社会保险事业纳入国民经济和社会发展规划"并推动实施，是否"对社会保险事业给予必要的经费支持"。二是监督社会保险基金监督情况。监督县级以上人民政府是否按照《社会保险法》的规定"建立健全社会保险基金监督管理制度,保障社会保险基金安全、有效运行",是否"采取措施,鼓励和支持社会各方面参与社会保险基金的监督"。三是监督各部门履职情况。监督本级社会保险行政部门、财政部门和审计机关是否按照《社会保险法》规定,全面履行部门职责。

(二)社会保险行政部门

《社会保险法》规定,国务院社会保险行政部门负责全国的社会保险管理工作,国务院其他有关部门在各自的职责范围内负责有关的社会保险工作。县级以上地方人民政府负责本行政区域的社会保险管理工作,县级以上地方人民政府其他有关部门在各自的职责范围内负责有关的社会保险工作。社会保险行政部门对社会保险基金的收支、管理和投资运营情况进行监督检查,发现存在问题的,应当提出整改建议,依法作出处理决定或者向有关行政部门提出处理建议。上述规定,以法律形式明确了各级社会保险行政部门是社会保险工作的主管部门,在国家行政机关对社会保险基金的监督中承担重要职责,在社会保险基金监督管理中占主体地位。

社会保险行政部门基金监督机构为维护劳动者的合法权益,防范和化解社会保险基金风险,确保社会保险基金安全完整,实现社会保险基金保值增值,根据国家法律、法规和政策规定,对社会保险基金收支、管理、运营全过程是否合法所实施的检查和处理行为,被称为行政监督,即行政监督主要由人力资源和社会保障行政部门社保基金监督机构承担。

社会保险基金监督机构根据法律、法规,加强对社会保险经办机构、社会保险费征收机构、社会保险金发放机构、社会保障基金管理和运营机构征收、支付、管理和运营基金情况的监督,定期不定期地对基金收入户、支出户及财政专户等各类社会保障基金银行账户进行监督检查。其中人力资源和社会保障部社会保险基金监督司负责组织协调、统筹推动全国的社会保障基金监管工作,各地人力资源和社会保障部门社会保险基金监督机构对本地社会保险基金的征收、支付和投资运营承担监督的职责(具体的监管内容、监管措施等详见以后章节介绍)。

(三)财政部门

根据《社会保险法》等有关法律法规的规定,财政部门对社会保障基金的收支、管理和投资运营情况承担财政监督职责。财政监督是指财政部门对行政机关、企事业单位及其他组织执行财税法律、法规和政策情况,以及对涉及财政收支、会计资料和国有资本金管理等事项依法进行的监督检查活动。财政部门对社会保障基金收支、管理和投资运营情况实施监督主要是指财政部门负责拟定社会保障基金的财务管理制度，组织实施对社会保障基金收支、管理和投资运营的财政监督。

1. 通过将基金纳入财政专户，加强部门监督。社会保险基金存入财政专户，专款专用，任何地区、部门、单位和个人均不得挤占、挪用，也不得用于平衡财政预算。依照《社会保险费征缴暂行条例》的规定，社会保险基金实行收支两条线管理，由财政部门依法进行监督。

2. 通过制定财务制度，规范财务管理行为。财政部、原劳动和社会保障部制定的《社会保险基金财务制度》规定，社会保险基金财务管理的任务是认真贯彻执行国家有关法律、法规和方针、政策，依法筹集和使用基金；建立健全财务管理制度，努力做好基金的计划、控制、核算、分析和考核工作，并如实反映基金收支状况；严格遵守财经纪律，加强监督和检查，确保基金的安全。

3. 审核基金预算和决算等，进行财务监督。社会保险基金预算是根据国家社会保险预算规定建立、反映各项社会保险基金收支的年度计划。根据《国务院关于试行社会保险基金预算的意见》规定，统筹地区社会保险基金预算草案由社会保险经办机构编制（社会保险费由税务机关征收的，社会保险基金收入预算草案由社会保险经办机构会同税务机关编制），经本级人力资源社会保障部门审核汇总，财政部门审核后，由财政和人力资源社会保障部门联合报本级人民政府审批。统筹地区财政和人力资源社会保障部门将社会保险基金预算草案报本级人民政府审批后，报上一级财政和人力资源社会保障部门。省级财政和人力资源社会保障部门将本省（区、市）社会保险基金预算草案报本级人民政府后，报财政部、人力资源和社会保障部。全国社会保险基金预算草案由人力资源和社会保障部汇总编制，财政部审核后，由财政部与人力资源和社会保障部联合向国务院报告。各级政府财政部门对本级各部门决算草案审核后发现有不符合法律、行政法规规定的，有权予以纠正。

【阅读参考】

社会保险基金预算应遵循以下基本原则：

依法建立，规范统一。依据国家法律法规建立，严格执行国家社会保险政策，按照规定范围、程序、方法和内容编制。

统筹编制，明确责任。社会保险基金预算按统筹地区编制执行，统筹地区根据预算管理方式，明确本地区各级人民政府及相关部门责任。

专项基金，专款专用。社会保险各项基金预算严格按照有关法律法规规范收支内容、标准和范围，专款专用，不得挤占或挪作他用。

相对独立，有机衔接。在预算体系中，社会保险基金预算单独编报，与公共财政预算和国有资本经营预算相对独立、有机衔接。社会保险基金不能用于平衡公共财政预算，公共财政预算可补助社会保险基金。

收支平衡，留有结余。社会保险基金预算坚持收支平衡，适当留有结余。

（《国务院关于试行社会保险基金预算的意见》，国发〔2010〕2号）

（四）审计机关

根据《社会保险法》《审计法》等有关法律法规的规定，审计机关对社会保障基金的收支、管理和投资运营情况承担审计监督职责。审计机关是行政系统内的专门监督机关，有权定期和不定期地对由政府部门管理的和社会团体受政府委托管理的社会保障基金，进行审计监督。

近年来，审计机关对社会保障基金开展了多次范围不同的审计监督，尤其是2006年和2007年，对县级以上管理的社会保险基金进行了全面审计，促进了被挤占挪用社会保险基金的清理回收和规范管理；2010年对新农保工作进行了9省重点审计，促进了相关基金管理制度的落实和完善。审计机关依法进行审计监督时，被审计单位应当依照《审计法》的规定，向审计机关提供与社会保障基金财政收支、财务收支有关的资料。审计机关可以就有关审计事项向政府有关部门通报或者向社会公布对社会保险基金收支、管理和投资运营的审计调查结果。其中，国家审计署是社会保障基金审计监管的最高机构，对全国社会保障基金管理运行情况进行监管，各地的审计部门对本地的社会保障基金管理运行情况实行监管。

三、社会监督

社会监督是社会保障基金监督工作体系的重要组成部分，主要指国家机关以外的社会组织和公民个人以及媒体监督。《社会保险法》要求"县级以上人民政府采取措施，鼓励和支持社会各方面参与社会保险基金的监督"，并提出了社会监督的方式。

(一)社会保险监督委员会

《社会保险法》规定,"统筹地区人民政府成立由用人单位代表、参保人员代表,以及工会代表、专家等组成的社会保险监督委员会,掌握、分析社会保险基金的收支、管理和投资运营情况,对社会保险工作提出咨询意见和建议,实施社会监督。社会保险经办机构应当定期向社会保险监督委员会汇报社会保险基金的收支、管理和投资运营情况。社会保险监督委员会可以聘请会计师事务所对社会保险基金的收支、管理和投资运营情况进行年度审计和专项审计。审计结果应当向社会公开。社会保险监督委员会发现社会保险基金收支、管理和投资运营中存在问题的,有权提出改正建议;对社会保险经办机构及其工作人员的违法行为,有权向有关部门提出依法处理建议"。

过去几年,针对社会保险基金管理体制繁杂、监管机制不顺的情况,按照《国务院关于印发完善城镇社会保障体系试点方案的通知》关于"要建立由政府部门、用人单位、职工代表和专家等组成的社会保障监督委员会,依法对社会保障政策执行和基金管理情况进行监督"的要求,各地从2001年开始积极推动社会保障监督委员会建设。明确在各级党委、政府的领导下,抓难事、议大事,组织开展监督检查,充分发挥了决策协调议事作用,统筹基金监督工作,逐步建立和完善社会保障监督委员会的工作制度和机制。全国省一级基本建立了社会保障监督委员会,作为统筹、协调、指导本行政区域内社会保险基金监管工作的议事协调机构,由人民政府负责人担任主任,委员会办公室设在社会保险行政部门;云南省、重庆市、湖南省、湖北省实现了市县级全部建立监督委员会的目标。实践证明,政府对社会保险基金的监管不能缺位,但是完全依靠政府行使社会保险基金的监管也是不够的,必须积极发挥社会力量的监督作用,弥补政府监管的缺陷,社会保险监督委员会对规范社会保险基金管理行为、保障基金安全发挥了重要作用,《社会保险法》对此予以了肯定。

社会保险监督委员会,顾名思义,其职能就是对社会保险实施监督。但社会保险监督委员会的监督属于社会监督,在具体职责上,与国家权力机关监督、国家行政机关监督不同,主要是掌握、分析社会保险基金的收支、管理和投资运营情况,对社会保险工作提出咨询意见和建议。

社会保险监督委员会的具体监督方式是:(1)定期听取社会保险经办机构对社会保险基金收支、管理和投资运营情况的汇报。社会保险经办机构提供社会保险服务,负责社会保险登记、参保人员权益记录、社会保险待遇支付等工作，直接、全面地掌握着社会保险基金收支、管理和投资运营情况，因此规定由社会保险经办机构负责向社会保险监督委员会进行汇报。（2）聘请会计师事务所对社会保险基金的收支、管理和投资运营情况进行年度审计和专项审计。对社会保险基金的收支、管理和投资运营情况进行年度审计和专项审计，是一项专业性很强的工作，不是每一位社会保险监督委员会的成员都具有这种专业能力。因此，《社会保险法》规定可以聘请会计师事务进行年度审计和专项审计。审计结果应当公开。

社会保险监督委员会通过听取社会保险基金的收支、管理和投资运营的汇报和聘请会计师事务进行审计，发现问题的，有权向有关部门、机构提出改正建议；对社会保险经办机构及其工作人员的违法行为，有权向有关部门依法提出处理建议。

（二）举报投诉

《社会保险法》规定，"任何组织或者个人有权对违反社会保险法律、法规的行为进行举报、投诉。社会保险行政部门、卫生行政部门、社会保险经办机构、社会保险费征收机构和财政部门、审计机关对属于本部门、本机构职责范围的举报、投诉，应当依法处理；对不属于本部门、本机构职责范围的，应当书面通知并移交有权处理的部门、机构处理。有权处理的部门、机构应当及时处理，不得推诿"。

公民、法人和其他社会组织有权对社会保障基金管理活动中的违规违法行为进行投诉、举报，这是社会监督的重要内容。社会保险等行政部门和相关机构应设置实物举报箱、举报电子邮箱，向社会公布举报电话、传真号码、通讯地址、邮政编码和受理举报的范围，保障公众监督渠道的畅通，为公众实施监督创造条件。对接到的举报，应当完整地记录、保存。接到举报的部门对属于本部门职责范围内的事项，应当受理，不得推诿。受理后，应当及时处理，对投诉、举报进行调查核实，经核实确实存在问题的，要及时依法处理，对于实名举报，应当及时答复；对不属于本部门职责范围内的事项，应当及时移交有权处理的部门，有权处理的部门应当予以处理，不得推诿。

为了鼓励公众对违法行为进行举报、投诉，一是应当保护举报人、投诉人的合法权益，任何单位和个人不得以任何借口阻拦、压制或打击报复举报人。接受举报、投诉的有关部门及其工作人员不得私自摘抄、复制、扣押、销毁举报材料，严禁泄露举报人的姓名、单位、住址等情况，不得向被调查单位和被调查人出示举报材料，对匿名的举报材料不得鉴定笔迹，宣传报道和奖励举报有功人员,除征得举报人同意外,不得公开举报人的姓名和单位等内容。二是可以依法建立举报奖励制度,对举报立功者予以奖励。如《河南省社会保险基金举报奖励办法》规定,公民、法人和其他社会组织有权对基本养老保险基金、基本医疗保险基金、失业保险基金、工伤保险基金和生育保险基金在收支、管理等环节发生的违法违规行为进行举报。凡署名举报的,经查证属实的按举报金额2‰～5‰的比例给予奖励,举报案情重大且一次性追回社会保险基金数额在10万元以上的,还可增发一定数额的奖金。

【新闻摘录】(红网2008年6月5日讯)

湖南社保基金举报奖励有章可循　过度检查治疗可举报

记者从湖南省劳动和社会保障厅获悉:《湖南省社会保险基金举报奖励暂行办法》即日起实施,任何单位和个人有权对基本养老保险基金、基本医疗保险基金、失业保险基金、工伤保险基金和生育保险基金等各种社会保险基金在收支、管理等环节发生的违法违规行为进行举报。

发现参保者四种行为可举报

"发现参保单位和参保个人存在以下四种行为可以向劳动和社会保障部门举报"。一、参保单位采取涂改、伪造、藏匿、变造原始材料或提供虚假证明材料的方式,少报、瞒报参保人数和缴费工资基数的。二、参保单位、参保个人或其亲属,采用伪造档案、冒名顶替、出具虚假证明等手段,骗取基本养老、基本医疗、失业、工伤、生育保险待遇的。三、领取失业保险金期间重新就业后,仍继续领取失业保险待遇的。四、其他违反社会保险法律法规及相关规定,造成社会保险基金损失的行为。

过度检查、过度治疗可举报

"定点医疗机构、定点零售药店等社会保险定点服务机构的九种行为属于举报范围"。一、向参保人员配售假冒伪劣、过期失效药品,危害参保人员健康的。二、擅自提高收费标准、擅立收费项目;分解收费、打包收费、多记多收医药费用;过度检查、过度治疗等不合理增减医疗保险基金支出或者参保人员个人负担的。三、伪造门诊或住院病历、处方,将门诊病人挂名住院,将非参保人员冒名就诊或住院等,骗取医疗保险基金的。四、将医疗保险经办机构拒付的医疗费转嫁给参保人员负担的。五、擅自为未取得定点资格的医疗机构或零售药店提供医保卡划卡业务的。六、采用划卡后现金退付等手段,套取医保基金的。七、将定点医疗机构、零售药店承包、出租、转让给其他单位或个人经营的。八、采取其他不正当手段套取骗取医保基金或为他人骗取医保基金提供便利条件的。九、其他违反社会保险法律法规及相关规定的行为。

署名真实的举报人提供的事实、证据经监督机构查实后，将给予奖励。(http//news.qq.com/a/20080605/003938.htm)

(三) 信息公开

《社会保险法》规定，"社会保险经办机构应当定期向社会公布参加社会保险情况以及社会保险基金的收入、支出、结余和收益情况"。社会保障基金管理运行情况直接与参保人密切相关，他们有权知道社会保障基金管理运行的真实情况，有权监督基金的管理和运行。将社会保障基金收支、管理、运营情况向社会公开，是规范基金管理、切实加强对基金社会监督的重要措施。建立社会保障基金信息公开制度，实行"阳光社保"，既能保障用人单位和广大参保人的知情权，又有利于社会监督的顺利开展，对社会保险制度的健康、良性发展有着积极的促进作用。

社会保险经办机构不仅应当定期向社会公布社会保险基金的收入、支出、结余和收益情况，还应根据制度规定和个人要求，将参保个人权益记录定期免费寄送本人；用人单位和个人可以免费向社会保险经办机构查询、核对其缴费和领取社会保险待遇记录，要求社会保险经办机构提供社会保险咨询等相关服务。

【新闻摘录】(新华社北京 2007 年 11 月 29 日电)

述评：信息公开方能打造"阳光社保"

劳动和社会保障部 29 日对外披露了包括养老保险基金结存和个人账户资金规模、审计出的社会保险基金问题整改情况等社会保险相关信息，并表示将在全国范围逐步建立社会保险信息披露制度。

作为社会的安全网和稳定器，社会保险涉及上亿公民的切身利益。从覆盖面、缴费情况、基金支出和安全完整情况，到国家关于社会保险的政策，社会保险的方方面面无不关系到每个参保对象的现实利益，需要充分保障参保者的知情权，广泛接受社会监督。

巨额社保资金主要来自参保个人和单位的缴费。钱是怎么花的、怎么管的，基金是否安全完整，这样的信息公开，是规范管理、确保基金安全健康运行的需要，每个参保者乃至全社会都应当享有知情权和监督权。对社会保险相关信息，除涉及国家秘密和依法受到保护的商业秘密、个人隐私外，都应该如实披露。

"这次我们详细公布社会保险各项信息,特别是财务信息,就是为了让社会各界都来监督,打造'阳光社保'。"劳动和社会保障部社会保险事业管理中心副主任徐延君在接受新华社记者采访时指出,披露社保信息,既为百姓提供服务,又便于接受社会监督,使社会保险工作更加规范。

根据劳动和社会保障部的安排,各地将于每年4月份披露上年社会保险信息。通过政府公报、政府网站、新闻发布会以及报刊、广播、电视等各种渠道披露,并将披露的主要内容置于社会保险服务场所,供参保对象和相关利益人查阅。我们相信,信息公开的"阳光社保",必将更好地保障每个参保人员和全社会的共同利益。

(http//www.gov.cn/jrrg/2007-11/29/content-820302.htm)

(四) 监管运行机制

为适应社会保障基金管理体制的变化,需要建立各相关部门分工负责、相互制约和协同监管的社会保险监管运行机制。

1. 分工负责。社会保险法律法规对社会保险行政部门、财政部门和审计机关的职责权限、法定义务都有明确规定,各部门必须按照有法必依、执法必严、违法必究的要求认真履行各自职责。社会保险行政部门综合协调各项社会保险基金管理政策;研究拟定社会保险基金监督管理的规章制度并组织实施;监督检查本级及下一级基金管理机构管理基金的情况;建立社会保险基金监督举报系统;查处基金管理违规案件等。财政部门和审计机关按照各自职责进行财务监督和审计监督。

2. 相互制约。社会保险法律法规赋予不同部门不同的社会保险监督管理职责权限,如规定"社会保险基金存入财政专户",客观上形成了部门之间相互制约、互相监督的制衡机制,以实现对社会保险基金收支、管理和投资运营各环节的全面监督。

3. 协同监管。社会保障基金涉及征缴、支付、管理、投资各个环节,有社会保险经办机构、财政、税务等多个机构参与管理,企业年金等还涉及银行、证券、保险、信托等多个行业,基金链条长、涉及面广、监管难度大。既需要社会保险行政部门履行好行政监督的职能,也需要财政、税务、银监、证监、保监等部门的支持,充分发挥财政监督、审计监督以及银行、证券、保险等功能监管的作用,形成协同监管机制,防止互相推诿扯皮,确保基金监督管理运作的高效顺畅,达到确保基金安全、维护参保人合法权益的共同目标。实际工作中,相关部门通过建立联席会议,组织联合检查等方式,实现了对社会保障基金的协同监管。

思 考 题

1. 阐述社会保障基金监督体系。
2. 阐述基金监督机构的主要职责任务。
3. 简述社会保障基金监管运行机制。

第四章
社会保障基金监管内容

本章导读

　　社会保障基金管理涉及征收、支付、管理、运营多环节以及涉及多个部门和单位,而所有涉及的单位、部门和环节,都存在潜在的风险,都属基金监管的对象。

　　根据《社会保险法》规定,基金监管主要是对社会保险基金征收、支付、管理和投资运营环节涉及的相关主体和行为实施监督。本章通过对各环节所涉及的相关主体所负有的责任和义务进行分析界定,探讨对其实施监管的内容和重点。通过监督检查,及时发现问题、揭示潜在风险,纠正违规行为,确保基金安全,维护国家和参保人的合法权益。

　　《劳动法》《社会保险法》都明确规定,社会保险基金监督机构对社会保险基金的收支、管理和投资运营情况进行监督检查,保障社会保险基金安全、有效运行。按照法律法规的要求,基金监管工作要贯穿于基金征收、支付、管理和投资运营的全过程。既要监督征收机构是否依法征收社会保险费,又要监督社会保险待遇发放机构是否依法按时足额发放社会保险待遇,还要监督社会保险基金使用机构和待遇享受人是否存在套取、骗取社会保险费的问题;既要监督社会保险基金管理机构是否存在挤占挪用基金等违法违规行为,也要监督投资运营机构是否规范投资运营,实现基金保值增值。总之,基金监管就是要对基金征收、支付、管理、运营各个环节实行全面、动态、实时监控,防范基金管理中可能存在的风险,及时发现并纠正违法违规行为,确保基金安全。

第一节　基金征收环节

　　基金征收环节的监管目标是及时、足额的征收社会保险费,查处漏缴、欠缴和滥征问题，确保社会保险费及时、足额征收到位。征收环节涉及的相关主体包括社会保险经办机构和社会保险费征收机构，以及用人单位和参保个人。

一、社会保险经办机构

（一）经办机构的职责

社会保险经办机构在社会保险基金征收环节负责基础性、事务性工作，在确保社会保险基金应收尽收中承担着重要的责任。根据《社会保险法》《社会保险费征缴暂行条例》等法律法规规定，社会保险经办机构在基金征缴工作中承担的主要职责包括：（1）受理社会保险登记。为参保单位和个人办理社会保险登记，建立参保单位和个人社会保险账户，发放《社会保险登记证》。（2）受理审核缴费申报。接受参保单位和个人缴费申报，核定缴费基数和缴费比例，为参保单位和个人办理社会保险登记事项变更、注销及关系转移。（3）记录社会保险权益。建立参保单位和个人缴费记录，管理养老保险个人账户和医疗保险个人账户，定期发放社会保险个人账户对账单。（4）开展社会保险稽核。依法对缴费单位和个人是否如实申报缴费人数和缴费基数，是否按时足额缴纳社会保险费等情况进行核查。（5）披露社会保险信息。执行信息披露制度，定期对社会保险参保人数、基金收支等情况进行披露。

（二）对经办机构的监管

根据《社会保险费征缴暂行条例》等有关规定，基金监督机构对经办机构在征收环节的监管主要包括以下内容：是否按照规定和程序及时受理并审核社会保险登记；是否按照规定和程序审核缴费单位和参保个人的申报情况；是否按照规定程序及时准确地为缴费单位和参保个人记账、建立缴费记录；是否依照规定管理基本养老保险和基本医疗保险个人账户基金；是否按照规定对缴费单位和参保个人登记、申报和缴费情况进行稽核等。

二、社会保险费征收机构

（一）征收机构职责

《社会保险法》明确，县级以上人民政府加强社会保险费的征收工作。社会保险费征收机构应当依法按时足额征收社会保险费，并将缴费情况定期告知用人单位和个人。《社会保险费征缴暂行条例》规定，社会保险费的征收机构由省、自治区、直辖市人民政府规定，可以由税务机构征收，也可以由劳动和社会保障部门按照国务院规定设立的社会保险经办机构征收。

1. 社会保险经办机构职责。根据《社会保险法》《社会保险费征缴暂行条例》等法律法规规定，如果省、自治区、直辖市人民政府规定本地区社会保险费由社会保险经办机构征收，其经办机构在社会保险费征缴工作中的职责主要包括：（1）按照缴费申报核定后的缴费额，依法向参保单位和个人征收社会保险费；（2）清理、追缴企业欠费，并按规定处罚滞纳金；（3）办理社会保险费补缴、缓缴手续等；（4）定期向社会公告参加社会保险情况以及社会保险基金的收入、支出、结余和收益情况。此外，如果省、自治区、直辖市人民政府规定本地区社会保险费由税务机关征收，社会保险经办机构要向税务机关及时提供缴费单位社会保险登记、变更登记、注销登记以及缴费申报的情况，并将税务机关提供的缴费单位和缴费个人的缴费情况汇总报告社会保障行政部门。

2. 税务机关职责。根据《社会保险法》《社会保险费征缴暂行条例》等法律法规规定，如果省、自治区、直辖市人民政府规定本地区社会保险费由税务机关征收，税务机关在社会保险费征缴工作中的职责主要包括：（1）按照社会保险经办机构提供的资料、数据征收社会保险费；（2）对逾期未交社会保险费的单位进行追收，并按规定处罚滞纳金；（3）及时将征收的社会保险费分险种缴入同级财政部门开设的"社会保障基金财政专户"；（4）定期与社会保险经办机构核对社会保险费征收情况，及时反馈信息；（5）将已进行税务登记，但未参加社会保险的单位及时通知社会保险经办机构；（6）及时向当地社会保障部门、财政部门和社会保险经办机构提供单位欠缴保险费的数额。

（二）对征收机构的监管

做好社会保险基金征缴工作，保证社会保险基金有稳定、充足的来源，是做好其他各项社会保险工作的前提和基础。社会保险费征收机构是按照法律法规的规定，依法进行社会保险费征缴工作的执行者，征缴机构及其工作人员的行为是否规范，是否严格按照有关法律法规规定开展征缴工作，将直接决定社会保险基金的收入，影响社会保险制度健康平稳运行。根据《社会保险法》《社会保险费征缴暂行条例》等法律法规的规定，基金监督机构对社会保险费征收机构的监管主要包括以下内容：是否按照缴费申报核定后的缴费额，依法向参保单位和个人及时足额地征收社会保险费，有无擅自更改社会保险费缴费基数、费率，导致少收或者多收社会保险费的问题；是否按征收计划进行开票、征收，有无在完成当年征收任务后即停止征收社会保险费的情况；对未按时足额缴纳社会保险费的参保单位，征收机构是否责令其限期缴纳或补足；有无减免、缓收社会保险费的情况；是否按照规定处罚滞纳金并且将滞纳金列入基金收入；是否按规定及时将已征收的社会保险费上缴财政专户；是否隐瞒、转移、截留、挪用和贪污社会保险费；单位有无以实物抵顶社会保险费，造成少征基金的情况。由税务机关征收社会保险费的地区，社会保险经办机构是否按照规定及时下达社会保险费征收计划；税务机关是否及时向社会保险经办机构提供缴费单位和缴费个人的缴费情况等。

【新闻摘录】（中国网 2010 年 10 月 28 日讯）

社保法强化社保基金征收　旨在解决征缴困难

全国人大常委会于 10 月 28 日（星期四）下午，在人民大会堂台湾厅举行新闻发布会，请全国人大常委会和国务院有关方面负责人回答十一届全国人大常委会第十七次会议将审议通过的《社会保险法（草案）》等法律草案的有关问题。

《中国劳动保障报》记者：请问晓义部长。在草案中明确规定，单位没有足额缴纳社会保险费，而且没有提供担保的，社会保险征收机构是可以申请法院羁押和查封相应的财产。作出这样的规定是基于什么样的考虑？

人力资源和社会保障部副部长胡晓义回答说：法律草案强化了社会保险费征收的强制手段，如第六十三条规定，用人单位没有足额缴纳社会保险费，而且没有提供担保的，社会保险费的征收机构可以申请人民法院扣押、查封、拍卖其价值应当缴纳社会保险费的财产，以拍卖所得抵缴社会保险费。之所以要作出这样的规定，是因为在过去 20 多年的社会保险制度实施过程中，经常出现社会保险费征缴困难的问题。其中有一些企业是因为客观原因，比如经营困难、濒临破产，确实没有能力缴纳；但是也有一些是因为社会保险意识淡漠，有意规避或者逃避缴纳保险费。如果在社会保险费的缴费上没有强制手段，社会保险这样一个强制实施的制度就难以持续发展，它所涉及的劳动者和其他公民的权益就难以得到真正的保障。所以这部法在第六十三条给了社会保险征收机构更多的手段和落实措施。它的目的还是要通过这样一些措施强化社会保险费的征缴，更好地保证基金正常收缴，保证所有受益人应得的权益。

（资料来源 http：//new.qq.com/a/20101028/001127.htm）

三、用人单位和参保个人

（一）用人单位和参保个人的义务

《社会保险法》规定，中华人民共和国境内的用人单位和个人依法缴纳社会保险费。用人单位和参保个人是社会保险工作的重要参与方，是社会保险基金的缴费主体。用人单位和参保个人在社会保险基金征收工作中的行为，特别是缴费行为是否规范，直接影响着社会保险费的及时足额缴纳、关系着社会保险基金安全。

1. 用人单位义务。按照《社会保险法》《社会保险费征缴暂行条例》等法律法规的规定，用人单位在社会保险基金征缴工作中的主要义务有：(1) 缴费义务。基本养老保险、基本医疗保险、失业保险的缴费义务由用人单位与职工共同承担；工伤保险、生育保险的缴费义务全部由用人单位承担。(2) 登记义务。用人单位应当自成立 30 日内凭营业执照、登记证书或者单位印章，向当地社会保险经办机构申请办理社会保险登记，参加社会保险，登记内容包括单位名称、住所、经营地点、单位类型、法定代表人或者负责人、开户银行账号等；用人单位应当自用工之日起 30 日内为其职工向社会保险经办机构申请办理社会保险登记。(3) 申报和代扣代缴义务。用人单位应当向当地社会保险经办机构自行申报应缴纳的社会保险费，经社会保险经办机构核定后，在规定的期限内全额缴纳，非因不可抗力等法定事由不得缓缴、减免。职工应当缴纳的社会保险费由用人单位代扣代缴，用人单位应当按月将缴纳社会保险费的明细情况告知本人。(4) 公布信息与接受监督义务。应当每年向本单位职工公布本单位全年社会保险费缴纳情况，接受职工监督。

2. 个人义务。按照《社会保险法》等法律法规的规定，参保个人在缴纳社会保险费方面的义务是：(1) 缴费义务。职工要承担基本养老保险、基本医疗保险、失业保险的缴费义务；无雇工的个体工商户、未在用人单位参加社会保险的非全日制从业人员以及其他灵活就业人员可以参加基本养老保险和医疗保险，由个人缴纳基本养老保险和基本医疗保险费。(2) 登记义务。自愿参加社会保险的无雇工的个体工商户、未在用人单位参加社会保险的非全日制从业人员以及其他灵活就业人员，应当向社会保险经办机构申请办理社会保险登记，如实申报个人年龄、性别、参加工作时间、工资待遇等基本情况，并且按月、按核定数额向社会保险经办机构缴纳社会保险费。

(二) 对用人单位和参保个人的监管

从用人单位和参保个人在社会保险征缴工作中所负有的义务看，他们既是社会保险登记主体，也是缴费主体。用人单位和参保个人的登记、申报、缴费行为规范与否，直接关系到社会保险费的及时足额缴纳。因此，用人单位和个人社会保险登记、申报和社会保险费缴纳情况，是事关基金安全的第一道关口，是基金监督的重要内容。为了确保用人单位和参保个人缴费行为规范，确保其按时足额缴纳社会保险费，按照现行法律法规的规定，对这一环节要由多个部门实施多层面的监督检查，主要有：一是当地社会保险经办机构的稽核，在用人单位进行社会保险登记时，社会保险经办机构要对其申报的用工人数、工资总额、缴纳社会保险费的数额等信息逐一进行核对，对个别用人单位还可能进行实地检查或核对；二是劳动保障监察，劳动保障监察部门对用人单位的缴费情况定期或不定期地进行检查，及时发现用人单位在社会保险缴费方面存在的问题；三是基金监督，社会保险基金监督机构在检查社会保险征收过程中，如发现用人单位的缴费行为存在问题，也有权进行监督。基金监督机构对用人单位和参保个人在征收环节的监管主要包括以下内容：是否按照规定向社会保险经办机构办理缴费申报，是否少报参保人数和工资总额，是否如实报告职工的年龄、工龄、工种等基本信息；是否按照缴费申报核定后的缴费额按时足额缴纳社会保险费；是否按时足额为职工代扣代缴社会保险费，有无少缴、漏缴或欠缴社会保险费等情况。

【新闻摘录】(中国养老金网 2010 年 7 月 13 日讯)

企业缴纳社会保险费的问题

目前，部分用人单位对社保制度缴费意识淡薄，存在漏缴、少缴、欠缴、拒缴社会保险费的现象。主要表现为：(1) 设假账。一本账用来应付检查，另一本账用于发放员工工资。(2) 报假名。在办理劳动用工备案手续时，不填写员工本人真实姓名。(3) 转移劳动关系。把部分人员改为劳务派遣。(4) 与职工串通作弊。按个体缴费标准发给职工待遇，并唆使职工通过个体窗口自行缴纳社会保险费，以达到少缴社会保险费的目的。

企业在社会保险费的缴纳方面主要可能存在下列问题：(1) 不缴纳。(2) 差额缴纳。(3) 滞后缴纳。(4) 因劳动关系调整，导致社会保险转移出现问题。(5) 劳动者提出不缴纳或隐瞒相关信息，规避缴纳社会保险责任。

企业对社会保险费缴纳的疏忽将会导致严重的后果:(1)因法律意识淡薄或不熟悉社会保险政策,没有依法为劳动者缴纳社会保险的,劳动保障行政部门将对用人单位进行处罚。(2)没有依法缴纳失业、工伤、生育、基本医疗保险的用人单位,承担上述社会保险项目所负责的费用。(3)为劳动者补缴社会保险,承担滞纳金。(4)引发劳动争议,面临诉讼。(5)因没有依法缴纳社会保险费所带来的其他责任。如劳动者提出解除劳动合同,用人单位支付经济补偿。(6)除直接经济损失外,企业声誉、用工环境及日常经营都将受到影响。

(http://www.cnpension.net/index_lm/2010—07—14/1156330.html)

第二节 基金支付环节

基金支付环节的监管目标是按时足额对社会保险待遇享受人发放社会保险待遇,遏制骗取、冒领社会保险待遇等欺诈问题,防止社会保险基金"跑冒滴漏",减少基金损失。支付环节涉及的相关主体包括社会保险经办机构和社会保险服务机构、参保单位和个人等。

一、社会保险经办机构

社会保险经办机构在基金支付环节,既负有对参保人员享受待遇资格条件审核把关的责任,又有按时足额发放相关待遇的责任,在确保社会保险待遇按时、足额、合规发放,保证参保人员合法权益,以及在社会保险反欺诈工作中的地位和作用都非常重要。社会保险经办机构在支付环节的主要职责包括:(1)受理参保人员享受社会保险待遇申请;(2)核定社会保险待遇标准,支付社会保险待遇;(3)按照规定及时调整社会保险待遇;(4)依法对参保个人领取社会保险待遇情况进行核查;(5)向医院、药店、康复机构等提供医疗、工伤保险服务的社会机构进行结算,支付相应费用等。

根据《社会保险法》等法律法规的规定,基金监督机构对社会保险经办机构在支付环节的监管主要包括以下内容:对不符合退休条件的职工,是否存在违规办理提前退休手续并支付养老保险待遇的情况;是否按规定和程序审核享受社会保险待遇人员的领取资格和标准;有无违规提高社会保险待遇发放标准、违规扩大社会保险待遇的发放对象,从而导致多支付社会保险基金的情况;是否按照国家法律法规和相关政策的规定支付社会保险待遇;是否泄露用人单位或者个人信息;是否虚列社会保险基金支出计划,套取社会保险基金;是否出具虚假证明、材料骗取或协助他人骗取社会保险基金;基金的支出项目,如失业保险基金的职业培训和职业介绍补贴支出、工伤保险基金的工伤康复费、劳动能力鉴定费及其他支出项目是否符合国家规定;是否按规定及时足额向社会保险待遇享受人支付社会保险待遇;是否存在不按规定及时与定点医疗服务机构(包括定点医院、定点零售药店、康复机构等)结算医疗费用的情况等。

【案例4—1】经办人员动邪念　伪造凭证套基金

2006年10月,举报材料反映,某医疗保险管理中心的经办人员存在违法违规问题。经市人民检察院起诉,由人民法院查明:

周某利用职务之便,于2005年5月至2006年2月,先后11次用6家企业和公司女职工已领取生育保险基金的有关资料,再次编造生育保险费审批表和相关资料,从市医疗保险管理中心骗取女职工生育保险费共计43 248.5元。

2007年2月,市人民法院依法作出判决,周某犯贪污罪,但案发前已退回部分赃款,案发后能坦白认罪,并退赔了全部赃款,酌定从轻处罚,判处有期徒刑3年,缓刑4年。

这是一起经办人员"监守自盗"骗取生育保险基金的案件。案件说明生育保险费用的核定、审核、支付,3个重要环节没有形成层层把关、相互制约的内控机制。

二、社会保险服务机构

社会保险服务机构是指根据政策规定或合同约定,为社会保险参保人和受益人提供社会保险服务的单位,包括街道劳动保障事务机构、定点医疗机构、定点零售药店、定点康复机构、社会保险待遇代发机构、劳动能力鉴定机构等。不同的社会保险服务机构,根据其参与管理社会保险项目的不同,以及服务参保群体的差别,其职责也有不同。例如,养老金代发机构的职责主要包括:在国有商业银行开立养老金代发专户,用于接收社会保险经办机构划入的养老金和向离退休人员发放养老金的结算;将办理、领取离退休人员银行账户清册报送社会保险经办机构;对代发的养老金严格管理,及时足额发放,并将发放结果每月报社会保险经办机构等。又如,定点医疗机构的主要职责包括:严格执行国家规定,根据基本医疗保险用药范围目录和诊疗项目范围等规定为参保人员提供基本医疗服务;在参保人员办理门诊挂号或住院登记手续时,认真审查医疗保险卡,在参保人员就诊时应进行身份识别,发现就诊者与所持医疗保险证身份不符时应拒绝记账、扣留医疗保险证件,并及时通知经办机构;加强内部管理,制定执行基本医疗保险政策法规的相应措施;所使用的有关基本医疗保险的管理软件,应与经办机构的管理软件相匹配,并留有同经办机构管理系统相连接的接口,满足经办机构的信息统计要求。

根据《社会保险法》等有关法律法规的规定,基金监督机构对社会保险服务机构的监管主要包括以下内容:社会保险服务机构有无虚列、虚报、虚增社会保险基金支付项目和金额;定点医疗机构是否存在冒名就医并纳入医疗保险基金结算;是否将参保人员在非医疗保险定点医疗机构发生的医疗费用纳入医疗保险基金结算;是否存在出具虚假诊断证明、病史材料、鉴定结论、结算单据、发票、证明等以协助他人获取医疗、工伤或生育保险待遇;社会保险待遇代发机构是否按时发放社会保险待遇;是否存在转移或挪用社会保险基金的问题等。

【案例4—2】伪造病历套取医保基金

社会保险行政部门基金监督机构在检查某定点医院时发现,在随机抽取的某月10份病历中,有8份病历属于伪造,表现为:同一病症的病历内容和病人客观体征T、P、R记录基本雷同;同一病症的血常规化验报告单18项指标完全相同。再经电话询问,发现出院病历名单中的患者,有的未在该院住院,有的不曾患过病历记载的疾病,进一步证实了该院弄虚作假、伪造病历套取医保基金的严重违法违规行为。

后经进一步查证发现,该院近半年来,共收治参保患者123人次,其中20份病历系伪造,涉及违规金额近3万元。对该院作出了追回已支付基金、全额扣除质量保证金、取消定点资格、停止服务协议、罚款5万元等处罚。

【新闻摘录】(向日葵保险网2010年9月13日讯)

武汉装鹰眼防止定点机构骗取医保基金

导读:武汉市部分医疗定点机构为追求利润最大化,通过虚拟病人、分解住院等十多种违规行为骗取医保基金,为防止这一行为,武汉市共56家医院纳入了实时监控。

医院是否违规实时监控

昨日上午9时,武汉市医保中心一楼大厅隐蔽一角,一台占据整面墙的

120寸大型屏幕正高速运转，巨大的显示器是武汉市城区地图，上面闪烁着绿色、红色及黑色的圆点。

据该中心内审科副科长张鹏介绍，每个小圆点代表一家定点医疗机构，目前武汉共有三甲至二乙56家医院纳入实时监控范围，其中，红色代表异常，绿色为正常，黑色则说明尚未发生医保结算，或系统尚未链接。

鼠标点击其中一个红点，页面迅速显示，在"住院次数"这项指标中，武昌区一家大医院有两人疑似违规。

随机选择1人查看详情。实时监控显示，9时零3分，这名男患者通过医保手续住院，今年5月至9月，他每月住院一次，已达88天，可能存在"分解住院"的嫌疑。

系统显示，这名病人5次住院分别在不同的医院，有武警总医院、省中医院、省中医院光谷分院。张鹏说，这并不能排除嫌疑，还可能是该病人将医保卡借给旁人使用。深入探查，该患者每次住院的病种类似，分别为肺炎、肺部肿瘤、支气管肺炎等，考虑频繁住院的确是病情需要。到底是否存在违规？接下来需稽查科实地调查核实。

违规发生率呈下降趋势

实时监控下，违规变成"鼻子底下"的小动作，但更让医院震撼的是医保中心对违规的反应速度。去年6月，实时监控启动，医院有关部门接到医保中心的问询电话，反应通常惊疑不定，1小时前才发生的事，怎么医保中心就展开调查了？

实时监控后，工作成效大大提高，医院医保违规结算的发生率确比同期明显下降，6家违规机构受到处罚：在追回已结算医保资金的基础上，扣除医院当月信用等级相应分数，当年度扣分累计较高时，将降低医院信用等级，甚至被取消医保定点资格。

(http：//www.xiangrikui.com/yiliaobaoxian/xinwen/56204_1.html)

三、参保单位和个人

随着社会保险覆盖范围进一步扩大，社会保险面临欺诈的潜在风险点也在增多。从近年来组织开展的专项检查及日常受理举报查处的案件中发现，参保单位通过虚构劳动关系获取社会保险参保资格、进而骗取社会保险待遇，伪造档案材料办理退休，以及社会保险待遇享受人死亡后其亲属或社保工作人员继续冒领社会保险金等违规案件屡见不鲜。为此，要加强对参保单位和个人的监督。

根据有关法律法规的规定，基金监督机构对参保单位和个人在支付环节的监管主要包括以下内容：参保单位和个人是否通过隐瞒事实真相、虚构劳动关系获取社会保险参保或缴费资格；参保单位是否通过伪造、变造或非法变更档案材料为职工办理提前退休，侵占社会保险基金；社会保险待遇享受人是否通过伪造、变造或非法变更档案材料、个人身份证明、病历、病史、鉴定结论、支付凭证、信息数据等骗取社会保险基金；享受社会保险待遇条件发生变化或者丧失时，社会保险待遇享受人或受益人是否隐瞒不报、违规继续享受；个人是否利用他人身份和社会保险证明以冒名顶替等欺诈手段骗取社会保险待遇；是否违规出借本人社会保险证件协助他人、单位或其他机构骗取社会保险金等。

【案例4—3】企业家属齐作案　最终为谋死人钱

拥有10万名职工的某煤炭集团公司所属的煤矿大都地处偏远，实行养老金社会化发放有困难，长期以来各煤矿退休职工的养老金都是由企业代为发放。

2006年3月，当地检察机关接到群众举报，反映该集团某煤矿退管科工作人员利用职务之便冒领死亡职工退休金。经过调查，共查出1 916名已死亡职工仍在"领取"养老金，累计金额达600多万元，涉及该集团下辖的28家煤矿。作案手段分为3种：

一是死者家属与企业退管科工作人员，相互勾结，共同诈骗养老金。有的死者家属让企业退管科工作人员帮助其隐瞒退休人员已经死亡的真相；有的死亡家属干脆把死亡退休人员领取养老金的凭证交给企业工作人员，许以好处，请其继续"代领"。有的企业工作人员甚至主动找家属索要死亡退休人员的养老金领取凭证，借以冒领已死亡退休人员养老金供双方私分。二是企业工作人员借申领办理死亡退休人员丧葬费之机，一面向死者家属垫付丧葬费，谎称已经办理了基本养老保险注销手续，一面将死亡职工家属交来的养老金领取凭证私自扣下，继续使用该领取凭证冒领死亡职工的养老金。三是退休人员死亡后，其家属不向企业退管科和社会保险经办机构报告，也不办理相关手续，而是以退休人员的名义继续按月领取养老金。

当地检察机关依法采取不同措施予以处理。对冒领养老金数额较大、情节严重的，坚决依法查处，参与作案的11名企业工作人员被分别判处2年、3年的有期徒刑和缓刑。

这是一起典型的欺诈、骗取养老金的案件。一方面说明一些法制观念淡泊的人，钻国家政策空子，谋取个人私利，最终发展成违法犯罪；另一方面，也说明需要加强对企业代管代发机构及其工作人员的监督，进一步完善申领养老金的公示制度和退休人员生存认定制度等。

第三节 基金管理环节

基金管理环节的监管目标是确保社会保险基金依照国家的法律法规进行管理，查处挤占挪用、违规动用社会保险基金的行为，确保基金安全完整。管理环节涉及的相关主体包括社会保险经办机构、财政专户管理机构等。

一、社会保险经办机构

（一）社会保险经办机构职责

根据《劳动法》《社会保险法》《社会保险基金财务制度》等规定，社会保险经办机构在管理环节的主要职责包括：（1）建立社会保险基金内部控制制度，制定符合本单位实际，体现内部控制基本要求的业务、财务和信息系统等管理规程、规章、制度和工作流程。（2）负责社会保险基金预算决算草案的编制，经批准后具体负责实施；检查、分析、报告预算执行情况，提出预算调整的意见建议。（3）按规定在银行开设"社会保险基金收入户"和"社会保险基金支出户"并负责管理。（4）按规定将社会保险基金存入财政专户，实行收支两条线管理，专款专用，不得挤占、挪用。（5）负责各项社会保险基金按照社会保险险种分别建账，分账核算；定期与银行对账并对实际到账金额进行确认，做到账证、账账、账表、账实相符。（6）定期向社会公布参加社会保险情况及社会保险基金的收入、支出、结余和收益情况。

关键概念

社会保险基金收入户是社会保险经办机构在银行设立的归集社会保险费等收入的过渡性账户。该账户的主要用途是：暂存经办机构征收的社会保险费收入；暂存下级经办机构上解或上级经办机构下拨的社会保险基金收入；暂存该账户的利息收入；暂存滞纳金收入；暂存财政补贴以及其他收入等。收入户除向财政专户划转资金外，不得发生其他支付业务。

社会保险基金支出户是社会保险经办机构在银行设立的用于发放社会保险待遇等支出的专户。该账户的主要用途是：发放社会保险待遇支出和支付其他社会保险基金支出款项；接受财政专户划拨的社会保险基金；上解上级经办机构基金或下拨下级经办机构基金；暂存社会保险支付费用和账户利息收入，划拨利息收入到财政专户。支出户除接受财政专户拨付的资金及该账户的利息收入外，不得发生其他收入业务。

(二) 对社会保险经办机构的监管

改革开放以来，我国社会保险事业加速发展，覆盖范围不断扩大，社会保险基金积累规模迅速增加。2010年，五项社会保险基金当期收入1.86万亿元，支出1.48万亿元，累计结余2.27万亿元。收入和支出相当于20世纪末、21世纪初全国财政年度总收入和总支出，累计结余相当于20世纪80年代末、90年代初的全国国内生产总值。社会保险经办机构是社会保险基金管理的主体，能否管理好这笔巨额资金，直接关系到参保人员的切身利益和社会的和谐稳定，它是整个社会保险工作的中心环节，是社会保险工作的重中之重。

根据《社会保险法》等有关法律法规和政策规定，基金监督机构对社会保险经办机构在管理环节的监管主要包括以下内容：

一是对内控制度执行情况进行监督。是否制定符合本单位实际，体现内部控制基本要求的业务、财务和信息系统等管理规程、规章、制度和工作流程；是否建立健全风险管理制度；能否严格执行国家和上级部门有关业务、财务、信息系统等法规政策和制度，能否严格执行本机构管理规定；是否对业务、财务、信息系统管理等重要岗位、人员进行合理配置，明确职责，形成必要的互相制约关系，相关人员是否严格履行了规定的工作职责和程序；是否建立并实行严格的决策、审批、授权和报告制度，是否对重大事项实行集体决策，重要事项由两人以上进行审批，对重大、突发、异常事件及时向有关部门报告；是否具有风险监控、识别和纠正的措施及能力，及时调整不符合内控机制要求的规定、做法；是否有效地遏制贪污、截留、挪用基金等违法违规行为发生，对违法违规基金能否回收和纠正等。

二是对基金收入户管理使用情况进行监督。是否按规定开设基金收入户，有无多头开户或在非银行金融机构开户；缴费单位和个人的社会保险费是否及时、足额缴入收入户，收入户资金是否及时、足额划转财政专户；收入单据传递和核算是否及时、准确、完整；基金是否安全完整，有无截留、挤占基金行为。

三是对基金支出户管理使用情况进行监督。是否按规定开设基金支出户，有无多头开户或在非银行金融机构开户；基金是否严格按照国家有关规定，专门用于保险对象的社会保险支出，有无违反规定擅自改变基金用途的行为；支出项目和范围，是否按照国家规定执行；支出户单据传递和核算是否及时、准确、完整；基金是否安全完整，有无截留、挤占、挪用基金的行为。

四是在其他财务管理方面的监督。是否按规定编制基金收支计划和决算；是否按规定按险种分别建账、分账核算；是否按规定记录个人账户本息金额；是否定期对暂收款、暂付款进行清理；是否坚持定期对账制度等。

【阅读参考】社会保险基金管理环节存在的问题

1. 社会保险基金违规问题时有发生。一是用社会保险基金违规存储、平衡预算；二是超范围支付待遇，列支管理费、银行手续费；三是挤占挪用社会保险基金，包括用于当地建设、对外贷款、搞基建项目，等等。

2. 账户设置和管理不规范。社会保险经办机构及财政部门在多家银行分别开设收入户、支出户和财政专户，或在同一银行开设多个基金账户；有的地区在农村信用合作社、信用联社等金融机构开设社会保险基金账户；有的违规设置过渡户，滞留社会保险费收入；有的地方社会保险经办机构收入户长期沉淀大量社会保险费收入和利息收入，不及时划转财政专户。

3. 财务管理不规范。个别地区未将社会保险基金纳入收支两条线管理；有的地区未按规定对不同险种的基金分账核算，或未按要求设置明细账；有的地区社会保险基金仍实行差额缴拨；还有的地区预收的保费收入不计当期收入而作暂收款挂账处理，漏计或错计利息收入等。

二、财政专户管理机构

（一）财政部门的职责

根据《社会保险费征缴暂行条例》《社会保险基金财务制度》等有关规定，财政部门在社会保险基金的管理和使用中主要负有以下职责：（1）负责社会保障基金财政专户核算工作，根据经办机构的用款计划，向支出户拨付基金，购买国家债券，向上级或下级财政专户划拨基金；（2）按规定在银行开设"社会保障基金财政专户"并负责管理；（3）负责审核社会保险经办机构提出的基本养老保险支出用款计划和结余额的安排等；（4）负责审核、汇总社会保险经办机构编制的基本养老保险基金收支计划和预算、决算草案；(5) 负责拨付社会保险经办机构经费，负责建立财政专户管理部门内控制度。

关键概念

社会保障基金财政专户是在银行设立的专门存储社会保险基金的计息专户。主要用途是：接收收入户转入的或征收机构征收的社会保险费收入；接受财政补贴收入；接收上级财政专户划拨或下级财政专户上解的资金；接受该账户资金形成的利息收入和支出户、收入户转入的利息收入；接受基金购买国家债券的到期本息收入；向支出户划转资金；购买国家债券；向上级或下级财政专户划拨资金。

（二）对财政专户的监管

《社会保险法》规定，社会保险基金不得用于平衡其他政府预算，不得用于兴建、改建办公场所和支付人员经费、运行费用、管理费用，或者违反法律、行政法规规定挪作其他用途。根据《社会保险法》《社会保险费征缴暂行条例》《社会保险基金财务制度》等有关规定，对财政部门在社会保险基金管理环节的监督主要包括以下内容：财政专户内的基金是否安全完整，有无挤占挪用基金、动用基金平衡其他政府预算或其他支出的行为；财政专户内基金是否按计划及时、足额划转支出户；财政预算对社会保险基金的补助是否按计划及时、足额划转财政专户；财政专户内基金是否按照国家规定保值增值，有无违反规定擅自动用结余的行为；财政专户单据传递和核算是否及时、准确、完整；财政专户有无多头开户的行为。

第四节　基金投资运营行为

基金投资运营环节的监管目标是规范基金投资运营机构的投资运作行为，按照国家规定，在确保基金安全的前提下，实现基金保值增值。《社会保险法》明确，社会保险基金在保证安全的前提下，按照国务院规定投资运营实现保值增值。社会保险基金不得违规投资运营；全国社会保障基金由全国社会保障基金管理运营机构负责管理运营，在保证安全的前提下实现保值增值。《企业年金基金管理办法》规定，企业年金基金投资管理应当遵循谨慎、分散风险的原则，充分考虑企业年金基金资产的安全性和流动性。由此可见，不论是社会保险基金、全国社会保障基金，还是企业年金基金，投资运营政策虽然不尽相同，但强调基金安全的前提是一致的。上述基金，由于基金性质不同，因此投资政策不同，涉及的管理主体也不相同。基本保险基金由社会保险经办机构、财政部门负责，企业年金基金由市场化管理运营机构负责，全国社会保障基金由全国社会保障基金理事会负责。

一、对社会保险基金投资运营的监管

为了确保基金的安全，目前国家对五项社会保险基金的投资运营渠道规定得十分严格。社会保险基金采用财政专户管理，由社会保障部门、财政部门按照国家规定存银行和购买国债，不允许进行任何其他形式的投资。

现行政策中，国家对社会保险基金按优惠利率计息作出了规定。2003年，财政部、原劳动和社会保障部联合印发《关于加强社会保险基金财务管理有关问题的通知》规定，存入收入户、支出户和财政专户中的社会保险基金，要按中国人民银行规定的优惠利率计息。"优惠利率"是指《中国人民银行关于对养老保险基金活期存款实行优惠利率的通知》中规定，养老保险基金存入各商业银行的活期存款，从1998年1月1日起，按3个月整存整取定期存款利率计息。《失业保险条例》规定，存入银行和按照国家规定购买国债的失业保险基金，分别按照城乡居民同期存款利率和国债利息计息。1998年，《国务院关于建立城镇职工基本医疗保险制度的决定》规定，医疗保险基金上年结转的本息，按3个月期整存整取银行存款利率计息；财政专户的沉淀资金，比照3年期零存整取储蓄存款利率计息。此外，2003年，《劳动和社会保障部关于转发〈中国人民银行关于商业银行办理养老保险个人账户基金人民币协议存款的通知〉的通知》规定，已经做实并集中省级社会保险经办机构管理的养老保险个人账户基金，可按《通知》规定办理协议存款。按优惠利率计息是实现基金保值增值的重要手段，如果专户银行不按规定计算基金利息，增值乏力的社会保险基金损失会更大。

2007年2月，财政部、原劳动和社会保障部下发了《做实企业职工基本养老保险个人账户中央补助资金投资管理暂行办法》，对个人账户基金委托全国社会保障基金理事会投资运营作出了政策规定，要求全国社保基金会将中央财政补助资金并入全国社会保障基金，统一按照全国社会保障基金投资管理办法及相关规定进行投资运营，同时要求全国社保基金会对受托运营的中央补助资金承诺较优惠的收益率，具体办法由全国社保基金会与省级政府协商确定。

基金监督机构在投资运营环节的监督内容包括：一是对社会保险基金管理部门是否按规定存储结余基金、是否存在违规购建固定资产和投资的情况、是否存在违规挪用、截留、转移基金的情况等进行监督。二是对开设社会保险基金收入户、支出户、财政专户的银行是否按国家规定的优惠利率计算基金利息进行监督。三是对全国社会保障基金理事会受托投资运营的做实养老保险个人账户中央补助资金，是否存在禁止从事的活动，是否存在不公平对待中央补助资金的情况，是否挪用中央补助资金，是否投资于可能使中央补助资金承担无限责任的项目或产品等情况进行监督。

【新闻摘录】（无忧会计网 2008 年 2 月 1 日讯）

要增强社会保险基金的保值增值意识

通过对近年来我市社会保险基金的审计情况看，社会保险基金的保值增值还需要进一步加强。

一方面要积极执行国家规定的社会保险基金存款优惠利率。从 1998 年起，国家为保证社会保险基金保值增值，对不同险种的社会保险基金，按当年筹集、上年结转以及存入财政专户、收支户分别给予不同程度的活期利率优惠，而我市一直没有执行这一政策。仅 2006 年我市基本养老保险基金和基本医疗保险基金就减少利息收入大约 3 000 多万元。

另一方面要采取积极的理财措施。2006 年年末，"五项社会保险基金"累计结余 168 158 万元，其中活期存款 177 886.7 万元（包含失业保险基金贷款），年存款利息仅为 2 354 万元，比一年期定期存款少得利息 5 800 多万元。一年定期存款利率和活期存款利率相比，按 2006 年 8 月份利率计算，前者是后者的 3.5 倍；按 2007 年 9 月份利率计算，前者是后者的 4.77 倍，如果与国债相比差距更大。因此，财政和劳动保障部门对闲置的社会保险基金，应按国家政策规定，采取定期存款和购买国债的方式运营，以达到保值增值的目的。

(http：//www.51kj.com.cn/news/20080408/n165441.shtml)

二、对企业年金基金的监管

根据《企业年金试行办法》和《企业年金基金管理办法》的规定，我国的企业年金基金的投资体制，采取的是以信托关系为核心，以委托代理关系为补充的治理结构。在企业年金基金的投资运营构架中，主要包括受托人、账户管理人、托管人和投资管理人 4 类运作主体。

（一）受托人

受托人是指受托管理企业年金基金的符合国家规定的养老金管理公司等法人受托机构（以下简称法人受托机构）或者企业年金理事会。建立企业年金的企业，应当通过职工大会或者职工代表大会讨论确定，选择法人受托机构作为受托人，或者成立企业年金理事会作为受托人。理事会应当配备一定数量的专职工作人员。但我国目前的企业年金管理体制是以《信托法》为法理基础而构建的，《信托法》第二十四条规定："受托人应当是具有完全民事行为能力的自然人、法人。"而在企业年金理事会受托模式中，"企业年金理事会"这一机构不具有《民法通则》所规定的"法人"地位，不具备法人资格，企业内部的理事会存在法律缺陷，在履行签约责任时不具备相应法律地位，如果遇到法律纠纷更无法承担相应的民事责任，存在较大隐患。因此，随着企业年金市场化投资运作的推进，法人受托机构将成为企业年金计划的主要受托人。

受托人应当履行的职责包括：（1）选择、监督、更换账户管理人、托管人、投资管理人以及中介服务机构。（2）制定企业年金基金战略资产配置策略。（3）编制企业年金基金管理和财务会计报告。（4）根据合同对企业年金基金管理进行监督。（5）根据合同收取企业和职工缴费，并向受益人支付企业年金待遇。（6）接受委托人、受益人查询，定期向委托人、受益人和有关监管部门提供企业年金基金管理报告。发生重大事件时，及时向委托人、受益人和有关监管部门报告。（7）按照国家规定保存与企业年金基金管理有关的记录至少15年。

【阅读参考】受托人职责弱化的成因

一、企业年金的信托理念还不成熟。与国外相比，我国信托制度起步较晚，相关法律制度还不够完善和配套，信托文化和理念还很不成熟。在长达几十年的信托中，信托投资机构没有很好地履行"受人之托、忠人之事"的职责，委托人往往对受托人全权管理信托财产"不放心"，因而在企业年金信托中就出现了委托人越位代替受托人指定其他管理人的现象。

二、受托人专业化的受托能力还处于培育过程中。受托人履行职责需要专业化的受托管理能力，如专业化的计划管理能力、产品开发能力、大类资产配置能力、管理机构选择能力、投资监督和风险控制能力等，而这些能力是在受托实践中逐步形成的。由于信托型企业年金制度在我国建立时间较晚,受托人专业化的受托管理能力还需要在实践中不断地完善和提高,受托人专业品牌的树立和竞争地位的形成还需要市场的检验和时间的积累。

三、企业年金的收费模式不完善,受托人缺乏对企业年金收费的定价权。目前企业年金的收费模式是采取按管理机构的不同角色来收费,不同角色的收费都有上限并要求透明。受托人作为企业年金的治理主体,不具备对企业年金收费进行"打包定价"的权利,因而受托人难以利用价格杠杆对其他角色进行适当的责任定价和风险制约。

四、企业年金受托人利益与职责不对等。受托人作为企业年金运作管理的主体,是企业年金第一责任人,拥有管理、处分企业年金基金财产的全部权利,并对其他管理机构的任何违约和过失承担最终责任,其职责相当重大。但与其职责不相称的是,受托人在风险控制管理、资产配置监督等方面的成本难以弥补。市场过度竞争所带来的低价运行不仅使受托管理人无利可图,而且影响受托人的有效投入和法定职责的正常履行。

(中国养老金网 www.cnpension.net/index _ lm/2008-12-17/news 1229473109d739281.html)

(二)账户管理人

账户管理人是指受托人委托管理企业年金基金账户的专业机构。账户管理人的职责包括:(1)建立企业年金基金企业账户和个人账户;(2)记录企业、职工缴费以及企业年金基金投资收益;(3)及时与托管人核对缴费数据以及企业年金基金账户财产变化状况;(4)计算企业年金待遇;(5)提供企业年金基金企业账户和个人账户信息查询服务;(6)定期向受托人和有关监管部门提交企业年金基金账户管理报告;(7)按照国家规定保存企业年金基金账户管理档案至少15年。

(三)托管人

托管人是指受托人委托保管企业年金基金财产的商业银行。托管人的职责包括:(1)安全保管企业年金基金财产;(2)以企业年金基金名义开设基金财产的资金账户和证券账户;(3)对所托管的不同企业年金基金财产分别设置账户,确保基金财产的完整和独立;(4)根据受托人指令,向投资管理人分配企业年金基金财产;(5)根据投资管理人投资指令,及时办理清算、交割事宜;(6)负责企业年金基金会计核算和估值,复核、审查投资管理人计算的基金财产净值;(7)及时与账户管理人、投资管理人核对有关数据,按照规定监督投资管理人的投资运作;(8)定期向受托人提交企业年金基金托管和财务会计报告;(9)定期向有关监管部门提交企业年金基金托管报告;(10)按照国家规定保存企业年金基金托管业务活动记录、账册、报表和其他相关资料至少15年。

(四)投资管理人

投资管理人是指受托人委托投资管理企业年金基金财产的专业机构。投资管理人的职责包括:(1)对企业年金基金财产进行投资;(2)及时与托管人核对企业年金基金会计核算和估值结果;(3)建立企业年金基金投资管理风险准备金;(4)定期向受托人和有关监管部门提交投资管理报告;(5)根据国家规定保存企业年金基金财产会计凭证、会计账簿、年度财务会计报告和投资记录至少15年。此外,当出现一些情形时,如企业年金基金财产市场价值大幅度波动;减资、合并、分立、依法解散、被依法撤销、决定申请破产或被申请破产;涉及重大诉讼或仲裁;董事、监事、经理及其他高级管理人员发生重大变动;可能使企业年金基金财产价值受到重大影响的其他事项等,投资管理人应当及时向受托人和有关监管部门报告。

▶ **【阅读链接】**

邓大松,刘昌平. 中国企业年金制度研究[M]. 北京:人民出版社,2005:489-505

【阅读参考】企业年金基金投资业绩来源

从国内经验来看,资产配置对投资组合业绩的贡献率达到90%以上。从国际经验来看,养老金计划主办人投资决策分成3个主要方面:投资政策、投资政策管理和资产管理。企业年金基金投资的业绩来源结构如下:投资政策(包含战略资产配置)提出投资计划操作的参数,针对资产类别和投资管理人确定配置目标,其业绩贡献在全部业绩中所占的比例达80%,投资政策管理(战略资产配置调整)即执行投资政策,按照投资政策指引配置资产给投资管理人和资产类别,必要时定期进行再平衡,其业绩贡献在全部业绩中所占的比例达15%。投资政策和投资政策管理的决策主体都是企业年金受托人。弗兰克·法博齐在其《养老基金投资管理》中指出:"大部分研究都明确了确定长期资产组合政策的重要性。这些研究发现,大概投资组合总回报的90%的变量可以用资产组合政策加以解释。其余的业绩可以用积极的投资管理加以解释"。丹尼斯·E·罗格和杰克·S·雷德尔在其《养老金计划管理》中指出:"养老基金关于这三种基本资产的战略性资产配置是养老金计划管理人需要做的最为重要的投资决策。养老金计划投资收益中93.6%的变化归功于标准资产的权重和市场指数收益"。

相比之下,企业年金基金投资管理人,在企业年金基金投资决策当中,其主要作用在于基金的战术资产配置,通过证券选择和时机选择实现价值增值。这些证券选择和战术资产配置,都必须依从受托人决定的投资策略和战略资产配置。

[资料来源:养老金. 金融时报 [N], 2010-05-24 (8)]

(五) 对市场化管理运营主体的监管

1. 严格的市场准入

为规范企业年金基金管理机构资格认定工作,根据《行政许可法》《国务院对确需保留的行政审批项目设定行政许可的决定》等有关规定,2004年原劳动和社会保障部颁布了《企业年金基金管理机构资格认定暂行办法》。办法规定,对从事企业年金基金管理业务的法人受托机构、账户管理人、托管人和投资管理人等机构进行资格认定。

资格认定过程中需要审核的主要内容包括:从事企业年金基金投资运营的机构是否满足规定的资格条件,包括是否满足最低注册资本金的要求,是否具备完善法人治理结构的要求,是否拥有专业管理团队的要求,是否达到有效的内部风险控制要求等。如果申请人隐瞒有关情况或者提供虚假材料的,原劳动和社会保障部不予受理或者不予认定企业年金基金管理机构资格,并给予警告,申请人1年内不得再次申请企业年金基金管理机构资格。若申请人采用贿赂、欺诈等不正当手段取得企业年金基金管理机构资格的,人力资源和社会保障部会商中国银监会、中国证监会、中国保监会后取消其资格;申请人3年内不得再次申请企业年金基金管理机构资格;构成犯罪的,移交司法机关依法追究刑事责任。同时,人力资源和保障部会定期或不定期对有关机构企业年金基金管理运营情况进行监督检查。

2. 方案及合同备案

为了加强企业年金基金监管，原劳动和社会保障部颁布了《关于企业年金方案和基金管理合同备案有关问题的通知》，对企业年金方案和基金管理合同备案问题作了明确规定：（1）企业应将企业年金方案报送所在社会保险统筹地区县以上地方人民政府社会保险行政部门备案。其中，中央企业的企业年金方案，由集团公司统一建立的报送人力资源和社会保障部备案，并抄送子公司所在社会保险统筹地区社会保险行政部门；由子公司单独建立的报送所在社会保险统筹地区县以上地方人民政府社会保险行政部门备案。（2）企业可以按企业年金方案的规定，代表集体协商双方作为委托人，或由企业及其职工作为委托人，与法人受托机构或企业年金理事会签订受托管理合同。（3）受托管理合同签订后，受托人应将受托管理合同及与账户管理人、托管人和投资管理人签订的委托管理合同报送社会保险行政部门备案。其中，委托人为中央企业集团公司的，报送人力资源和社会保障部备案，并抄送子公司所在省或副省级城市社会保险行政部门；委托人为其他企业的（包括中央企业子公司），报送企业年金方案备案所在地省级或副省级城市社会保险行政部门备案。

3. 管理人独立及基金资产独立

（1）管理人独立。一个企业年金计划应当有一个受托人、一个账户管理人和一个托管人，可根据资产规模大小选择适量的投资管理人。

同一企业年金计划中，受托人与托管人、托管人与投资管理人不得为同一人；委托人成立企业年金理事会作为受托人的，委托人与托管人不得为同一人；受托人与托管人、托管人与投资管理人、投资管理人与其他投资管理人的总经理和企业年金从业人员，不得相互兼任。同一企业年金计划中，法人受托机构具备账户管理或者投资管理业务资格的，可以兼任账户管理人或者投资管理人。

法人受托机构兼任投资管理人时，应当建立风险控制制度，确保各项业务管理之间的独立性；设立独立的受托业务和投资业务部门，办公区域、运营管理流程和业务制度应当严格分离；直接负责的高级管理人员、受托业务和投资业务部门的工作人员不得相互兼任。

同一企业年金计划中，法人受托机构对待各投资管理人应当执行统一的标准和流程，体现公开、公平、公正原则。

（2）基金资产独立。企业年金基金缴费必须归集到受托财产托管账户。

企业年金基金财产独立于委托人、受托人、账户管理人、托管人、投资管理人和其他为企业年金基金管理提供服务的自然人、法人或其他组织的固有财产及其管理的其他财产。企业年金基金财产的管理、运用或其他情形取得的财产和收益，应当归入基金财产。

委托人、受托人、账户管理人、托管人、投资管理人和其他为企业年金基金管理提供服务的自然人、法人或其他组织，因依法解散、被依法撤销或被依法宣告破产等原因进行终止清算的，企业年金基金财产不属于其清算财产。

企业年金基金财产的债权，不得与委托人、受托人、账户管理人、托管人、投资管理人和其他为企业年金基金管理提供服务的自然人、法人或其他组织固有财产的债务相抵消。不同企业年金计划的企业年金基金的债权债务，不得相互抵消。非因企业年金基金财产本身承担的债务，不得对基金财产强制执行。

4. 退任机制

根据《企业年金基金管理办法》规定，有下列情形之一的，企业年金计划的投资运营机构必须退任：(1) 违反与委托人合同约定的；(2) 利用企业年金基金财产为其谋取利益，或为他人谋取不正当利益的；(3) 依法解散、被依法撤销、被依法宣告破产或被依法接管的；(4) 被依法取消企业年金基金管理运营业务资格的；(5) 委托人有证据认为更换企业年金管理主体符合受益人利益的；(6) 有关监管部门有充分理由和依据认为更换企业年金管理主体符合受益人利益的。

5. 市场监管体系

(1) 社会保险行政主管部门的监督。社会保险行政主管部门定期或不定期地组织实施对企业年金基金管理机构进行现场和非现场检查，对各类管理机构的日常运作进行监督管理。在检查中重点关注是否贯彻执行相关法律法规中关于基金投资的有关规定；向有关方提供的基金运营业务情况报告等资料是否实事求是、客观公正；是否按照规定定期向有关监管部门报告基金管理情况，并要求其对所报告内容的真实性、完整性负责等。

(2) 协同监管。社会保障部门与银行监管部门、证券监管部门及保险监管部门协调开展对企业年金基金管理情况的监督检查。主要内容为：一是共同对企业年金基金管理工作进行指导和规范；二是联合实施监督检查，及时发现并纠正存在的问题；三是开展信息交流，资源共享，互通监督信息。

(3) 外部监管。一是独立审计，要求管理机构报送的基金报告须经审计，同时监管机构可聘请会计师事务所或审计师事务所开展审计。二是建立企业年金集体诉讼制度，当企业年金计划受益人的整体利益受到损害时，部分受益人可以代表全体受益人向侵害人提起诉讼，结果适用于全体年金计划的受益人。三是新闻媒体、社会公众的监督。

> **【阅读链接】**
>
> 杨长汉．中国企业年金投资运营研究［M］．北京：经济管理出版社，2010：219-224

三、对全国社会保障基金的监管

《社会保险法》规定，国家设立全国社会保障基金，由中央财政预算拨款以及国务院批准的其他方式筹集的资金构成，用于社会保障支出的补充、调剂。全国社会保障基金是中央政府集中的社会保障战略储备，主要用于弥补今后人口老龄化高峰时期的社会保障需要和其他社会保障需要。全国社会保障基金的来源包括中央财政预算拨款（见表4—1）、中央财政拨入彩票公益金、国有股减持或转持划入资金或股权资产、经国务院批准的以其他方式筹集的资金、投资收益等。根据《全国社会保障基金投资管理暂行办法》《全国社会保障基金境外投资管理暂行规定》以及相关文件，按照安全至上、审慎投资的方针，全国社会保障基金的投资主要集中于固定收益资产、股票、基金、信托投资、金融衍生品、实业投资等。截至2010年年底，全国社保基金会管理的基金资产规模8 566.9亿元（见表4—2），其中，全国社保基金权益7 809.18亿元。

表4—1　　　　财政拨入全国社会保障基金资金情况表　（单位：人民币亿元）

年份	2002	2003	2004	2005	2006	2007	2008	2009	2010
财政净拨入	415.76	49.08	278.54	228.71	574.23	308.14	326.95	825.89	634.44

资料来源：全国社会保障基金理事会．财政拨入全国社会保障基金资金情况表，http://www.ssf.gov.cn/zjcj/dzqk/201005/t20100510_2685.html。

表4—2　　　　　全国社会保障基金增长情况表　（单位：人民币亿元，%）

年份	2004	2005	2006	2007	2008	2009	2010
资产总额	1 711.44	2 117.87	2 827.69	4 396.94	5 623.71	7 766.22	8 566.90
年增长率	29.13	23.79	33.34	55.54	27.88	38.11	10.31

资料来源：全国社会保障基金各年的年度报告。

1. 全国社会保障基金理事会职责

全国社会保障基金理事会是受国务院委托，负责管理作为国家社会保障储备基金的全国社会保障基金的专门机构，其主要职责包括：（1）受托管理全国社会保障基金、基本养老保险个人账户中央财政补助资金等。（2）制定基金的投资经营策略并组织实施。（3）选择并委托基金投资管理人、托管人对基金委托资产进行投资运作和托管，对投资运作和托管情况进行检查；在规定的范围内对基金资产进行直接投资运作。（4）负责基金的财务管理与会计核算，定期编制会计报表，起草财务会计报告。（5）定期向社会公布基金的资产、负债、权益和收益等财务情况。（6）根据财政部、人力资源和社会保障部共同下达的指令和确定的方式拨出资金。（7）承办国务院交办的其他事项等。在实际操作中，全国社会保障基金理事会主要根据《全国社会保障基金投资管理暂行办法》《全国社会保障基金境外投资管理暂行规定》和国务院、财政部与人力资源和社会保障部的相关批准文件对全国社会保障基金进行投资运作。

2. 对全国社会保障基金理事会的监管

财政部会同人力资源和社会保障部对全国社会保障基金进行监管，具体的监管内容包括：（1）制定并监督实施全国社会保障基金投资及管理办法。（2）审核、批准全国社会保障基金新的投资范围及投资产品。（3）监督检查全国社会保障基金投资运作情况，审核其基金投资管理的月报、季报、年报。（4）全国社会保障基金发生重大事件，应立即报告财政部、人力资源和社会保障部，并编制临时报告书，经核准后予以公告。

【阅读参考】努力建设一流的社会保障资产管理机构

面对新的机遇和挑战，我们要总结10年实践经验，进一步提高社会保障基金投资管理水平，努力把全国社会保障基金理事会建设成一流的社会保障资产管理机构。

第一，坚持增强投资运营好全国社会保障基金的历史责任感。社保基金事关民生改善、社会稳定和国家长治久安，管好人民每一文"养命钱"是国家赋予我们的崇高使命和历史责任。我们要牢记重托，审慎投资，加强队伍建设，确保完成各项任务。

第二，坚持多渠道筹集全国社保基金，不断壮大基金规模。按照"可操作、可持续、有增长"的原则，使基金来源规范化和制度化。进一步巩固现有筹资渠道，积极开辟其他资金来源渠道。逐步扩大中央预算拨款，严格执行境内国有股转持办法。逐步扩大受托管理地方基本养老保险个人账户基金的范围和规模。力争"十二五"计划末，全国社会保障基金资产规模逾1.5万亿元。

第三，坚持审慎投资方针，确保全国社保基金长期稳定收益。要坚持长期投资、价值投资和责任投资的理念，正确处理扩大基金规模和优化资产结构、提高基金收益和防范投资风险的关系，建立安全有效的投资决策和风险管理体系。针对全国社会保障基金的长期资金性质，根据市场变化，合理配置资产，在可接受的风险范围内追求长期稳定收益，务必做到长远投资回报要明显高于同期通胀率，在同行中处于领先水平。

第四，坚持改革投资管理体制，完善投资运行机制。按照专业化、国际化的发展方向，建立投资运营机制和监督管理体制。从中国实际出发，确定社保基金会机构性质，充分发挥社保基金会理事大会的作用，实现投资决策和执行职能的科学分工，增强投资管理能力。兼顾同业和事业单位特点，改革现有财务和人事管理制度，完善人才激励约束机制。

（全国社会保障基金理事会网站http：//www.ssf.gov.cn/xw/wzxw/201008/t20100803_2785.html）

思考题

1. 简述社会保险在征收、支付、管理、投资运营环节涉及的相关主体。
2. 简述不同环节基金监管的内容。
3. 简述如何实现对企业年金投资运营的监管。
4. 简述全国社会保障基金理事会的职责及监管内容。

第五章
社会保障基金投资

本章导读

通过介绍我国现行的关于社会保险基金、企业年金基金和全国社会保障基金的投资政策，帮助读者理解我国社会保障基金投资现状。

结合政府直接投资、市场化投资两大社会保障基金投资运营模式的优缺点，分析我国社会保障基金投资运营中可能的管理架构。

针对社会保障基金投资所面临的系统风险和非系统风险，提出相应的控制原则和控制手段。

第一节 投资运营政策

社会保障基金投资运营是指社会保障基金的管理机构，将社会保障基金投资于国家法律或政策许可的金融资产或实物资产以获取收益，实现基金的保值增值。社会保障基金作为整个社会保障制度的物质基础，其有效的投资运营对社会保障制度的持续、稳定运行具有十分重要的意义。

首先，社会保障基金的投资运营是应对通货膨胀对社会保障基金影响的需要。如果出现比较严重或持久的通货膨胀，不但会造成已积累的社会保障基金本身贬值，而且也会导致社会保障基金支出增加。因此，在既不增加政府的财政补贴、又不过分增加用人单位和参保个人社会保险缴费负担的情况下，通过投资运营使社会保障基金保值增值就成为必然的选择。

其次，社会保障基金的投资运营是确保参保人员分享经济发展成果的需要。所谓参保人员分享经济发展成果，即其社会保障待遇水平随经济的增长和物价水平的提高而相应调整，保证社会保障待遇水平不降低乃至相应提高。这就要求必须对社会保障基金进行投资运营，使其具有足够的偿付能力。

最后，社会保障基金的投资运营是促进资本市场发展的需要。大规模的社会保障基金进入资本市场，将为资本市场提供长期而稳定的资金来源，同时可以促进金融产品创新、改善金融机构治理、规范金融市场管理体系。

由此可见，安全高效的社会保障基金投资运营具有良好的制度内、制度外收益。随着中国社会保障制度改革进程的推进，社会保障基金积累规模亦日益扩大，我们必须根据社会保障基金的投资政策，有效控制各种投资运营风险，合理地投资运营社会保障基金，实现基金的保值增值和社会保障制度的可持续发展。

> **【阅读参考】社保基金开展投资运营的条件**
>
> 相对于社会保障制度的自成体系，社会保障基金的投资运营，是一个完全开放的系统，需要遵循市场规则并接受市场调控。因此，开展投资运营往往需要具备相应的条件，一般包括：一是可供运营的社会保障基金，即社会保障制度应当选择基金制或积累制或部分积累制，同时积累的基金具有一定的规模；二是有比较健全的资本市场，即资本市场发育比较成熟，运行比较规范，这是确保基金运营安全的基础性条件；三是有高效率的运营机制，包括合适的基金运营机构、高素质的投资专业人才及科学的基金运营策略；四是国民经济发展状态良好，保持持续增长的势头，这是确保社会保障基金赢得较高投资回报率的外部条件；五是通货膨胀率控制在一定范围之内。此外，当储存的社会保障基金达到相当规模且国内资本市场容量有限时，还需考虑国际市场，需要具备开拓国际市场投资渠道的能力。
>
> （郑功成．社会保障学——理念、制度、实践与思辨［M］．北京：商务印书馆，2000：362-363）

一、社会保险基金投资政策

与私人投资资金不同的是，社会保险基金属于社会共同储备基金，它为受保障者集体所有，若投资失败，公众利益将受到极大损害，不仅对作为最终责任主体的政府财政而且对社会安全构成威胁。因此，为维护公众利益，不论采取何种方式运营社会保障基金，均需要有严密的投资法规和政策相配套，并根据规定强化政府监管。这种管制将使社会保障基金运营牺牲一定的投资选择自由度，但也增加了投资的安全、稳妥性。

中国社会保险基金的投资和监管政策是随着中国社会保险制度的改革进程而不断调整完善的，其基本的指导原则是在确保基金安全性的前提下，尽可能实现基金的保值增值。

　　1994年,财政部、原劳动部颁布了《关于加强企业职工社会保险基金投资管理的暂行规定》（[1994]财社字第59号），明确规定：为保证养老保险基金的安全和完整并妥善处理该基金的保值问题，国家发行社会保险基金特种定向债券（以下简称特种定向债券）。职工养老保险基金收支相抵后的结余额，除留足两个月支付费用外，80％左右应用于购买特种定向债券，在国务院没有作出新的规定前，不得在境内外进行其他直接投资和各种形式的委托投资。而职工失业保险、医疗保险、工伤保险等其他社会保险基金，在保证必要支出后，其结余额的一部分以及养老保险基金购买特种定向债券后的结余额，应根据国家下达的年度国债发行计划，积极认购其他种类的国家债券。其中，失业保险等其他社会保险基金结余额，也可视国债发行计划需要，认购一部分特种定向债券。若社会保险基金购买国家债券以后仍有结余的部分，应按社会保险基金管理的有关规定存入银行的专户。

【阅读参考】社会保障基金投资原则

　　社会保障基金的特殊性，决定了社会保障基金投资往往把安全性原则放在首位，同时遵循收益性原则、分散投资原则，并兼顾流动性原则，力求在保证基金投资安全的前提下达到收益最大化。

　　安全性原则：社会保障基金投资运营的安全性原则是指，社会保障基金投资经办机构必须绝对保证投资的社会保障基金能够按期如数收回，并取得预期投资收益。社会保障基金是对保障对象未来给付的负债，是用来支付保障对象基本生活保障待遇的积累基金，在受益人出现领取条件需要这笔资金时，社会保障管理机构必须履行给付责任。如果投资失败，则无力支付社会保障金，从而影响受益人的基本生活，影响社会保障制度的运行，甚至影响社会的安定。所以社会保障基金的投资，必须首先考虑安全性。

　　收益性原则：追求社会保障基金投资的安全性，并不排除社会保障基金投资追求利润最大化。收益是社会保障基金实现保值增值的根本途径，也是衡量社会保障基金投资成败的关键指标。社会保障基金投资的目的就是保值增值，但由于通货膨胀、工资增长及替代率等因素的影响，必然需要社会保障基金有较好的收益，这样才能使社会保障基金在不断积累的过程中逐渐壮大起来，并有利于减轻国家、企业和个人的负担，增进社会成员的福利。因此，不少国家都规定了投资的最低收益率。通常情况下，收益与风险成正相关关系，要取得收益就得冒一定风险，这两者很难兼顾，这就要求投资者有较高的专业水平与投资技巧。

分散投资原则：由于投资风险大，社会保障基金投资运营时必须遵循分散投资的原则，即要求不能把所有的投资放在同一个项目或者同一个行业或者同一地区，而是要考虑多样化的投资组合方式，以分散投资风险，并促使社会保障基金的投资运营在总体性、长期性、稳定性上实现安全增长。一般来说，在社会保障基金的投资组合中，既要包括固定收益金融工具，又要包括权益工具；既要包括低风险的投资工具，又要包括高风险、高收益的投资工具；既要有中长期工具，又要有短期工具。对于进行国际投资的社会保障基金还要考虑投资于不同国家或地区的金融工具。

流动性原则：社会保障基金在投资运营过程中，需要兼顾流动性即变现性原则，也就是社会保障基金投资在不发生价值损失的前提下应当可以随时变现，满足支付的需要。因此，社会保障基金投资不能一味追求收益性而忽视流动性，这就要求社会保障基金投资机构投资时必须选择一定数量的流动性较好的金融工具。

（郑功成. 社会保障学［M］. 北京：中国劳动社会保障出版社，2005：205-206）

1997年，国务院颁布《关于建立统一的企业职工基本养老保险制度的决定》，明确规定实行统一的社会统筹和个人账户相结合的城镇企业职工基本养老保险制度。该《决定》同时要求抓紧制定企业职工基本养老保险基金管理条例，加强对基本养老保险基金的管理，并明确基本养老保险基金要实行收支两条线管理，保证专款专用，全部用于职工养老保险，严禁挤占挪用和挥霍浪费。企业和职工个人缴纳的基本养老保险费转入社会保险管理机构在银行开设的"养老保险基金专户"，基金结余额除留足相当于2个月的支付费用外，全部购买国家债券和存入专户，严禁投入其他金融和经营性事业。

针对养老保险基金大量以活期存款形式存在，收益率偏低的情况，1997年12月，中国人民银行下发了《关于对养老保险基金活期存款实行优惠利率的通知》。《通知》规定：养老保险基金存入各商业银行的活期存款，从1998年1月1日起，按3个月整存整取定期存款利率计息。1998年1月1日以前存入的活期存款，以1月1日为界分段计息。计、结息办法按单位活期存款办理。该通知对养老保险基金活期存款实行优惠利率，一定程度上提高了基金的收益率。

2000年12月,《国务院关于印发完善城镇社会保障体系试点方案的通知》中明确规定:城镇企业职工基本养老保险基金实行社会统筹和个人账户分账管理,个人账户实账运营。按这一政策,个人缴费部分将实实在在留在个人账户上,不仅表现为有记账额,而且有完全的基金积累,以银行存款或国债的形式存在。2001年7月,做实城镇企业职工基本养老保险个人账户改革首先在辽宁试点。为提高个人账户基金投资收益,解决存款利率过低的问题,2002年12月,中国人民银行下发了《关于商业银行办理养老保险个人账户基金人民币协议存款的通知》(银发〔2002〕369号),规定:各商业银行法人可以对现已完成或正在进行全省(自治区、直辖市)养老保险个人账户基金改革试点的省级社会保险经办机构事业法人办理养老保险个人账户基金协议存款业务,养老保险个人账户协议存款最低起存年限为5年期(不含5年)以上,单笔最低起存金额为5亿元,利率水平、存款期限、结息和付息方式、违约处罚标准等由双方协商确定,并在合同中载明。此项政策为做实的养老保险个人账户基金开辟了新的保值增值途径,提高了个人账户基金的投资收益。

2004年9月做实养老保险个人账户试点扩展至黑龙江和吉林两省。到2005年,随着做实个人账户试点范围的扩大,原劳动和社会保障部、财政部发布了《关于扩大做实企业职工基本养老保险个人账户试点有关问题的通知》(劳社部发〔2005〕27号),对做实后的个人账户基金投资作出了规定:做实后的个人账户基金由省级社会保险经办机构统一管理,纳入社会保障基金财政专户;中央财政补助之外的个人账户基金由试点省份按照国家规定投资运营,并负责保值增值;中央财政补助的个人账户基金由省(自治区、直辖市)政府委托全国社会保障基金理事会投资运营,全国社保基金会承诺一定的收益率。

【新闻摘录】(中国养老金网2010年4月21日讯)

社科院报告称养老保险个人账户缩水

2010年4月20日,中国社会科学院发布《2010年社会保障绿皮书(中国社会保障发展报告:让人人享有公平的社会保障)》。其中指出,基本养老保险个人账户的实际收益率不足2%,而2005年以来的加权通货膨胀率却为2.22%——这意味着养老保险基金不仅未能按制度要求实现保值增值,反而处于缩水状态,过低的个人账户收益事实上产生了逆向激励。

21世纪初以来,中央和地方财政共同注资,开展做实"个人账户"的国家试点。截至2008年年末,已有吉林、黑龙江、天津、山西、上海等13个

社会保障基金监管

省市开展做实企业职工基本养老保险个人账户试点，共积累个人账户基金1 100多亿元。随着个人账户规模增加，投资运营的压力也越来越大。

2006年9月，原劳动和社会保障部下发《关于进一步加强社会保险基金管理监督工作的通知》（劳社部发［2006］34号），再次明确提出要严格管理社会保险积累基金，除按规定预留必要的支付费用外，全部存入银行和购买国债，在国家作出新的规定之前，一律不得进行其他投资。各级社会保险经办机构收到本通知后，要立即与同级财政部门核对财政专户的有关账目，如有违规投资运营的资金应抓紧收回，并按规定予以查处。

2006年年底，全国社会保障基金理事会与首批9个做实城镇企业职工基本养老保险个人账户改革的试点省（天津、山西、吉林、黑龙江、山东、河南、湖北、湖南、新疆）签署了相关委托投资协议。9省市将其城镇企业职工基本养老保险个人账户基金委托全国社保基金会统一投资运营，委托期限最短为5年。社保基金会承诺3.5%的年收益率，同时免收管理费用，相关费用由中央财政预算核拨。2007年2月，财政部、原劳动和社会保障部下发了《做实企业职工基本养老保险个人账户中央补助资金投资管理暂行办法》，对个人账户基金委托全国社会保障基金理事会投资运营作出了政策规定，要求社保基金会将中央财政补助资金并入全国社会保障基金，统一按照《全国社会保障基金投资管理办法》及相关规定进行投资运营，同时要求全国社保基金会对受托运营的中央补助资金承诺较优惠的收益率，具体办法由社保基金会与省级政府协商确定。办法禁止社保基金会从事下列活动：不公平对待中央补助资金；挪用中央补助资金；投资于可能使中央补助资金承担无限责任的项目或产品。

综上可知，除部分委托给全国社会保障基金理事会投资管理的城镇企业职工基本养老保险个人账户基金外，我国的社会保险基金目前全部用于存入银行和购买国债，社会保险基金投资没有实现投资工具多样化、投资策略多元化。从总体上看，相对于目前的通货膨胀率，社会保险基金难以实现保值增值的目标。在我国社会平均工资增长率10%以上的情况下，基本养老金替代率水平则是逐年降低，靠制度本身已无法遏制和补偿。尽管中央政府从2004年开始连续每年按一定比例上调基本养老金，国家财政为此投入了相当数量的资金，但企业退休人员养老金水平总体仍不高。为积极应对未来人口老龄化的挑战，社会保险基金投资管理体制及相关政策的突破，无疑将成为中国社会保险制度可持续发展的重要一环。

二、企业年金基金投资政策

我国的企业年金经历了从补充养老保险向企业年金转轨的过程，基金管理和投资运营也经历了从无规可依、各行其是到市场化、专业化、规范化的转变。1991年，《国务院关于企业职工养老保险制度改革的决定》中第一次明确提出提倡、鼓励企业实行补充养老保险。1997年《国务院关于建立统一的企业职工基本养老保险制度的决定》中又进一步明确，要在国家政策指导下大力发展企业补充养老保险。按照国家的政策精神，国家主管部门和部分省市相继制定了一些实施办法，在补充养老保险制度方面进行了不同程度的探索。由于当时我国没有出台统一的制度，各地区和一些大的行业做法各异，补充养老保险有的是由地方社会保险经办机构管理，有的是由行业和企业经办机构管理，还有的是直接购买了商业保险，制度不够完善，管理比较混乱。基金投资运营方面也缺乏专门的规定，投资管理处于自由状态。特别是企业自行经办的补充养老保险，其缴费征集、会计核算、个人账户的登记、基金账务管理等业务工作基本上依附于企业的劳资、财务等职能科室，积累的基金由企业直接投资，有的甚至将基金用于企业生产。

2000年年底，《国务院关于印发完善城镇社会保障体系试点方案的通知》中，将企业补充养老保险正式更名为"企业年金"，并指出："有条件的企业可为职工建立企业年金，并实行市场化运营和管理"。自2004年5月1日起实施的《企业年金试行办法》和《企业年金基金管理试行办法》，奠定了我国当前企业年金制度的政策法规框架，标志着我国开始全面推行企业年金制度，并逐步开展市场化投资运营。2011年2月12日，人力资源社会保障部会同中国银监会、中国证监会、中国保监会公布了新修订的《企业年金基金管理办法》，于2011年5月1日起施行。《企业年金基金管理办法》对企业年金基金的投资运营进行了比较详细的规定，是目前我国企业年金投资运营和监管的基础性文件。

(一) 企业年金基金的投资范围和投资比例限制

根据《企业年金基金管理办法》，企业年金基金财产的投资范围，包括银行存款、国债、中央银行票据、债券回购、万能保险产品、投资联结保险产品、证券投资基金、股票，以及信用等级在投资级以上的金融债、企业（公司）债、可转换债（含分离交易可转换债）、短期融资券和中期票据等金融产品。

企业年金基金投资管理应当遵循谨慎、分散风险的原则，充分考虑企业年金基金财产的安全性、收益性和流动性，实行专业化管理。人力资源社会保障部可会同中国银监会、中国证监会和中国保监会，根据金融市场变化和投资运作情况，适时对企业年金基金的投资范围比例进行调整。

此外，《企业年金基金管理办法》还对企业年金基金投资的比例进行了规定（见表5—1）。企业年金基金财产以投资组合为单位按照公允价值计算应当符合下列规定：(1)投资银行活期存款、中央银行票据、债券回购等流动性产品以及货币市场基金的比例，不得低于投资组合企业年金基金财产净值的5%；清算备付金、证券清算款以及一级市场证券申购资金视为流动性资产；投资债券正回购的比例不得高于投资组合企业年金基金财产净值的40%。(2)投资银行定期存款、协议存款、国债、金融债、企业（公司）债、短期融资券、中期票据、万能保险产品等固定收益类产品以及可转换债（含分离交易可转换债）、债券基金、投资联结保险产品（股票投资比例不高于30%）的比例，不得高于投资组合企业年金基金财产净值的95%。(3)投资股票等权益类产品以及股票基金、混合基金、投资联结保险产品（股票投资比例高于或者等于30%）的比例，不得高于投资组合企业年金基金财产净值的30%。其中，企业年金基金不得直接投资于权证，但因投资股票、分离交易可转换债等投资品种而衍生获得的权证，应当在权证上市交易之日起10个交易日内卖出。(4)单个投资组合的企业年金基金财产，投资于一家企业所发行的股票，单期发行的同一品种短期融资券、中期票据、金融债、企业（公司）债、可转换债（含分离交易可转换债），单只证券投资基金，单个万能保险产品或者投资联结保险产品，分别不得超过该企业上述证券发行量、该基金份额或者该保险产品资产管理规模的5%；按照公允价值计算，也不得超过该投资组合企业年金基金财产净值的10%。

此外，企业年金基金证券交易以现货和国务院规定的其他方式进行，不得用于向他人贷款和提供担保。投资管理人不得从事使企业年金基金财产承担无限责任的投资。投资管理人如果要将管理的企业年金基金财产投资于自己管理的金融产品，须经受托人同意。

在实际操作中，由于各个企业年金计划的委托人、受托人对投资方向和投资风险有不同的偏好，制定了不同的投资策略。在各个企业年金计划投资管理合同中，会在国家政策规定的框架范围内，对投资品种和投资比例提出更加具体的要求。

表 5—1　　中国企业年金基金的投资比例限制（占基金总额的百分比）

工具、资产		上限	下限
流动性产品或资产	投资银行活期存款、中央银行票据、债券回购等流动性产品以及货币市场基金的比例，不得低于投资组合企业年金基金财产净值的比例		5%
固定收益类产品或资产	投资银行定期存款、协议存款、国债、金融债、企业（公司）债、短期融资券、中期票据、万能保险产品等固定收益类产品以及可转换债（含分离交易可转换债）、债券基金、投资联结保险产品（股票投资比例不高于30%）的比例，不得高于投资组合企业年金基金财产净值的比例	95%	
权益类产品	投资股票等权益类产品以及股票基金、混合基金、投资联结保险产品（股票投资比例高于或者等于30%）的比例，不得高于投资组合企业年金基金财产净值的比例	30%	
单项限制	单个投资组合的企业年金基金财产，投资于一家企业所发行的股票，单期发行的同一品种短期融资券、中期票据、金融债、企业（公司）债、可转换债（含分离交易可转换债），单只证券投资基金，单个万能保险产品或者投资连结保险产品，分别不得超过该企业上述证券发行量、该基金份额或者该保险产品资产管理规模的比例	5%	
	按照公允价值计算，也不得超过该投资组合企业年金基金财产净值的比例	10%	

资料来源：《企业年金基金管理办法》，2011年。

【阅读参考】××企业年金计划投资管理合同委托投资限制摘录

一、固定收益类资产投资限制

1. 委托投资资产所投资的企业债其信用等级应为A级以上（含）；

2. 配置初期控制组合久期在3年以内，积累一定收益进入规范运作后债券组合久期控制在5年以内；

3. 正回购占资产比例不能超过40%，回购期限最长为1年；

4. 投资单只金融债、企业债、可转债占委托投资资产净值的比例不能超过10%。

二、关于债券回购的相关限制

1. 债券逆回购实际收益率不得低于同业存款利率；

2. 期限最长为1年，且不得超过本合同终止日期，回购到期后不得展期。

三、关于权益类资产投资限制

1. 被交易所实行"特别处理""警示存在终止上市风险的特备处理"

或者已经终止上市的;

2. 受证券交易所、证监会公开谴责或严重处罚的公司股票,自受公开谴责或处罚之日起1年内;

3. 企业年金计划建立公司的股票;

4. 托管人公司股票。

(资料来源:人力资源社会保障部企业年金管理合同备案材料。)

(二)企业年金基金投资运营中的收益分配、管理费用及风险准备金提取

《企业年金基金管理办法》规定,企业年金投资净收益纳入企业年金基金,账户管理人根据企业年金基金单位净值,按周或按日足额记入企业年金基金企业账户和个人账户。出于成本控制和风险控制的考虑,《企业年金基金管理办法》对各企业年金基金管理主体收取的管理费用都进行了规定。如受托人年度提取的管理费不高于其受托管理企业年金基金财产净值的0.2%;账户管理人提取的管理费按每户每月不超过5元人民币的限额,由建立企业年金计划的企业另行缴纳;托管人年度提取的托管费不高于其托管企业年金基金财产净值的0.2%;投资管理人年度提取的管理费不高于其投资管理企业年金基金财产净值的1.2%。而且投资管理人要从当期收取的管理费中提取20%作为企业年金基金投资管理风险准备金,专项用于弥补当期委托投资资产亏损。当企业年金基金投资管理风险准备金余额达到投资管理人所管理投资组合基金财产净值的10%时可不再提取,但是所提取的风险准备金必须存放于投资管理人在托管人处开立的专用存款账户。同时,根据企业年金基金管理情况,人力资源社会保障部会同中国银监会、中国证监会和中国保监会,可以对有关管理费进行调整。

《企业年金基金管理办法》对企业年金基金的管理费用,均是给出了高限的规定。但根据对企业年金基金管理合同备案情况的了解,只有少部分的管理费用可以达到高限,大部分管理费用都比较低。这里面有几个原因:一是在市场发展初期,各机构均把业务规模作为第一位的考核指标,因此大打价格战,甚至以低于成本的价格取得业务。二是从委托人(企业)角度来看,有降低管理费用的利益冲动。三是监管部门对管理机构应该提供的服务和相应的管理费用没有明确的规定。但从管理机构的自身利益和可持续发展考虑,如果一味恶性竞争甚至以低于成本的价格提供服务,其服务质量是难以保证的,其自身发展也是难以保证的。监管部门已经注意到了这个问题,支持各

企业年金基金管理机构于 2011 年 2 月 28 日签署了《企业年金基金管理机构基本服务和收费标准自律公约》。自律公约拟对企业年金市场低价恶性竞争、损害行业健康发展的问题进行规范，将对企业年金市场的有序竞争、规范管理，保护企业年金委托人、受益人、管理机构各方的利益起到重要作用，有利于企业年金市场的可持续发展。

【新闻摘录】（腾讯网 2010 年 9 月 27 日讯）

从多家基金公司了解到，企业年金的管理费一般为 0.3%，对超过业绩比较基准的收益提成一般不超过 10%，综合计算下来，基金公司运作企业年金的平均收费可能不到 0.7%。一边是争抢大企业资金的高额营销支出，一边是管理费加业绩提成总共可能不到 0.7% 的"微薄"收入，在不平衡的收支结构下，部分基金公司的年金业务可能面临入不敷出的窘境。在赔本赚吆喝的现状下，一些"不怎么愁业务"的基金公司开始对年金的增量不设要求。据透露，南方一家大型基金公司对企业年金已定下"不主动做"的基调，只有企业客户点名要求或是营销费用不太高的情况下，才会接单。不过业内人士指出，年金市场未来增长潜力无限，在做到一定规模后，管理年金的边际成本就会下降。所以，收支不平衡的现状不会持续太长时间。

(http://finance.qq.com/a/20100927/001289.htm)

(三) 企业年金市场发展情况

原劳动和社会保障部根据《国务院对确需保留的行政审批项目设定行政许可的决定》和《企业年金基金管理机构资格认定暂行办法》的规定，分别于 2005 年和 2007 年组织了两批企业年金基金管理机构资格认定，一共有 38 家机构取得了 58 个资格。这 38 家机构包括信托公司 3 家，商业银行 10 家，证券公司 2 家，基金管理公司 12 家，保险公司 11 家。58 个资格包括 11 家受托人，16 家账户管理人，10 家托管人，21 家投资管理人。这些机构成为企业年金市场管理的主体，是企业年金基金管理运作的具体实施者。

2000 年年底，企业年金基金规模为 192 亿元，1991—2000 年这 10 年间平均每年增加不到 20 亿元；2005 年年底，基金规模为 680 亿元，2001—2005 年这 5 年间平均每年增加不到 100 亿元；2006 年年底，基金规模为 910 亿元；2009 年年底，基金规模为 2 809 亿元，平均每年增加近 400 亿元，呈现快速发展的趋势。基金的市场投资也取得了较好的收益，由机构管理的企业年金基金平均投资收益率 2007 年为 41%，2008 年为 -1.83%，2009 年为

7.78%，2010 年为 3.41%。2007—2010 年，平均收益率为 11.43%。

近几年企业年金发展较快，有这样一些原因：一是政策导向明确。国家主管部门对企业年金制度作出了比较全面的规定，使企业特别是大型企业认识到，随着基本养老保险制度的定型，在职和退休人员的待遇差距非常明显，企业年金是受国家政策保护的新型福利措施，有助于提高退休人员的收入水平。二是企业经济效益逐年提高。近年来很多企业经济效益好转，具备了建立企业年金的能力。三是新制度有一定的吸引力。随着相关办法的出台，对企业年金基金投资等作出了具体规定，加上机构之间相互制约，专业化管理，市场化运作，使企业感到这个制度具有一定的可靠性。

三、全国社会保障基金投资政策

我国从 2000 年开始建立全国社会保障基金，同时成立全国社会保障基金理事会，专门负责全国社会保障基金的管理运作，并于当年进入资本市场开展投资。随后，作为监管部门的财政部、人力资源和社会保障部等有关部门先后颁布了相关法规政策，对全国社会保障基金投资及监管作出了相应的规定。

（一）全国社会保障基金的投资规定

根据 2001 年财政部、原劳动和社会保障部联合颁布的《全国社会保障基金投资管理暂行办法》，规定：社保基金投资的范围限于银行存款、买卖国债和其他具有良好流动性的金融工具，包括上市流通的证券投资基金、股票、信用等级在投资级以上的企业债、金融债等有价证券。理事会直接投资运作的社保基金的投资范围限于银行存款、在一级市场购买国债，其他投资需委托社保基金投资管理人管理和运作并委托社保基金托管人托管。理事会持有的国债在二级市场的交易，需委托符合规定的专业性投资机构办理。

具体的投资品种和投资比例，划入全国社会保障基金的货币资产按成本计算，应符合下列规定（见表 5—2）：（1）银行存款和国债投资的比例不得低于 50%。其中，银行存款的比例不得低于 10%。在一家银行的存款不得高于全国社会保障基金银行存款总额的 50%。（2）企业债、金融债投资的比例不得高于 10%。（3）证券投资基金、股票投资的比例不得高于 40%。单个投资管理人管理的全国社会保障基金资产投资于一家企业所发行的证券或单只证券投资基金，不得超过该企业所发行证券或该基金份额的 5%；按成本计算，不得超过其管理的全国社会保障基金资产总值的 10%。（4）委托单个社保基金投资管理人进行管理的资产,不得超过年度全国社会保障基金委托资产总值的20%。投资管理人把管理的全国社会保障基金资产投资于自己管理的基金,须经理事会认可。此外,财政部会同人力资源和社会保障部等有关部门可根据金融市场的变化和全国社会保障基金投资运作的情况,适时报请国务院对其投资比例进行调整,从而赋予全国社会保障基金投资组合一定的灵活性。

表5—2　全国社会保障基金投资比例限制（占基金总额的百分比）

工具、资产	上限	下限
银行存款和国债投资的比例		50%
其中，银行存款的比例		10%
在一家银行的存款不得高于全国社会保障基金银行存款总额的比例	50%	
企业债、金融债投资的比例	10%	
证券投资基金、股票投资的比例	40%	
单个投资管理人管理的全国社会保障基金资产投资于一家企业所发行的证券或单只证券投资基金,不得超过该企业所发行证券或该基金份额的比例	5%	
按成本计算,不得超过其管理的全国社会保障基金资产总值的比例	10%	
委托单个全国社会保障基金投资管理人进行管理的资产,不得超过年度全国社会保障基金委托资产总值的比例	20%	

资料来源:《全国社会保障基金投资管理暂行办法》,2001年。

根据2006年财政部、原劳动和社会保障部、中国人民银行联合颁布的《全国社会保障基金境外投资管理暂行规定》,开辟了全国社会保障基金开展境外投资的新渠道。全国社会保障基金投资境外的资金来源为以外汇形式上缴的境外国有股减持所得,全国社保基金境外投资的品种或者工具限于:银行存款;外国政府债券、国际金融组织债券、外国机构债券和外国公司债券;中国政府或者企业在境外发行的债券;银行票据、大额可转让存单等货币市场产品;股票;基金;掉期、远期等衍生金融工具;财政部会同原劳动和社会保障部批准的其他投资品种或工具。暂行规定同时还对以上投资品种和工具的等级、范围、条件等作出了具体要求,如存款银行必须是境外中资银行和国际公认评级机构最近3年对其长期信用评级在A级或者相当于A级以上的外国银行;债券必须是国际公认评级机构对其评级在BBB级或者相当于BBB级以上的债券;货币市场产品限定于国际公认评级机构对其评级在AAA级或者相当于AAA级的货币市场固定收益产品;全国社保基金投资衍生金融工具仅限于风险管理需要,严禁用于投资或放大交易等。

全国社会保障基金境外投资的比例,按成本计算,不得超过全国社会保障基金总资产的20%。全国社会保障基金理事会委托单个全国社会保障基金境外投资管理人管理的资产,不得超过全国社会保障基金境外投资委托资产总值的50%。单个全国社会保障基金境外投资管理人管理的全国社会保障基金委托资产投资于一家机构发行的单只证券和基金不得超过该证券和基金份额的10%,按成本计算,不得超过其管理的全国社会保障基金境外委托资产总值的20%。但是,全国社会保障基金理事会委托全国社会保障基金境外投资管理人以机构投资者身份参与境外上市配售以及定向配售,以及将其持有股票委托给全国社会保障基金境外投资管理人投资运作的,可以不受此比例的限制。

此外,根据《财政部、劳动和社会保障部关于全国社会保障基金投资国家重点企业改制及国家重点改革试点项目的函》(财金[2005]97号),全国社会保障基金参与中央直管企业改制或改革试点项目实业投资总额按成本计算不超过划入基金货币资产的20%,投资单一项目的比例不超过该项目总规模的20%。2008年4月,经国务院批准,全国社会保障基金投资经国家发展改革委员会批准的产业基金和在国家发展改革委员会备案的市场化股权投资基金,总体投资比例不超过全国社会保障基金总资产(按成本计)的10%。

(二)全国社会保障基金投资收益分配、费用提取和风险准备金

根据2001年颁布的《全国社会保障基金投资管理暂行办法》,全国社会保障基金净收益纳入社保基金,按国家有关规定分配和使用。社保基金投资管理人提取的委托资产管理手续费的年费率不高于委托资产净值的1.5%。理事会可在委托资产管理合同中规定对社保基金投资管理的业绩奖励措施。托管人提取的托管年费率不高于委托资产净值的0.25%。全国社会保障基金投资管理人按当年收取的全国社会保障基金委托资产管理手续费的20%提取全国社会保障基金投资管理风险准备金,专项用于弥补全国社会保障基金投资的亏损。全国社会保障基金投资管理风险准备金在托管银行专户存储,余额达到全国社会保障基金委托管理资产净值的10%时可不再提取。此外,全国社会保障基金理事会还须按全国社会保障基金净收益的20%提取一般风险准备金,专项用于弥补全国社会保障基金投资发生重大亏损时全国社会保障基金投资管理人所提管理风险准备金不足以弥补的亏损。一般风险准备金余额达到全国社会保障基金资产净值的20%时可不再提取。

(三) 全国社会保障基金市场发展情况

全国社会保障基金 2001 年开始建立，2010 年年底已经积累基金 7 700 多亿元。受投资范围的限制和股票市场行情的影响，全国社会保障基金的投资收益率年度变化很大，但总体来看，年均投资收益率已超过年均通货膨胀率，如图 5—1 所示。2000—2002 年间，由于只能存入银行和购买国债，且正值我国金融机构法定存款利率很低的时候，投资收益率不到 3%。2003—2005 年，投资范围逐渐扩大到委托投资、指数投资、股权投资等，投资收益率上升到 4% 左右。2006—2007 年，投资品种进一步扩大。加上股票市场行情上扬，2007 年全国社会保障基金的年收益率达到 43.19%（见表 5—3）。2008 年，受全球金融危机的影响，投资收益率出现大幅度的下滑，基金亏损率为 6.79%。2009 年以来，在宏观经济逐步回暖的情况下，全国社会保障基金投资又取得了较好的收益率。

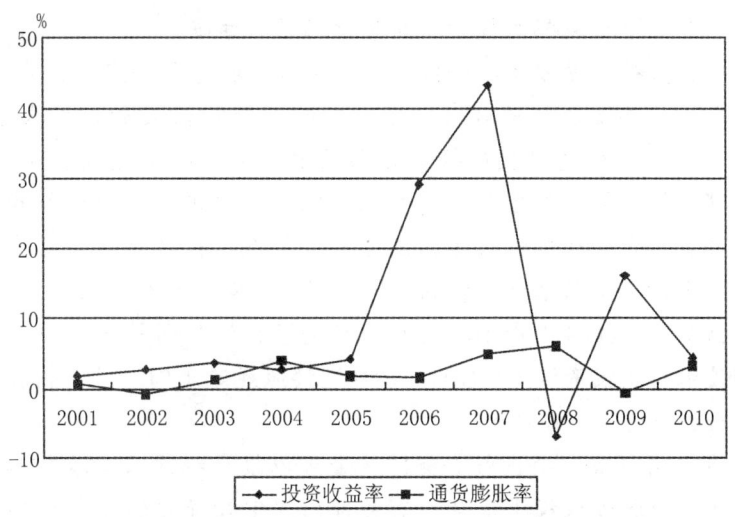

图 5—1　全国社会保障基金的年度收益率和通货膨胀率

表 5—3　　　　2000—2010 年全国社会保障基金的投资收益情况

年份	投资收益额（亿元）	投资收益率（％）	通货膨胀率（％）
2000 年	0.17	—	—
2001 年	7.42	1.73	0.7
2002 年	19.76	2.59	−0.8
2003 年	44.71	3.56	1.2

续表

年份	投资收益额（亿元）	投资收益率（%）	通货膨胀率（%）
2004年	36.72	2.61	3.9
2005年	71.22	4.16	1.8
2006年	619.79	29.01	1.5
2007年	1 453.5	43.19	4.8
2008年	−393.72	−6.79	5.9
2009年	850.49	16.12	−0.7
2010年	321.22	4.23	3.3

资料来源：全国社会保障基金理事会官方网站。

【新闻摘录】（中国新闻网 2010 年 11 月 1 日讯）

戴相龙谈全国社会保障基金四大热点问题

2010 年，全国社会保障基金设立十周年，针对一些热点问题全国社会保障基金理事会理事长戴相龙接受了新华社记者的专访。

记者：在直接投资方面，全国社会保障基金取得了哪些新进展？

戴相龙：直接投资包括对未上市公司的直接股权投资和对基金的投资。全国社会保障基金在境内直接投资方面已经取得了很大进展。从 2005 年开始，有关部门批准社保基金会可对企业和基础设施进行直接股权投资，范围暂定为中央直管企业改制或改革试点项目。现在，社保基金会已先后对交通银行、中国银行、工商银行、农业银行、国家开发银行分别投资 100 亿～200 亿元，对京沪高速铁路投资 100 亿元，对大唐科技集团等国有控股的大型企业、高新技术企业投资近 40 亿元，另外还按照规定比例发放了信托贷款。目前累计直接投资近 1 700 亿元。

2008 年 4 月开始，全国社会保障基金可以投资经国家发展改革委核准或备案的产业基金和股权投资基金。有关部门规定投资比例最高不超过全国社会保障基金总资产的 10%。到今年 10 月下旬，社保基金会共向 7 家基金管理公司投资 8 只基金，承诺投资约 120 亿元。

记者：对于全国社会保障基金的境外投资社会一直十分关注，请介绍一下最新的情况。

戴相龙：2006 年，全国社会保障基金开始进行境外投资，但只限于股票和债券的投资。截至目前，境外投资占总资产的比例是 6.9%。相关政策规定我们的境外投资所占比例可控制在总资产的 20% 以内，因此境外投资还有较大的增长空间。对境外投资要贯彻审慎原则，我们对何时达到对外投资的最高限没有时间表。

首先，我们要做好对股票和债券的投资；其次，我们要按有关部门的要求开展对未上市公司股权投资和基金的投资。我们已选择几家投资风险较低、收益稳定的基金的基金（即FOF）进行投资，正在报送国家相关部门审定。将来再把投资直接扩大到私募股权基金和未上市公司的直接股权投资。这类投资将先从新兴经济体开始，逐步扩大到欧美地区，其投资方式将以财务投资为主，以委托中介组织投资为主。

(http://business.sohu.com/20101101/n276926527.shtml)

第二节 投资运营模式

在现代市场经济条件下，社会保障基金投资运营模式有不同的分类。从管理主体是政府部门还是私营机构的角度，可以将社会保障基金的投资运营模式划分为政府直接投资模式和市场化投资模式。

一、政府直接投资模式

政府直接投资模式，又叫集中垄断运营模式，即由政府机构或政府授权的公营机构集中性地投资运营社会保障基金。如美国、新加坡等国家就采取这种方式，其特点是社会保障基金投资运营高度集中并具有垄断性，由政府专门机构或政府授权的公营机构集中负责社会保障基金的投资运作、设计投资组合、控制投资风险等。中国社会保障基金投资运营如果采用政府直接投资模式，其可能的管理架构如图5—2所示。

社会保障基金投资运营采用政府直接投资模式的优势主要体现在：(1)具有规模经济效应，可降低整个制度的管理成本，这是政府集中管理的最大优势；(2)政府对社会保障基金的投资具有决定权，可以将其投资于具有较强社会效益而投资收益率一般的项目，社会责任投资的比重提高，这有利于社会整体效益的改善；(3)数额庞大的社会保障基金可成为政府手中重要的宏观调控工具，以此来引导国内经济的发展方向。

当然，社会保障基金投资运营采用政府直接投资模式也会存在一些问题，主要表现为：(1)权力过于集中，特别是监督权和管理权没有分离，易于滋生腐败。政府很容易对社会保障基金进行操控，在监管机制不完善的情况下，为基金的滥用和挪用提供了便利，导致基金的完整性及其保值增值受到影响。(2)利益冲突。政府易于从自身的利益出发，而不是从制度参加者的利益出

社会保障基金监管

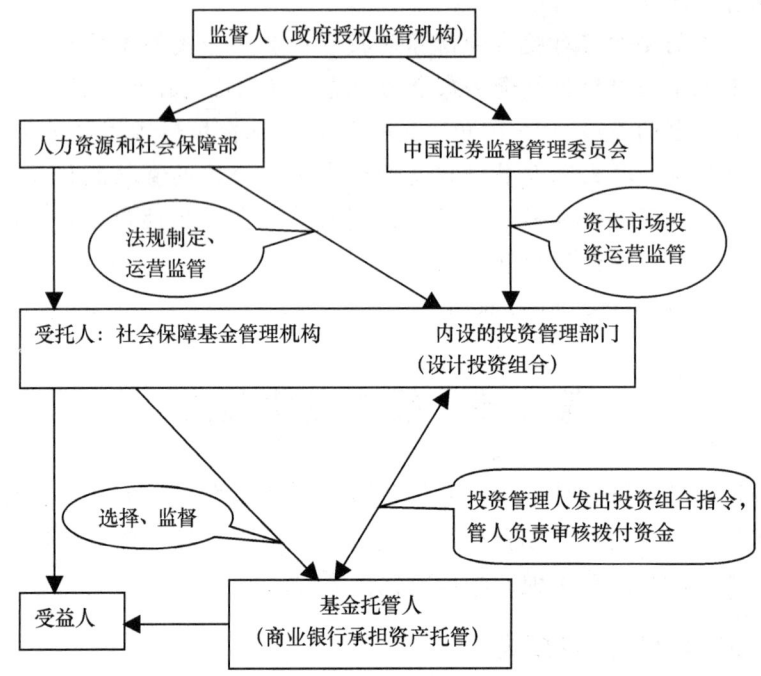

图 5—2　中国社会保障基金政府直接投资模式可能的管理架构

发来投资运营社会保障基金，这往往导致政府可能不按基金的最大利益原则进行投资。(3) 投资收益率低。在政府集中管理基金的情况下，往往倾向于投资国债，投资收益率偏低。此外，由于资金易得，政府可能更倾向于大规模发行国债，盲目扩大政府支出，也容易导致政府巨额的财政赤字。(4) 缺乏竞争机制，可能导致基金管理主体的投资运营效率不高。

【阅读参考】新加坡中央公积金制度简介

新加坡的中央公积金制度是政府立法强制个人储蓄，采取完全积累模式和集中投资管理模式的社会保障制度。在管理上，中央公积金计划由中央公积金局统一管理，由劳工部制定有关政策并进行监督。中央公积金局虽然隶属于劳工部，但性质是半官方机构，实行董事会领导下的总经理负责制，依法独立工作，其他部门不得干预其日常事务。董事会由董事会主席、总经理和其他10名董事会成员组成，均由劳工部部长在得到总理的同意后任命。10名董事成员包括2名政府官员、2名雇主代表、2名员工代表和4名有关专家。公积金管理局具有相对独立性，从公积金的汇集、运营、储存、结算到员工利益的获得，都独立于政府财政。公积金局的主要业务包括征收费用、保存记录、支付收益和投资所积累的基金。相关投资决定由另外两个非常重要的政府机构执行：新加坡货币管理局和新加坡政府投资管理公司。其中，新加坡货币管理局负责中央公积金对国债和银行存款的投资管理，而新加坡政府投资管理公司负责把积累的基金投资于国内的住房和基础设施建设等方面，也负责把大量的资金投资于国外资产以获得较高的收益，这成为新加坡庞大的外汇储备的一个重要来源。另外，如果公积金会员希望获得更高的回报率，可以在政府规定的投资工具内，通过法定的投资人（中央公积金局指定的银行）自行投资。

（资料来源：周志凯. 养老金个人账户制度研究 [M]. 北京：人民出版社，2009）

二、市场化投资模式

市场化投资模式，又叫分散竞争运营模式，它通常由政府根据法律规范的资格条件确定多家符合条件的私营机构竞争性地参与投资运营社会保障基金。如智利的养老基金和中国香港特区的强积金均采取这种模式，其特点是基金管理分散且具有竞争性。中国社会保障基金投资运营如果采用市场化的投资模式，其可能管理架构如图5—3所示，其运作机理可设定为由政府专门机构（社会保障基金管理机构）委托专门的金融机构作为投资管理人，由该投资管理人负责社会保障基金的投资运作、设计投资组合、控制投资风险等，并定期向社会保障基金管理机构提供基金的投资运营报告和公司的财务报告，依法接受有关部门的监督检查。

社会保障基金投资运营采用市场化投资模式的优点主要体现在：（1）可以充分利用市场竞争机制获得比较高的投资回报；（2）给予参保人比较多的投资选择权，有利于参保人选择适合自身的收益——风险投资组合；（3）减少政府干预，有利于避免社会保障基金投资运营中的腐败、政府操纵等问题。但是，市场化投资模式也存在一些问题，其中最大的问题就是可能由于过度竞争导致管理成本较高，从而降低投资回报。而且投资管理机构有时过于追求投资回报，可能使参保人承担较大的投资风险。

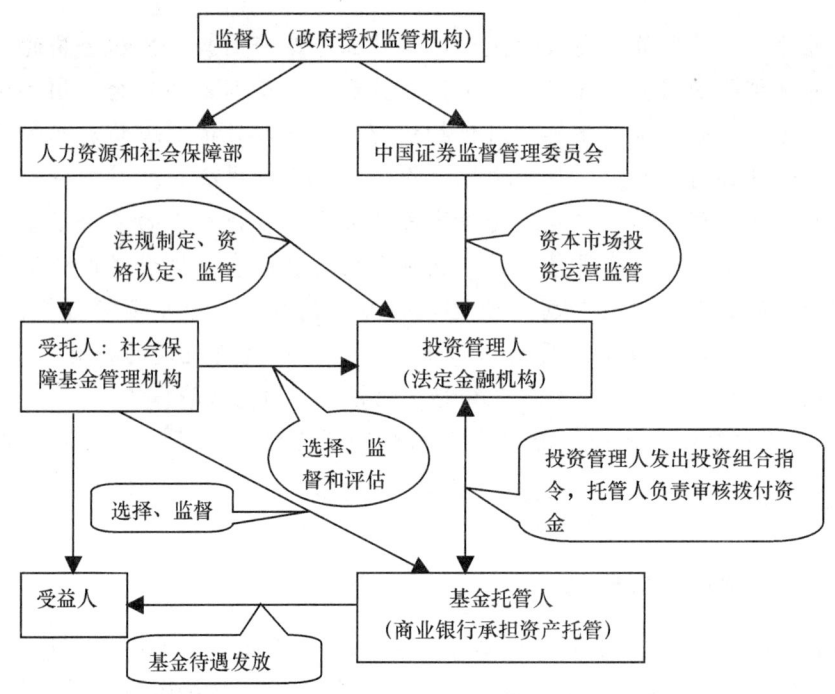

图5—3 中国社会保障基金市场化投资模式可能的管理架构

【阅读参考】智利养老保险基金管理模式简介

从1981年开始,智利就实行个人账户完全积累、私营养老基金管理公司分散管理和个人自由选择养老基金管理公司的养老保障制度。养老基金管理公司(AFPs)只能从事与养老基金有关的业务,政府的责任主要是提供担保和对养老基金管理公司进行监管。

具体来讲,养老基金管理公司的主要业务范围包括:(1)管理个人账户。AFPs负责个人账户资金(包括缴费、自愿储蓄以及补偿储蓄)的收缴和记录工作。(2)进行养老基金投资。AFPs负责对成员的账户基金进行投资,基金投资的金融工具要在中央银行和AFPs的限定范围之内,并且在投资安全性、最低收益保障、风险评级等方面要符合相应要求。从2002年开始,AFPs为员工设立A、B、C、D、E 5个投资基金,个人可以在5个基金中选择其一。(3)确认和管理养老金给付。在养老金参保成员满足领取退休金的条件后,AFPs需要对参保成员的养老金给付进行确认。为此,AFPs要和保险公司签订合同,为员工提供退休年金以及伤残和遗属年金,并且还要确认并兑现存入参保成员个人账户的认购债券资金。(4)提供服务和信息。为方便服务，AFPs在全国各地设立了分支机构。2003年，全部AFPs公司的全国分支机构共有258家。另外，AFPs聘请了专门培训过的代理业务员（营销人员），他们直接和参保成员联系，负责提供各地的信息，并解决各种社会保障事务问题。在信息服务方面，AFPs需要定期为其成员提供书面信息，例如：每4个月一次的账户管理报告文件，也可以通过互联网传送报告。

（资料来源：房连泉. 智利社会保险基金投资与管理 [D]. 中国社会科学院. 2006)

三、我国现行社会保障基金投资模式

从上述分析可以看出，两种社会保障基金的投资模式各有利弊。一个国家采取什么样的投资模式，与一国的国情密切相关，政治体制、社会保障制度、经济发展状况、资本市场完善程度，甚至文化传统等都会影响到一国社会保障基金投资模式的选择。不同类型的社会保障基金，也往往采取不同的投资运作模式。

我国社会保险基金投资运营模式目前尚在探索中。从投资品种看，目前除委托全国社会保障基金理事会的基金之外，社会统筹结余基金、做实的养老保险个人账户基金都只能存银行、买国债，并未进入真正意义上的资本市场。从投资主体来看，所有的基金都在财政专户，由财政部门和社会保险经办部门共同操作，政府处于主导地位。从这个意义上说，属于政府直接投资模式范畴。但目前我国社会保险统筹层次不一，基金结余分散在各地，省、市、县3级都有，投资也处于分散状态。我国社会保险各项基金结余已超过2万亿元，存银行、买国债的方式，无法满足保值增值的要求，基金面临着较大的贬值风险，迫切需要确定好适合我国国情的投资运营模式，拓宽投资渠道，提高投资收益，这已成为各方面的共识。业界也提出了不同的建议，如仿效美国做法，采取政府直接投资模式，发行社会保障特别国债；如对做实的养老保险个人账户基金，借鉴企业年金的经验，采取市场化投资模式，以省级为单位，委托给市场上的专业机构，进行竞争性的投资运作；如借鉴新加坡的经验，采取政府直接投资模式，单独成立专门的国家社会保险基金投资机构，专项从事社会保障基金的投资运作等。究竟哪种模式合适，有待于进一步的论证和国家的决策。

我国企业年金的投资运作采取的是市场化投资模式，《企业年金试行办

法》《企业年金基金管理办法》确立了我国企业年金 DC 型完全积累制和信托制的制度模式，也明确了企业年金基金管理采取专业机构管理、市场化运营的方式。我国企业年金基金信托投资管理模式具有如下特征：一是强化企业年金基金资产的独立性，明确界定受托人的法律责任，最大限度地体现和维护受益人的根本利益。二是引入基金托管制度，保证企业年金基金财产与建立年金的企业、各方管理人的自有财产相分离。三是规定由受托人负责企业年金基金的受托职责，由账户管理人、托管人和投资管理人各司其职、各负其责、相互制约，成为构建基金安全的有力制度保证。四是采取市场化竞争性的分散投资模式，有利于提高效率。这一制度设计充分体现了企业年金基金管理和投资运作的安全性、独立性、透明性，符合我国养老保障体制、企业治理结构以及资本市场运作的特点和要求。

全国社会保障基金的投资运营采取混合投资模式。具体来讲，全国社会保障基金的投资运营主要采取了以下两种投资模式：（1）直接投资。即由全国社会保障基金理事会进行直接投资运营，其投资的范围主要是风险较小的银行存款和债券。2000 年，全国社会保障基金全部采用直接投资模式。但随着投资政策、投资渠道的放宽，直接投资的比例逐年降低，2010 年仅占全国社会保障基金资产总额的 58.1%（见表 5—4）。（2）委托投资。截至 2010 年，全国社会保障基金的股票和债券投资主要采用委托投资方式，包括境内委托投资和境外委托投资。全国社会保障基金的股票委托投资是在合同基础上的全权委托。全国社会保障基金理事会根据总体资产投资战略要求，设计和开发投资产品，通过公开招标，在证券市场中选择最适合的投资管理人来投资运作。全国社会保障基金理事会作为委托人，对投资管理人的运作行使监督权，而投资管理人具有独立从事投资决策的权利。全国社会保障基金理事会对股票资产采用委托投资方式，使得全国社会保障基金投资的主体由社会保障基金理事会变为市场中的专业投资管理人，并使得全国社会保障基金股票投资完全成为一种市场行为。自 2003 年开始实行委托投资起，对外委托投资管理的比例逐年增加，从最初的 24.07% 上升到 2010 年的 41.9%（见表 5—4）。

表 5—4　　　　2003—2009 年全国社会保障基金的投资情况

年份	资产总额（亿元）	年增长率（%）	直接投资		委托投资	
			数额（亿元）	占比（%）	数额（亿元）	占比（%）
2003	1 325.01	6.68	1 006.14	75.93	318.87	24.07
2004	1 711.44	29.13	1 089.77	64.20	612.67	35.80

续表

年份	资产总额（亿元）	年增长率（%）	直接投资		委托投资	
			数额（亿元）	占比（%）	数额（亿元）	占比（%）
2005	2 117.87	23.79	1 387.58	65.62	730.29	34.48
2006	2 827.69	33.34	1 771.05	62.63	1 065.64	37.37
2007	4 396.94	55.54	2 327.54	52.94	2 069.4	47.06
2008	5 623.71	27.88	3 057.89	54.38	2 565.81	45.62
2009	7 766.22	38.11	4 145.07	53.37	3 621.15	46.63
2010	8 566.9	10.31	4 977.56	58.1	3 589.34	41.9

数据来源：根据全国社会保障基金各年的年度报告整理而得。

第三节 投资风险控制

一、风险控制的作用和目的

社会保障基金投资风险是指在基金投资过程中，由于各种主观原因（如投资决策失误、投资组合选择不当等）和客观原因（如经济的周期性波动、利率波动、政府政策变化等）的影响，导致实际投资收益低于预期投资收益的不确定性。作为社会保障制度的物质基础，社会保障基金的安全运营对宏观经济运行、资本市场和社会稳定都有至关重要的作用。因此，对社会保障基金投资进行有效的风险控制具有十分重要的意义。

（一）有利于确保社会保障基金的安全和完整

确保社会保障基金的安全和完整是对其进行风险控制的首要目标。社会保障基金收支过程以及具体投资运营的操作，都具有一定的风险性。并且，随着基金规模的增大和市场化投资比例的提高，社会保障基金所面临的风险也越大。风险事故一旦发生，将直接影响社会保障参保对象待遇的给付，影响公众对社会保障制度的信心，从而进一步影响到国民经济的发展和社会的稳定。因此，强化社会保障基金投资运营的风险控制，是确保社会保障基金安全和完整的关键，直接关系到参保人或受益人的合法权益。

（二）有利于实现社会保障基金的保值和增值

通货膨胀与经济增长存在强相关关系。通货膨胀造成社会保障结余基金本身贬值，并导致社会保障基金支出增加；而公平、正义、共享的发展理念要求社会保障相关待遇与经济增长保持同步调整。面对日益严峻的人口老龄化形势，社会保障基金的保值和增值具有必要性和紧迫性。社会保障基金的保值就是通过一定的资金投资运营方式，保持基金的购买力不因经济、物价等情况变化而下降。基金的增值就是在基金保值的基础上，增加基金的购买力。由于在基金投资运营过程中，投资产品的收益性越高，其风险性也越高。因此，全面有效的风险控制将使社会保障基金在维持最低成本的基础上尽可能实现较高的投资收益。

（三）有利于资本市场的健康稳定发展

社会保障基金在金融体系中的地位主要体现在：它是金融体系中重要的机构投资者，是金融体系与金融产品创新的重要推动者，是金融市场特别是资本市场稳定发展的主体之一。社会保障基金为金融市场提供长期稳定的资金来源，对促进金融市场长期储蓄向长期投资的转换和金融产品的创新，满足中长期投资的资金需求均具有重要作用。此外，社会保障基金通过直接或间接的方式投资于资本市场，可以促进专业基金管理公司和证券投资基金的发展。因此，有效的风险控制将保证社会保障基金获得较高的运行效率和较好的投资绩效，增加社会保障制度对社会风险的保障力度，相对降低或减轻政府的财政转移支付压力，进而实现"社会保障基金——金融结构与金融发展——经济增长——社会保障基金"的良性互动。

【阅读参考】金融危机成全球养老基金投资调整契机 （摘录）

（一）全球企业养老金缩水两成。2007年年末美国次贷危机爆发之前，世界主要国家和地区"企业养老金"基金总计大约不到29万亿美元；截至2008年年底，金融危机导致企业养老金基金损失了大约5.2万亿美元，总资产缩水了20%以上，而世界股市市值大约下降了近50%。而在过去的15年里（包括2000—2001年金融危机期间），各国企业养老金基金投资业绩表现不俗，年均名义回报率瑞典是11.8%，美国是10.6%，英国是9.2%。

金融危机对企业养老金投资回报率一个最大的影响因素是投资策略与资产分布情况，股票持有比重越大的国家损失越大。例如，爱尔兰平均投资股票比例为66%，大约损失了30%，其他损失惨重的国家依次是美国、英国和澳大利亚等。

（二）社保基金损失有限。据统计，在2008年年初，全球"公共养老金"即社会保险基金总资产大约为 4.4 万亿美元。此次金融危机导致的社会保险基金损失也比 2001 年金融危机严重得多，因为与 2001 年相比，全球社保基金的资产配置更偏向于股票。在绝大多数中低收入国家，社保基金在股票上的投资比重相对较低，同时，也有超过半数的国家，如美国、英国等，始终以立法的形式规定其社保基金只能持有政府债券，对股票绝不越雷池一步。由于实行购买国债投资策略的社会保险基金占全球一半多，他们的社会保险基金毫发无损。

所以整体看，与企业养老金相比，此次金融风暴对全球社会保险基金的影响十分有限。据笔者估算，全球实行市场化投资的社会保险基金全部资产总计大约有 1.8 万亿美元，按股票资产 20% 计算，此次金融危机中导致的损失大约不到 1 500 亿美元。

（资料来源：郑秉文. 金融危机成全球养老投资调整契机 [N]. 中国证券报，2009-5-6）

二、风险控制原则

由于风险的客观性，任何投资都有风险，为了实现社会保障基金投资的特殊目标，必须根据其风险特征采取有效的措施控制投资风险。在社会保障基金的投资运作过程，风险控制至少应该遵循以下原则：

一是全面性原则，即指社会保障基金管理过程中的风险控制必须自始至终贯穿基金管理的各个环节，涵盖参与其运作的各个当事人，渗透到各项具体业务过程中，从业务的决策、执行、监督和反馈等环节进行把握，有效防范风险。首先，社会保障基金监管的征缴、支付和投资各环节需有相应部门各司其职，分工明确，相互独立，相互制约。其次，要从政策制定角度克服各部门独立分散监管的弊端，降低各部门规则独立化的监管成本，加强对社会保障基金全面监督，提高基金运行的效率。最后，在建立完善的法律体系为监管部门的监督管理提供法律依据的同时，以相关法律规定政府监督管理部门以备忘录等形式进行相互间的协调与信息的共享，最大程度地降低监管主体之间的协调成本，促进监管信息的交流传递。

二是制衡性原则，是指基金监管部门有效运转的制度安排与实现，是以各种权力合理分配、相互制衡为出发点而进行配置的结果。分权制衡会形成权责分明、管理科学、激励和约束相结合的内部管理体制，是基金监管部门运作的精髓。制衡性原则就是在基金管理的内部组织结构设计上要形成一种相互制约的机制，特别是要防范利益冲突与利益输送问题。对社会保障基金的监督管理要坚持互相制衡原则，即要根据实际情况，在不同职能部门、不同岗位之间划清责任与权限，形成风险监控链与监控点，建立交叉而又不重复的自主防范、控制与化解风险的有机整体。

三是可衡量性原则，就是在风险控制的过程中，采用定性分析与定量分析相结合的方法，使风险控制更具客观性和可操作性。因此，风险的度量分析是整个风险管理工作中最重要的一个环节，它直接影响到投资管理决策的有效性。风险度量分析的目标在于衡量市场环境发生变化时，某一市场投资组合的收益或市场价值的变化程度。一般来说，风险度量的工具或方法可以归为4类：简单算术法（偏差率、价差率）；灵敏度分析，如 p 系数法；波动性分析，即方差或标准差法；下方风险的测量技术，如风险价值（VAR）法、情景分析法、压力测试法等。但是，银行、保险公司、投资基金、养老金基金等众多机构在风险管理与控制的过程中经常采用 VAR 的方法，因为它把全部资产组合的总风险概括为一个简单的数字，并以一定百分比或者数值来表示风险管理的核心。作为潜在损失的最大值，普通投资者和管理者都可以通过 VAR 值对金融风险进行评判，而且 VAR 的方法可以事前计算风险，不像以往风险管理的方法都是在事后衡量风险大小，它不仅能计算单个金融工具的风险，还能计算由多个金融工具组成的投资组合风险，这是传统金融风险管理所不能做到的。

【阅读参考】**香港强积金法定补偿基金**

根据《强积金法例》规定，强积金受托人必须购买足够的补偿保险用以赔偿计划成员因受托人或其服务提供者的失当行为而招致计划资产的任何损失。同时，根据《强积金法例》成立法定补偿基金，目的是在弥偿保险未能提供足额赔偿时，对计划成员作出补偿。政府注资港币6亿元作为补偿基金的创办资金，如有需要，积金局可向法庭申请动用补偿基金。

(http://www.mpfa.org.hk/tc_chi/abt_mpfs/abt_mpfs_ftp/abt_mpfs_ftp.html)

四是分散性原则，就是按"不要将所有鸡蛋放在一个篮子里"的原理分散投资对象。实践证明马科维茨（Markowitz）提出的"均值—方差"投资组合模型（Mean-Variance Model）是行之有效的，在一个多元化的投资组合中，资产配置组合是决定社会保障基金投资收益率的最重要因素。因此，要详细研究投资对象的投资价值，衡量投资对象的市场性，分析投资对象的稳定性，采取多元化的投资策略。即尽可能选择多种多样的、彼此相关性较弱的投资对象进行搭配，以达到优化投资组合和有效分散风险的目的。

五是补偿性原则。无论如何防范风险，风险的损失总是有可能发生的，因此就需要补偿。常用的方法是建立盈余准备金或风险准备金，通过以丰补歉的方式，保证基金在长期的投资过程中获得一个适度水平的稳定收益率。

三、风险种类

从世界范围内的发展趋势来看，社会保障基金进入资本市场已经势在必行。然而，社会保障基金在投资运营过程中，必然会面临一些风险。这些风险按照风险分散的可能性可划分为系统风险和非系统风险两类，如图5—4所示。

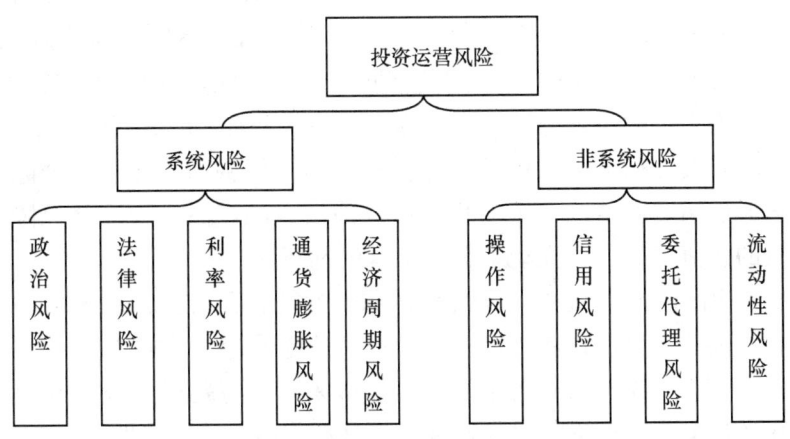

图5—4 社会保障基金投资运营的风险种类

（一）系统风险

社会保障基金投资运营中的系统风险是指对基金而言是外部的、无法在组合投资中被分散的风险，是所有投资者要承担、由市场共同性因素所影响的风险。主要包括政治风险、法律风险、利率风险、通货膨胀风险、经济周期风险等。

1. 政治风险。是指一国或地区政治的动荡影响该国或地区的经济政策的变动而造成的风险。政治风险的具体表现形式有没收、征用、国有化、外汇管制、进口限制、市场控制、税收控制、价格管理、劳动控制等干预措施以及突发战争、动乱、政府更迭等事件。政治风险有4方面内容，即政治不稳定、政治事件引起东道国投资环境的变动、政治事件变化之不可预测性和政治事件对某一对外直接投资的现金流量或其他目标的潜在影响。

2. 法律风险。是指在证券市场、基金管理方面的法律或法规不明确或未经检验的情况下，经济主体可能面临的风险，包括经济主体违反或不遵从法律、法规、规章、惯例或伦理标准而给基金所造成的损失。目前，社会保障基金投资的法律风险表现在基金投资本身的法律完善程度和社会保障基金投资监督管理的法律有效性方面。在一个不太成熟的金融市场中，有关法律制度不健全，社会保障基金投资监督管理制度缺失或错位，都会对基金投资形成不同程度的负面影响。

3. 利率风险。即由于市场利率的波动所引起的投资者的实际收益偏离预期收益的可能性。从长期来看，所有市场利率都趋于一起上升或下降，这些利率变化对所有国债都有一定程度的影响。当市场利率上升时，原有债券的本期收益和持有期收益水平会下降，并且期限越长，其利率风险就越大。

4. 通货膨胀风险。是指由于通货膨胀造成社会保障基金经过长期积累后其实际购买力下降的不确定性。由于养老保险基金有20~30年的积累期，通货膨胀会对其实际购买力造成很大的威胁。为了抵御通货膨胀，金融市场创制了很多通过指数调整以对抗通货膨胀风险的金融产品，为社会保障基金提供了有效的保值工具，也推动了金融工具的创新。

5. 经济周期风险。是指一国经济的周期性变化而带来的投资收益的不确定性。从一定意义上说，社会保障基金投资收益是经济发展与经济增长成果的一种分享。从世界各国养老基金投资绩效来看，特别是有较大比例投资于股票的养老基金，其投资收益与宏观经济呈现着高度的同步性。

（二）非系统风险

社会保障基金投资运营中的非系统风险是指风险来源为非全局性，理论上可以通过基金管理者的操作进行防范、化解的具体风险。主要包括操作风险、信用风险、委托代理风险和流动性风险等。

1. 操作风险。是指由不完善的或有问题的内部程序、人员、系统以及外部事件所造成损失的不确定性。特别是我国基金业还处于发展阶段，基金投资管理人的管理水平良莠不齐，而且没有完全得到市场的检验，其自身不规范的问题将可能会给社会保障基金入市投资带来风险。一些基金管理公司还没有牢固树立价值投资和分散风险的经营理念。由于历史原因，源自过去券商自营坐庄、集中投资和关联交易的种种违规做法还不同程度存在。相对于市场风险而言，它是一种浅层次的风险，可以通过内部控制制度的完善来降低风险。

2. 信用风险。又叫违约风险，是指企业由于财务状况不佳而未能按期支付利息、本金和收益，从而给社会保障基金带来损失的可能性。违约是企业失去信誉的表现。由于违约将立即导致证券在市场上抛售和该证券价格的下跌，社会保障基金无法按时获得收益甚至不能收回本金，投资活动将受到严重影响。信用风险形成的原因很多，主要是因为财务状况不佳等引起，其性质是债务者的失信，即没有能力维持信用。一家企业若发生违约事件，如不能及时解救，就可能导致破产。

3. 委托代理风险。是指基于委托代理关系而产生的风险，委托人一般指社会保障基金管理机构，其代表投保人或受益人将社会保障基金交由具备相应资格的投资管理人（代理人）进行市场化投资运作。由于其委托代理双方之间的信息不对称而产生的市场不完全、外部性和垄断等问题，代理人有可能侵害委托人的利益，发生逆向选择及道德风险，从而给社会保障基金造成风险。一方面表现为作为委托人的社会保障基金管理机构事前无法洞察作为代理人的投资管理人的真实经营能力。委托人如果以历史的投资收益来判断代理人的经营能力，不仅不够全面和客观，而且不能衡量其风险度的大小。因此，用何种标准来判断和衡量代理人的能力，委托人必须要对此认真研究和评估。另一方面，代理人对投资风险及资本市场的状况拥有远大于委托人的"内部信息"。高风险的项目往往具有较高的投资收益率，投资管理机构往往为获得自身的更高利益而趋向于投资于高风险项目。委托人由于不具备信息优势，对投资管理人的此类决策实际上无从控制。

4. 流动性风险。金融机构的流动性风险主要包括两种形式：市场、产品的流动性风险和现金的流动性风险。前者是指由于市场交易不足而无法按照当前的市场价值进行交易所造成的损失。这种风险在场外交易市场（即OTC市场，又称柜台交易市场）中进行动态对冲交易时表现得更为突出。后者是指现金流不能满足债务支出的需求，这种情况往往迫使机构提前清算，从而使账面上的金额转化为实际损失，甚至导致机构破产。对社会保障基金而言，资金收支的不匹配包括数量上的不匹配和时间上的不匹配。流动性风险可视为一种综合性风险，它是其他风险在金融机构整体经营方面的综合体现。例如，市场风险和信用风险的发生不仅直接影响金融机构的资产和收益而导致流动性风险，还可能引发"金融恐慌"而导致整个金融系统的非流动性。

【阅读链接】

杨长汉. 中国企业年金投资运营研究 [M]. 北京：经济管理出版社，2010：170-185

四、风险控制手段

风险控制是投资活动中最重要的工作之一，善于识别、衡量风险并控制风险是基金管理人必须具备的技能，风险管理也是基金管理人的一项十分重要的工作。从风险控制的手段来看，主要有制度性手段、管理性手段和技术性手段3种类型：

（一）制度性手段

其主要内容包括有关法律、法规、政府规章、政策、资本市场监管机构的要求等。具体而言，就是要通过制度性机制建设大力推进证券市场的规范化进程，促进证券市场健康发展。为此，首先要严格执行市场准入与退出机制，就是对参与社会保障基金投资运营市场主体（受托人、账户管理人、托管人、投资管理人）进行审查和资格认定。一旦这些机构因为各种原因丧失继续管理运营社会保障基金的资格条件，就得退出基金管理者的行列。其次要尽快制定有关社会保障基金投资多元化的法律和实施细则。企业年金和全国社会保障基金都出台了相应的基金投资管理办法，但对投资新的金融产品还应考虑相应对策和办法，如信托投资、实业投资、债权投资等。再次要完善信息披露机制，要求相关的管理机构定期向上级机构或监管机构提供财务会计报告，并接受外部机构的审计。最后要扩大风险分散和补偿机制。为了分散风险，可以实行多元化投资策略、再保险策略或风险基金对冲策略等。对于风险的补偿，除了建立盈余准备金和风险准备金外，还可借鉴香港特别行政区的做法，由政府成立专项基金提供最后的担保。

（二）管理性手段

其主要内容包括法人机构内部的管理制度、管理体制、管理程序、管理活动等。从风险防范来说，管理性手段的特点是运作方式具体化、实践性强和以效率为目标等。防范风险、提高效率是各个基金管理机构的实践行为，管理机制的状况直接关系着社会保障基金运营实践的发展态势和成效。因此，投资运营主体必须建立完善的公司治理结构，形成有效的内部控制制度。现代金融市场下，资产价格和相应风险瞬息万变，社会保障基金投资组合的总风险也随之动态变化，为有效防范相关风险，社会保障基金应该构建一套完善的风险跟踪—预警系统。根据风险的来源、性质和程度，明确责任，划分管理层次，预先制定防范策略，在风险明确后，制定正确的风险管理策略，利用 VAR、风险分解、风险预算、进行压力测试和测量风险敏感性等金融统计计量模型量化组合风险，在此基础上对组合资产进行必要的动态调整，从而达到控制风险的目的。

(三) 技术性手段

其主要内容包括：运用各种指标监控相关主体的行为；运用各种权益机制制约重要的决策和投资行为；运用现代电子技术手段及时掌控各种行为的动向和市场的其他信息，等等。在防范风险中，技术性机制的主要特点是监控的及时性、微观性及易操作性。随着现代科技发展，技术性机制的运用日益广泛。发展和运用技术性机制，是强化风险防范、提高运作效率的不容忽视的举措。

【阅读链接】

耿靖. 养老金全面风险管理 [M]. 北京：文汇出版社，2009

五、我国社会保障基金投资的风险控制

社会保障基金投资的风险控制直接关系到基金安全，关系到投资的成败，关系受益人的切身利益，我国社会保障基金投资十分注重风险控制。尤其是在市场化程度较高的企业年金和全国社会保障基金投资方面，采取了一系列风险控制措施，主要是以下几个方面：一是大力完善政策法规。在社会保险基金方面，除了出台存银行和买国债的政策外，我国正在积极研究有关保值增值办法，努力探索市场投资渠道，以应对基金贬值风险。在企业年金和全国社会保障基金投资方面，我国已经出台了一系列法规政策，从制度层面进行风险控制。二是实行投资运作机构资格准入和退出机制，对参与管理和投资运作的机构设立准入标准，对不符合要求的机构实行淘汰，促使机构合规投资，谨慎运作。三是实行严格的数量限制，对投资品种和投资比例作出明确规定，严厉禁止超范围、超比例和高风险投资。四是完善信息报告和信息披露制度，增强投资运作的透明度，强化各方监督。企业年金专门出台了基金管理信息报告办法，全国社会保障基金也有信息披露的要求，并纳入常规

化的工作。五是实行风险准备金制度,建立投资亏损补偿机制。企业年金方面投资管理人须将管理费的 20% 设立风险准备金;全国社保基金除投资管理人须拿出管理费的 20% 设立风险准备金外,全国社会保障基金理事会还须按全国社会保障基金净收益的 20% 提取一般风险准备金。六是要求投资机构完善公司治理结构,建立有效的内控机制,加强管理操作者的风险防范,减少非系统风险。

思 考 题

1. 简述政府直接投资模式与市场化投资模式的差异。
2. 简述全国社会保障基金的投资管理模式。
3. 简述风险控制的作用和目的。
4. 简述如何防范社会保障基金的投资运营风险。

第六章
基金监管方式

本章导读

本章通过对现场检查的方法和程序、市场准入的依据和标准、工作信息披露的内容方式、报告制度、举报投诉的内容和程序等进行介绍,帮助读者更好地了解掌握基金监管工作中的程序方法。

通过对基金监督信息化建设必要性、基金监管系统的研发和联网应用过程,以及基金监管系统功能的介绍,帮助读者深化对基金监管信息化的认识,了解利用基金监管系统开展非现场监督工作的基本方法。

第一节　现场检查

现场检查是指县级以上社会保障行政部门基金监督机构对被监督单位管理社会保障基金情况的实地检查。现场检查是确保社会保障基金安全的重要监管方式之一。同时通过检查发现存在问题的症结,寻求解决问题的方法,为今后提高管理水平提供借鉴,推动事后监督向事中、事前监督转变,达到以查促管的良好效果。

为健全社会保障基金监督制度,规范现场监督检查行为,提高监督工作质量,2003年3月,原劳动和社会保障部制定了《社会保障基金现场监督规则》(劳社部发[2003]5号),对现场检查工作进行了规范。同年5月,原劳动和社会保障部办公厅发布《关于贯彻实施〈社会保障基金现场监督规则〉的通知》(劳社厅函[2003]281号),要求各地认识颁布规则的重要意义,按照规则要求积极开展现场监督检查。

按照《社会保障基金现场监督规则》的规定,社会保障基金现场检查应当遵循依法监督、实事求是、客观公正的原则。

1. **依法监督**。包括两个方面:一是检查的依据必须是社会保障基金管理领域的法律、行政法规、规章及有效的规范性文件，以之为标准来判断基金管理是否出现问题；二是检查必须符合法定的程序，现场检查由两名以上持有社会保险基金监督检查证的基金监督人员按照相关程序进行。

2. 实事求是。在检查过程中，听取部门汇报是必要的，有助于全面了解被检查单位社会保障基金管理的情况，但听取汇报之余要更多地查阅第一手资料，多向一线工作人员调查了解情况，综合分析并实事求是地作出判断。必须克服走过场、图形式的做法，力戒"四多四少"式的执法检查，即"到部门多，深入基层少；听汇报多，深入调查少；讲好话多，指出问题少；就事论事多，剖析原因少"。

3. 客观公正。检查中要做到不偏不倚，对发现的问题调查清楚，不轻易下结论；对确认的问题敢于坚持，不为人情权势所动摇。结论有充足的事实和政策依据，要客观公正，经得起推敲。

社会保险行政部门的现场检查所针对的社会保险基金可以包括基本养老保险基金、基本医疗保险基金、失业保险基金、工伤保险基金、生育保险基金、农村养老保险基金、企业年金基金、企业补充医疗保险基金及全国社会保障基金；被检查单位的范围囊括社会保险费征收机构，社会保险经办机构，医疗机构、药品经营机构等社会保险服务机构，社会保险基金运营机构，全国社保基金会以及根据需要可延伸检查的参保单位和个人。现场检查主要由检查准备、检查实施、整理归档和报告等环节组成。主要内容是对基金征收、基金支出、基金管理及基金运营情况的监督检查。

一、现场检查的准备

（一）组成检查组

社会保险行政部门基金监督机构根据现场监督任务，组成检查组并指定检查组长。检查组长有权对检查组成员的工作进行监督，对检查质量及结果负责。检查组成员应由两名以上监督人员组成。成员可由基金监督机构工作人员组成，也可由基金监督机构委托的有关单位或中介机构工作人员组成。

检查组在检查过程中遇到重大问题时，应及时向社会保险行政部门基金监督机构请示报告。检查组接受基金监督机构领导，不受其他单位和个人的干涉。

(二) 确定检查对象

检查对象的确定一般通过以下方法单独或综合产生：

1. 根据检查计划按一定比例随机抽样选定。
2. 利用计算机分析系统进行筛选。社会保险基金监管系统为现场检查奠定基础。监管机构可以通过查看社会保险基金监管系统，对数据进行多方面的分析测算，发现社会保险基金管理中的漏洞和薄弱环节。
3. 根据公民举报、有关部门转办、上级交办、要情报告等资料确定。比如群众举报，经核实后发现确实存在违规迹象或需抽查时，据此确定检查对象进行详查。

(三) 搜集相关材料

实施现场监督前，检查组应收集与检查事项有关的法律法规、政策规定及其他资料，主要包括：

1. 社会保障法律、法规和政策规定及其他相关法律、法规和政策规定；
2. 个人或单位举报、上级机关交办、有关部门移送的材料；
3. 被监督单位的有关情况和材料；
4. 与检查有关的其他资料。

(四) 拟定现场监督实施方案

现场监督前，检查组应当根据检查的范围和内容以及被检查单位的情况等，拟定现场监督实施方案。现场监督实施方案经基金监督机构批准后，由检查组负责组织实施。如图6—1所示，现场监督实施方案主要包括下列内容：(1) 被监督单位名称和基本情况；(2) 检查目的；(3) 检查范围、内容和重点；(4) 预定检查起止日期；(5) 监督人员及其分工；(6) 编制日期。

(五) 下达现场监督通知书

人力资源和社会保障行政部门基金监督机构一般应于现场监督3个工作日前，向被监督单位下达现场监督通知书。现场监督通知书应统一编制文号，加盖社会保险行政部门公章。如图6—2所示，现场监督通知书主要包括下列内容：(1) 被监督单位名称；(2) 检查依据、范围、内容和方式；(3) 检查起始时间；(4) 要求被监督单位配合事项；(5) 监督人员名单；(6) 签发日期及公章。基金监督机构认为提前向被监督单位下达现场监督通知书，可能会影响检查结果时，可以选择适当时间或方式下达现场监督通知书。

现场监督实施方案（样式）

编制依据及项目名称					
被监督单位情况	单位名称：				
	单位主管部门：				
	单位地址：			邮编：	
	单位负责人：		职务：	电话：	
	财务负责人：		职务：	电话：	
	基本情况：				
检查情况	检查目的				
	检查范围、内容和重点				
	检查工作起止日期和安排				
检查组情况	检查组组长：		职务：	电话：	
	检查组成员及分工				
	劳动保障行政主管部门：		联系人：	电话：	
其他有关内容					

批准人：　　　　　　　　　　　　　　　编制人：
批准日期：　　　　　　　　　　　　　　编制日期：

图 6—1　现场监督实施方案（样式）

```
                现场监督通知书（样式）

              人社现监 [    ]      号

_____：
    根据_____
_____
_____
_____，决定派出检查组，自   年   月   日起，对你单位_____
_____
_____进行检查。请予配合，并提供有关资料和必要的工作条
件（配合检查工作的具体要求见附件）。


    检查组长：
    检查组成员：

                                      社会保险行政部门公章
                                           年  月  日
```

图6—2 现场监督通知书（样式）

二、现场检查的实施

检查实施是对被检查对象进行检查，客观、公正地反映该对象遵守社会保障基金法律法规的情况的过程。它是现场检查的重要环节，对促进社会保障基金的规范化管理和合理有效使用起到至关重要的作用。社会保险基金监督机构及其监督人员在履行职责时，应当忠于职守、秉公执法、清正廉洁、保守秘密。监督机构实施监督时，应当由两名以上监督人员共同进行。

（一）实地进行检查

检查组按现场监督通知书规定时间进驻被监督单位，出示有效证件。检查组应向被监督单位说明检查依据、目的、内容、范围、时间等，要求被监督单位介绍有关情况，提供有关文件、资料和其他事项。被监督单位应主动配合，全面提供与检查事项相关的资料，真实反映有关问题，并根据监督人

员要求，就其真实性、完整性作出书面承诺。

1. 听取被检查对象提供的关于检查问题的汇报介绍，组织与被检查对象有关人员座谈，初步了解情况。

2. 运用询问、观察、查阅、记录、计算、复核、复制、分析等方法，审查被监督单位的银行开户、会计凭证、会计账簿、会计报表、业务台账、统计报表以及与检查事项有关的文件、资料、合同、协议，检查现金、存款、有价证券，向有关单位和个人进行调查，并取得有关证据。为保证检查的真实性，往往不能只对表面材料进行检查，有时需要对相关人员或部门开展暗访，在查看被检查对象按要求提供的账目和支出凭证的基础上核对实物等。

3. 监督人员应记录检查发现的重要事项，编制现场监督工作底稿。现场监督工作底稿应一事一稿，并附有关检查证据。现场监督工作底稿经检查组审定后，送被监督单位相关人员签署意见。如图6—3所示，现场监督工作底稿主要包括下列内容：现场监督工作底稿编号；被监督单位名称；重要事项发生日期、文件号、凭证号、原会计分录和金额等内容摘录；附件主要内容及数量；被监督单位相关人员意见及签名；编制人员签名及日期；复核人员签名及日期。

现场监督工作底稿

第 号

被监督单位名称：
重要事项内容摘要：
附件主要内容及张数：
被监督单位相关人员意见：
被监督单位相关人员签名：　年 月 日
编制人员签名：　年 月 日　　复核人员签名：　年 月 日

图6—3 现场监督工作底稿（样式）

（二）出具现场监督报告

检查组应根据现场监督工作底稿及有关法规、政策和资料，综合分析检查情况，及时提出现场监督报告，一般在离开现场后7个工作日内完成。现场监督报告主要包括下列内容：（1）检查工作情况；（2）检查范围、内容、方式和时间；（3）被监督单位基本情况；（4）被监督单位存在问题、依据、评价和结论；（5）意见和建议；（6）检查组长签名和日期。

现场监督报告应送被监督单位征求意见。被监督单位应在接到报告后10日内提出书面意见。逾期未提书面意见的视同无异议，监督人员应予注明。被监督单位对报告有异议，检查组应进一步研究核实，并据实修改现场监督报告。

检查组应在接到被监督单位书面意见后7日内，向社会保障行政部门基金监督机构提交现场监督报告，并附被监督单位意见。遇有特殊情况，经基金监督机构同意，提交现场监督报告的时间可适当延长。

基金监督机构对检查组提交的报告应予以审核。审核主要包括下列内容：（1）检查的有关事项是否清楚；（2）检查证据是否充分、合法、具有说服力；（3）检查程序是否符合有关规定。对事实不清、证据不足的现场监督报告，基金监督机构应责成检查组长说明情况或核实，也可另行调查取证核实。

三、专项检查

专项检查是指社会保障行政部门基金监督机构根据工作需要，在特定的时间范围内，针对社会保障基金管理中存在的突出问题和薄弱环节开展某一方面或某几方面的专项执法检查活动。专项检查通常属于现场检查，与一般的现场检查相比又有着自身的特点：

1. 社会保险基金专项检查可以由社会保障行政部门基金监督机构单独组织，也可以由几个部门联合开展，但必须由社会保障行政部门基金监督机构牵头组织实施。

2. 专项检查对象既可以是日常检查范围中的一项或几项，也可以是针对基金管理过程的某个机构或某个问题。专项检查的开展地区既可以是全国、某省、某市，也可以是某县、某街道或者某个企业、机构。

3. 与日常检查的覆盖面宽泛、内容全面有所不同，专项检查要突出重点，抓住那些对社会保险基金管理活动影响较大、群众反映比较突出的问题来开展检查工作。

4. 具体实施过程中，社会保障行政部门基金监督机构一般先要求各地结合实际开展自查或责成自查，然后对自查的结果进行重点抽查。这样既能保证在有效节省基金监管资源的基础上达到尽量大的监管范围，又可以提升被检查机构的法律遵守程度与自主规范管理意识。

【阅读参考】

社会保险基金监督机构为了加强基金管理，先后开展了一系列专项检查。2000年9月至2001年3月，根据《关于开展社会保险基金清理检查工作的通知》（劳社部发〔2000〕18号），原劳动和社会保障部、财政部联合对全国范围养老、失业、医疗、工伤、生育5项社会保险基金和机关事业单位社会保险基金进行清查；2000年11月至2001年2月，根据《关于开展企业补充养老保险清理检查工作的通知》和《清理检查实施方案》（劳社部函〔2000〕191号），原劳动和社会保障部对行业与地方劳动和社会保障部门管理的补充养老保险基金进行检查；2001年9月，根据《社会保险基金清查核查实施方案》，原劳动和社会保障部、财政部联合对辽宁、山东、山西、湖南4省8个地市、16个区县的社会保险基金进行检查；2002年，根据《关于配合审计部门开展养老保险基金审计检查的通知》（劳社厅函〔2002〕90号），原各级劳动和社会保障部门配合各级审计部门开展中央补助资金和养老保险基金管理使用情况检查；2002年9月至10月，根据《关于检查企业年金经办情况的通知》（劳社厅函〔2002〕135号），原劳动和社会保障部组织各地劳动和社会保障部门及部分行业主管部门开展企业年金经办情况检查。

2006年，为了促进社会保险经办机构建立健全内部控制机制，进一步加强管理，堵塞漏洞，维护基金安全完整，原劳动和社会保障部在全国范围内对社保经办机构基本养老保险经办管理内部控制情况进行检查。同年，还开展了养老保险、医疗保险、失业保险征缴情况的检查，均达到预期的效果。

2010年，为加强城镇职工基本医疗保险基金管理，规范基金使用，人力资源和社会保障部在全国范围内开展了城镇职工基本医疗保险基金检查，查找了医疗保险基金使用和经办管理中存在的风险，促进了医疗保险定点医疗机构、零售药店和经办机构规范运行。

四、归档和报告

(一) 整理归档并分析总结

现场监督结束后,检查组应做好检查材料的整理归档工作,并及时移交基金监督机构。基金监督机构要做好后续资料的收集归档工作,妥善保管归档材料。归档主要包括下列资料:(1)现场监督实施方案;(2)现场监督通知书;(3)现场监督工作底稿;(4)现场监督报告;(5)被监督单位对现场监督报告的书面意见;(6)监督意见书、处理意见书及建议处理报告;(7)被监督单位整改及处理结果报告;(8)其他应归档资料。各级基金监督机构要重视检查资料的归集和保管,按照有关档案管理规定,加强对各项资料、数字、信息的整理、汇总、分类、归档,确保档案完整和安全,为今后开展监管工作提供信息储备。

同时,应当注重检查所反映信息的分析和评估。对于各类案件,要深入分析案情发生特点、发案规律、犯罪原因及发展变化趋势,查找体制原因和机制漏洞,寻求解决源头性、根本性、基础性问题的办法,提出惩治和预防犯罪的体制机制改革、政策调整、制度健全、法律完善和管理创新等具有全局意义的防治对策。对于各类工作情况和数据,要通过横向、纵向、交叉等不同角度进行比较,发现异常指标数据,评估和应对各种错报和舞弊风险,摸索出工作运转规律,提出工作意见和建议。对信息资料的分析总结,应当适时报送同级相关单位,为领导决策、政策制定、绩效考核、管理改进等提供思路和依据。

(二) 工作指导和情况报告

各级基金监督机构要对责任范围内的工作加强管理,对辖区内日常检查工作进行业务指导和督促检查。对于日常检查发现的问题,基金监督机构要加强监控。对于下级上报的问题,上级基金监督机构应注意跟踪,加强指导,确保问题及时纠正;如果问题涉案金额重大、性质严重或影响恶劣,有必要直接查证的,也可专门组织力量进行直接检查。对于问题未被及时纠正或纠正不到位的,上级监督机构应进行督办,要求下级及时将查证和纠正结果书面上报。

各级基金监督机构,年终要认真总结经验,逐级报告现场监督工作情况。各省、自治区、直辖市人力资源和社会保障厅(局)基金监督机构,要加强现场监督工作的指导和检查，推广好的做法和经验，每年1月20日前要向人力资源和社会保障部基金监督司报送上一年度现场监督工作报告和现场监督工作情况表（见图6—4）。

社会保障基金现场监督工作情况表（样式）

填报单位：（章）　　　　20　　年度报表　　填报时间：　　年　月　日

项目	检查主体	检查时间	检查依据	被检查单位	检查范围内容	主要违纪违规问题	检查结论	纠正情况	处理人员情况	备注
1	省									
2	……									
3	……									
4										
5	市									
6	……									
7										
8										

填表人：　　　　　　　　　电话：　　　　　　　负责人：

图6—4　社会保障基金现场监督工作情况表（样式）

第二节　市　场　准　入

社会保障基金监管的准入制度是指社会保障基金监督机构依据相关法律、法规，对从事社会保障基金管理服务的机构所应具备的条件和资格的限制和认定。有准入必然有退出，退出机制是指社会保障基金监管机构对于不能依照法律和相关协议履行义务、并且使得社会保障基金的利益和安全受到威胁的基金管理服务机构，有权采取措施，限制其运营社会保障基金的部分活动，甚至吊销其社会保障基金运营资格。

在社会保障基金的运营过程中，基金的安全性和保值增值一直是社会保障基金监管机构工作的重点。除了投资风险和政策风险，社会保障基金所面临的主要风险还包括管理服务机构资金、技术、经验不足对基金的运营造成的风险。这些风险都严重影响着社会保障基金的保值增值，进而威胁到社会保障制度的正常有效运行。各国的实践证明，社会保障基金监管机构通过建立适当的准入制度和退出制度，可以为选择社会保障基金管理机构把好第一道关，保证基金管理服务机构良好的资质，降低基金管理服务机构所产生的对社会保障基金侵吞、流失及隐瞒投资收入的相关代理风险，为社会保障基金的运营创造一个较好的市场环境。社会保障基金管理机构的准入与退出制度已经成为社会保障基金监管方式的重要组成部分。

从国内外基金监管的实践经验来看，对市场参与者设置的准入标准包括：机构准入标准、业务准入标准、高级管理人员的准入标准等。所谓机构准入标准，一般包括对金融机构的注册资本、法人资格、营业场所的设置以及安全措施等硬件的规定。设置机构准入标准的目的在于保证进入市场的机构之间的平等竞争，从而形成良好的市场秩序。业务准入标准则包括对机构经营业绩的要求以及是否从事过相关业务的背景要求等。针对不同的投资品种设置不同的业务准入标准有利于将市场主体合理划分，发挥其相对竞争优势。高级管理人员的准入标准指的是对相关人员从业资格的要求。

除上述准入的监管之外，对基金运营机构的准入还需注意以下几个方面：

第一，准入监管要着力于完善微观层面的治理结构和自我约束的能力。例如，从风险防范的角度看，可以酌情要求进入市场的参与者针对基金管理运营设置专署部门，并将负责投资运作的基金经理人与普通基金经理人相区别，对他们制定严格的行为规范守则，设置专门的内控体系，从而在整个运作环节中保证社会保障基金的特殊性以及独立性。

第二，准入监管要体现动态化和全程化的特征，要针对整个运行过程的风险环节进行有针对性的监管。所谓的市场准入标准并不仅限于在市场主体进入初期进行应用，而是应该贯穿在整个参与过程中，实现监管的动态化和全程化。

第三，准入监管要特别强调监管机构之间的协调。在制定市场准入标准的时候，要注意各个监管部门之间的协调。财政部、银监会、证监会、保监会必须与人力资源社会保障部制定的各种法律规定以及准入标准相协调，使之达到基本一致，有利于达到协同监管的正效应。

【阅读参考】《行政许可法》关于行政许可的分类

分类	适用范围	一般决定方式
特许	适用于行政机关赋予公民、法人或其他组织的特定权利并且数量限制的自然资源的开发利用、有限公共资源的配置、直接关系公共利益的行业中垄断性企业的市场准入和法定经营活动等事项	招标 拍卖
许可	适用于行政机关准许符合法定条件的公民、法人或者其他组织从事特定活动的事项	即应准予许可或依招标、拍卖结果作出行政许可
认可	适用于行政机关通过考试、考核方式确定为公共提供服务、直接关系公共利益并且要求具备特殊信誉、特殊条件或者特殊技能的自然人、法人或者其他组织的资格、资质的事项	考试
核准	适用于行政机关依据技术标准、经济技术规范审核、认定的直接关系公共安全、人身健康、生命财产安全的重要设备、设施的设计、建造、安装和运营，直接关系人身健康、生命财产安全的特定产品、物品的检验、检疫等事项	符合技术标准、经济技术规范的予以核准
登记	适用于法人或者其他组织的设立、变更、终止等确立民事权利能力和行为能力的事项	登记

(http：//www.mlr.gov.cn/wskt/wskt_dqkt/200503/t20050307_635551.htm)

一、准入依据

1. 社会保险基金监管领域。目前，我国社会保险基金的投资运营模式主要为存银行、买国债，尚不存在系统的市场准入机制。随着对社会保险基金保值增值的重视程度不断提高，社会保险基金的市场化投资运营势在必行，下一步将在设计市场化投资运营模式时，对市场准入机制作出规定。

2. 企业年金监管领域。2004年2月23日，原劳动和社会保障部、银监会、证监会、保监会公布的《企业年金基金管理试行办法》，明确了受托人、账户管理人、托管人、投资管理人和其他为企业年金基金管理提供服务的自然人、法人或其他组织的资格条件、权利与义务。2004年6月29日，温家宝总理签署的《国务院对确需保留的行政审批项目设定行政许可的决定》（国务院令第412号）第92项规定，原劳动和社会保障部负责"补充保险经办机构资格认定"工作。该行政许可项目，明确了作为补充养老保险的企业年金经办机构实行资格认定的依据。2004年12月，原劳动和社会保障部发布的

《企业年金基金管理机构资格认定暂行办法》，对账户管理人、托管人、投资管理人的准入条件，申请及注销手续等进行了规定。

3. 全国社会保障基金监管领域。经国务院批准，财政部、原劳动和社会保障部于 2001 年 12 月 13 日发布了《全国社会保障基金投资管理暂行办法》，明确了全国社会保障基金投资管理人和托管人的资格条件。

二、资格标准

从事社会保障基金运营的机构所需的资格条件，如：有符合法律规定的章程，有符合规定的注册资本最低限额，有具备任职专业知识和业务工作经验的高级管理人员，有健全的组织机构和管理制度，有符合要求的营业场所、安全防范措施和与业务有关的其他设施。

（一）对于企业年金

法人受托机构应当具备下列条件：经国家金融监管部门批准，在中国境内注册；注册资本不少于 5 亿元人民币，且在任何时候都维持不少于 5 亿元人民币的净资产；具有完善的法人治理结构；取得企业年金基金从业资格的专职人员达到规定人数；具有符合要求的营业场所、安全防范设施和与企业年金基金受托管理业务有关的其他设施；具有完善的内部稽核监控制度和风险控制制度；近 3 年没有重大违法违规行为；国家规定的其他条件。

账户管理人应当具备下列条件：经国家有关部门批准，在中国境内注册的独立法人；注册资本不少于 5 亿元人民币，且在任何时候都维持不少于 5 亿元人民币的净资产；具有完善的法人治理结构；取得企业年金基金从业资格的专职人员达到规定人数；具有相应的企业年金基金账户信息管理系统；具有符合要求的营业场所、安全防范设施和与企业年金基金账户管理业务有关的其他设施；具有完善的内部稽核监控制度和风险控制制度；国家规定的其他条件。

托管人应当具备下列条件：经国家金融监管部门批准，在中国境内注册的独立法人；注册资本不少于 50 亿元人民币，且在任何时候都维持不少于 50 亿元人民币的净资产；取得企业年金基金从业资格的专职人员达到规定人数；具有保管企业年金基金财产的条件；具有安全高效的清算、交割系统；具有符合要求的营业场所、安全防范设施和与企业年金基金托管业务有关的其他设施；具有完善的内部稽核监控制度和风险控制制度；国家规定的其他条件。商业银行担任托管人，应当设有专门的基金托管部门。

投资管理人应当具备下列条件：经国家金融监管部门批准，在中国境内注册，具有受托投资管理、基金管理或资产管理资格的独立法人；综合类证券公司注册资本不少于10亿元人民币，且在任何时候都维持不少于10亿元人民币的净资产；养老金管理公司注册资本不少于5亿元人民币，且在任何时候都维持不少于5亿元人民币的净资产；信托公司注册资本不少于3亿元人民币，且在任何时候都维持不少于3亿元人民币的净资产；基金管理公司、保险资产管理公司、证券资产管理公司或其他专业投资机构注册资本不少于1亿元人民币，且在任何时候都维持不少于1亿元人民币的净资产；具有完善的法人治理结构；取得企业年金基金从业资格的专职人员达到规定人数；具有符合要求的营业场所、安全防范设施和与企业年金基金投资管理业务有关的其他设施；具有完善的内部稽核监控制度和风险控制制度；近3年没有重大违法违规行为；国家规定的其他条件。

（二）对于全国社会保障基金

申请办理社保基金投资管理业务应具备以下条件：在中国注册，经中国证监会批准具有基金管理业务资格的基金管理公司及国务院规定的其他专业性投资管理机构；基金管理公司实收资本不少于5 000万元人民币，在任何时候都维持不少于5 000万元人民币的净资产。其他专业性投资管理机构需具备的最低资本规模另行规定；具有2年以上的在中国境内从事证券投资管理业务的经验，且管理审慎，信誉较高，具有规范的国际运作经验的机构，其经营时间可不受此款的限制；最近3年没有重大的违规行为；具有完善的法人治理结构；有与从事社保基金投资管理业务相适应的专业投资人员；具有完整有效的内部风险控制制度，内设独立的监察稽核部门，并配备足够数量的称职的专业人员。

申请办理社保基金托管业务应具备以下条件：设有专门的基金托管部；实收资本不少于80亿元人民币；有足够的熟悉托管业务的专职人员；具备安全保管基金全部资产的条件；具备安全、高效的清算、交割能力。

三、资格认定

申请企业年金基金管理资格的机构（以下简称申请人）应当按照规定的内容与格式，向人力资源和社会保障部提出书面申请。人力资源和社会保障部对申请人提出的申请，应当根据下列情况分别作出处理：

1. 申请材料存在可以当场更正错误的，应当允许申请人当场更正。

2. 申请材料不齐全或者不符合法定形式的，应当场或者在5个工作日内一次告知申请人需要补正的全部内容。逾期不告知的，自收到申请材料之日起即为受理。

3. 申请材料齐全、符合法定形式，或者申请人按照要求提交全部补正申请材料的，人力资源和社会保障部应当受理申请人申请。

人力资源和社会保障部受理或者不受理申请人申请，都应当出具加盖人力资源和社会保障部专用印章和注明日期的书面凭证。受理申请人申请后，应当组建专家评审委员会对申请材料进行评审。评审委员会专家按照专业范围从专家库中随机抽取产生。专家库由有关部门代表和社会专业人士组成。专家评审委员会对申请人申请材料按照分期分类的原则进行评审，所需时间由人力资源和社会保障部书面告知申请人。必要时应当指派两名以上工作人员，根据申请人申请材料对申请人进行现场检查。人力资源和社会保障部根据专家评审委员会评审结果及现场检查情况，会商中国银监会、中国证监会、中国保监会后，认定企业年金基金管理机构资格，并于认定之日起10个工作日内，向申请人颁发《企业年金基金管理资格证书》。证书制式由人力资源和社会保障部统一印制。对于未取得企业年金基金管理资格的申请人，由人力资源和社会保障部书面通知，说明理由并告知申请人享有依法申请行政复议或者提起行政诉讼的权利。

人力资源和社会保障部会同中国银监会、中国证监会、中国保监会，在全国性报刊上公告取得企业年金基金管理资格的机构。企业年金基金管理机构的资格证书有效期为3年，期限届满前3个月应当向人力资源和社会保障部提出延续申请。

【阅读链接】
《劳动和社会保障部关于公布第一批企业年金基金管理机构的通告》（2005年，劳动和社会保障部通告第5号）

四、准入动态监管

基金运营准入监管是防范基金风险的重要环节，但是进行严格的条件审核与准入控制并不能确保运营机构进入市场后能够稳健运营。事实上，运营机构大量风险是在日常业务经营过程中逐步形成、积累和引发的。基金监管机构对基金运营的日常监管是一个实时的连续过程，而且任务更重，责任更大。对运营机构运营监管的具体内容在各国之间并不完全相同。但一般将基金运营的实时监管放在以下几个方面：

1. 合规性。在政府监管中，制度监管具有特殊的重要性。监管的重点是，基金运营机构是否具有专门的文件明确它的管理规则，并付诸实施；公司财务记录、会议记录以及向会员提供的基金运营业务情况报告等资料是否实事求是、客观公正；基金投资经营是否遵守了监管机构的规定，贯彻了投资的原则。

2. 收益率。对于回报率，监管机构一方面要规定运营机构契约的回报，必须经过周密的测算，以避免运营机构为扩大市场份额而随意提高或压低回报率。如果存有危机仍进行高回报的许诺，则要追究有关责任人的责任；另一方面，为保证投保人的利益，运营机构应在新闻媒介上定期公告各经营业绩。监管机构或经办机构应在法律授权的范围内执行披露制度。经办机构有权重新选择被认定的受托人，有权转移资产。

3. 基金投资组合。按照法律规定的各种投资工具以及每种工具的比例，对基金运营机构进行定期和不定期、现场和非现场相结合的检查，对那些处于高风险运营状态的运营机构可区分不同情况给予警告、停业整顿直至取消运营资格处理。

4. 基金管理人监管。监管机构应按有关法律规定，对管理和运营社会保险基金的从业人员的职责、申请条件、资格培训和考试、申请程序、资格维持、违规处罚等作出规定。从业人员可分为两类：一是管理人员，主要包括运营机构的总经理及负责基金管理的副总经理，基金运营、结算、登记、咨询、内控部门的负责人。二是专业人员，包括运营机构中从事投资运营和咨询业务的人员，以及相关的经济、精算、计算机管理人员等。从业人员必须同时具备的基本条件为具有中华人民共和国国籍，年满21周岁且具有完全民事行为能力，品德良好，承诺遵守国家有关法规和规章制度，接受监管机构的监管。同时，还需满足最近5年内未受过刑事处罚或严重的行政处罚，具有规定的学习或工作经验，并通过监管机构的资格考试等条件。

此外，监管机构在条件成熟时，应当实行偿付能力监控，主要手段有：强制实施再保险，即当一家运营机构运营的基金达到一定的额度时，应规定其按一定比例实行再保险，以分散风险；设立风险准备金，即各运营机构在一定时期内按所管基金规模大小向同业协会缴纳一定比例的风险准备金，以应付可能出现的危险。运营机构在资不抵债时，监管机构就勒令其停业整顿，确保清偿能力。

五、退出机制

高质量的基金运营机构准入和实时监管是社会保障基金安全与完整的前提,素质较好的管理人员和良好的内部管理是保持基金稳健运营的关键。与准入控制和实时监管相对应,监管机构还必须对某一运营机构实施取消或限制已特许的运营社会保障基金的资格和权利。当某一运营机构不能依照法律和契约的规定履行其义务,并且威胁基金利益和安全时,监管机构有权采取某些措施,限制其有关社会保障基金运营的某些活动,直至取消其授权。社会保障基金运营机构和有关机构变更和调整社会保险基金开户银行,应报基金监管机构审查批准,未经批准擅自变更或调整的应予以处罚。

在企业年金的退出机制方面,需要以受益人利益为核心,妥善处理企业年金或者参与机构退出带来的负面反应。

(一)企业年金参与机构退出的原因及其影响

参考金融市场其他行业的推出机制,企业年金参与机构的退出可以有正常退出、自愿退出和强制退出。针对不同的退出类型,应当有不同的监管策略和思路。

1. 正常退出。正常退出是指企业年金参与主体在企业年金计划中的履行职责到期,如果不能续签合同则自然停止参与计划,退出市场。

2. 自愿退出。自愿退出是指企业年金参与主体出于自身业务、战略或者发展的考虑,缩减或者取消在企业年金市场上的业务,解除与各当事人的合同关系,退出企业年金市场。

3. 强制退出。强制退出主要是指参与主体由于种种原因失去参与企业年金运作的资格而被强制退出市场。强制退出的原因包括企业的破产导致企业年金不复存在;中介机构违反有关法律法规而被剥夺金融市场参与资格;参与主体违反企业年金合同规定,未能尽职履行义务或者利用企业年金为自身或他人谋取不正当利益而损害企业年金持有人利益等。

不同的退出对企业年金运作的影响情况有所不同。正常退出是在企业年金完成一个运作过程之后,退出之前各项交接和清算工作都已经完成,对企业年金和参与主体影响都较小。自愿退出对企业年金会带来一定的意外冲击,但参与主体可以通过双方协商妥善解决退出事宜,对企业年金的影响不会太大。对企业年金冲击最大的是强制退出,这一类退出往往缺乏预见性,在退出后有可能就使企业年金无法继续运作。

（二）企业年金参与机构退出的环节与问题

企业年金运作过程中可能出现的退出环节不同，使企业年金面对的问题也不同。

企业的退出：企业由于破产或者效益下降无力维持企业年金的运行而退出企业年金市场。这可能会直接导致企业年金的终止和清盘。这个环节的退出要处理好职工年金个人账户的清算和转移工作，职工在企业破产之后的个人账户的处理。如果满足一定的年龄可以将个人账户提现，否则需要将账户随着职工转入新用人单位的企业年金计划中。要处理好企业与年金受托人的信托关系，如果是企业年金理事会，随着企业的破产企业年金理事会也面临着解散，如果是专业受托机构则要处理好与企业的收益分配关系。要处理好企业与年金资产的关系，企业年金的独立性要求企业在破产清算时，企业年金资产不属于其清算资产，企业年金基金财产的债权也不得与其债务相抵消，不同企业的企业年金基金的债权债务不得相互抵消。

企业年金受托人的退出：企业年金受托人是指企业年金理事会或者专业的受托机构，前者随着企业的破产而有可能退出，后者除了企业的破产还有可能由于自身经营状况导致退出，例如专业投资机构自身经营不善导致破产，违反国家有关法律法规而退出金融市场等。企业年金受托人退出的另一个原因是对企业年金本身投资或管理不善，投资收益不佳的，则企业可以与年金受托人解除合同关系。在这个环节中的退出要处理好年金受托人各方当事人的关系。因为受托人在年金计划中处于核心地位，与各方当事人关系复杂，因此在退出企业年金计划时要处理好年金账目的清算、与投资管理人的交接、对企业年金资产的核查、与委托企业的计划终止协商等事宜。退出计划的过程要注重离任审计，清查年金的损失状况，追究相关当事人的责任。

不管是企业、受托人还是中介机构的退出都有可能使企业年金计划遭受损失而面临清盘终止。企业年金涉及众多职工的切身利益，因此对企业年金的终止必须谨慎，以保护企业年金受益人为最大目的。企业年金的终止必须向监管机关申请，获准后在企业和监管机关的监督下对企业年金进行资产清算，职工可以根据自身情况提取或者保留个人资产；企业如遇到兼并、分立等情况时企业年金也相应进行合并或者分立，对计划方案作相应调整；如企业年金遭遇重大损失，应尽可能追回相关财产，并始终以保护个人账户的合法利益为根本。

【新闻摘录】（上海证券报 2008 年 8 月 26 日）

首批年金"管家"调整　新华人寿资格审核被缓

企业年金首批"管家"名单日前稍作调整。记者昨日从相关监管部门获悉，人力资源和社会保障部日前对企业年金基金管理资格有效期届满、提出延续申请的机构，组织专家进行了评估，并征求了银监会、证监会和保监会的意见，延续了 33 家企业年金"管家"的资格。

在第一批企业年金牌照争夺战中，共有 29 家机构拿到了 37 个"管家"资格，各自扮演受托人、托管人、账户管理人、投资管理人这 4 种角色。与最初年金"管家"名单对比后发现，被延续资格的 33 个"管家"的管理人角色与之前相比，没有发生改变。

值得一提的是，有 3 家企业年金"管家"资格被注销，分别是中诚信托、中国人寿和泰康人寿。不过，据记者了解，这 3 家公司并非因为审核不过关被注销资格，而是均主动提出申请，不再保留受托人、账户管理人资格。主动退出的背后原因，主要是其相关资格与兄弟公司资格的重叠。

据了解，在征得委托人、受托人同意后，中国人寿和泰康人寿将原有企业年金基金业务分别移交给了中国人寿养老保险公司和泰康养老保险公司。中国人寿养老保险公司和泰康养老保险公司同时在第二批年金"选秀"中拿到了账户管理人、受托人资格。

另据消息人士透露称，中诚信托则是因为参股投资了中国人寿养老保险公司，因此，为避免资格重叠，而选择注销了受托人资格。

除此之外，新华人寿的企业年金"管家"资格延续被暂缓。监管部门的态度是：待新华人寿相关问题处理完毕后再作研究是否延续。在此期间，要求新华人寿继续做好已有的企业年金基金账户管理业务，维护委托人的利益。业内人士分析认为，监管部门所指的相关问题，应该是新华人寿的股权转让问题。

虽然"管家"资格得以延续，但年金市场的激烈竞争态势仍摆在这些"管家"面前。记者从市场上了解到，两批企业年金"管家"资格公布后，一些只拿到一种年金管理资格的机构，多数则面临被选择的尴尬处境，一部分机构甚至出现了"无米下锅"的窘境。相形之下，一些"一鱼三吃"拿到三种资格的机构，掌握的话语权日渐扩大。企业年金市场"优胜劣汰"的竞争格局越发凸显。

（注：2010 年，经研究，决定延续新华人寿的企业年金基金账户管理人资格。）

第三节 信息披露制度

社会保障信息披露,是指社会保险行政部门及其社会保险经办机构将社会保险参保、经办、服务有关情况以及社会保障基金征缴、管理、使用、检查等信息向社会予以公开的行为。

建立社会保障信息披露制度是推进人力资源社会保障系统政务公开的重要措施,有利于促进管理机构及其工作人员依法履行职责,建立行为规范、运转协调、公开透明、廉洁高效的管理体制和工作机制,充分保障参保对象的知情权,广泛接受社会监督,维护社会保障基金的安全完整和广大劳动者的合法权益。

【新闻摘录】(大河网—河南商报 2007 年 8 月 22 日讯)

河南首建社保信息披露制度　公示养老金去向

每月缴的养老、医疗保险费,你知道这些钱都用到哪儿了?

昨日,省劳动和社会保障厅下发《关于建立社会保险信息披露制度的实施意见》。今后,我省各项社保基金收支及管理,社保违规案件查处,定点医疗机构医疗费用、医疗质量等社保信息,将定期向社会公众披露。

社保基金咋支出市民有知情权

养老、医疗、失业等社会保险与老百姓的利益息息相关。

可是,社保基金收入、支出及基金管理,定点医疗机构医疗费用、医疗服务和医疗质量,还有社保违规违纪案件如何处理等信息,以前咱们老百姓可都无法知道。

"每个市民都将有知情权。"省劳动和社会保障厅基金监督处副处长崔建军介绍,社会保险信息披露制度在我省是首次建立。

今后,各级劳动部门及其社保经办机构要将社保参保、经办、服务有关情况以及社会保险基金征缴、管理、使用等信息向社会予以公开,保障市民的知情权,并接受社会公众监督。

(http://news.dayoo.com/china/news/2007-08/22/content _ 3020755.htm)

对企业年金基金监管来说,完善的企业年金基金信息披露制度是实现年金有效监管、保障年金受益人利益、维护金融市场稳定的重要手段。充分的信息披露是保障企业年金和企业年金市场健康发展的必要保证。严格的信息披露制度将使企业年金基金管理者、投资者等各方获得充分的信息，减少因不完全甚至虚假错误信息导致的风险和损失。基金管理机构必须将基金投资的成本、效益及其他重大事项及时向公众披露，监管机构则着重审查信息披露的真实性。这样可将社会保险基金管理机构置于监管机构和基金持有人的双重监督之下，从而有效防止其违规操作，损害基金持有人的利益。

建立健全社会保障基金监管信息披露制度要以保障参保对象的知情权、维护劳动者的合法权益为出发点和落脚点，主动接受公民和舆论监督，提高社会保险管理、服务工作的透明度，推动社会保险事业健康发展，更好地为建设和谐社会服务。要充分认识建立社会保障信息披露制度的重要性和必要性，强化措施，加大力度，以建立信息披露制度为契机，全面提高社会保障管理工作的水平，努力为参保对象提供更加优质的服务。

一、信息披露的原则

信息披露一般应该遵循4个原则。

1. 充分性。即信息披露的内容要公开所有法定项目要求披露的信息，不得有欠缺和遗漏。并且在披露形式上要求有适当的信息传递载体和渠道，以保证广大民众能够通过他们所能接触的报刊、杂志、互联网等媒介方便地获得信息。

2. 有效性。即披露的信息必须是准确无误的，能正确反映客观事实。另外，还应该披露可能对基金运行及收益产生重大影响的信息，使广大民众能及时了解披露主体内部和外部出现的重大变化，以及这种变化对基金运营直接和间接产生的影响。需要注意的是，当披露主体的情况发生变化，已经披露的信息不能反映披露主体的当前情况时，披露主体应该及时更正或更新有关信息，使信息披露对象了解的信息能够准确反映披露主体的实际情况。

3. 及时性。即披露主体应在规定的时间内，按规定频率及时披露应该披露的信息，使广大民众通过不断更新的信息及时分析、评估和监督披露基金的实际情况和最新情况。

4. 公开性。即指定信息披露报刊和媒体对基金信息进行披露和传递，保证广大民众便利地获得充足和合适的基金信息。

开展社会保险信息披露要按照"积极稳妥、循序渐进、逐步完善"的步骤，求谨慎、戒草率、忌随意，逐步完善披露的信息，切忌贪多求全，出现纰漏；要遵循"依法披露、突出重点、真实有效、促进和谐"的要求，披露的内容要真实准确，方式要方便快捷。对社会保险管理服务事项，除涉及国家秘密和依法受到保护的商业秘密、个人隐私之外，要严格按照法律法规和有关政策规定如实披露。

二、信息披露的依据

1. 《政府信息公开条例》。提出依法公开政府信息是各级行政机关的一项重要职责和基本义务，对政府信息公开的范围、公开的方式和程序、监督保障措施等进行了原则规定。

2. 《社会保险法》。规定：全国社会保障基金应当定期向社会公布收支、管理和投资运营的情况。社会保险经办机构应当定期向社会公布参加社会保险情况以及社会保险基金的收入、支出、结余和收益情况。社会保险基金检查结果应当定期向社会公布。

3. 《劳动和社会保障部关于建立社会保险信息披露制度的指导意见》。对社会保险领域信息披露制度的指导思想、基本原则、工作目标、披露内容等作了原则性的规定。

4. 《企业年金基金管理机构资格认定暂行办法》。规定原劳动和社会保障部会同中国银监会、中国证监会、中国保监会，在全国性报刊上公告取得企业年金管理资格的机构；在办理注销资格时，也应履行相同的手续。

5. 《全国社会保障基金理事会政府信息公开管理暂行办法》。明确全国社会保障基金财务报告等投资运营情况属主动向社会公开的内容，并规定了主动公开的方式及监督与保障措施。

三、信息披露的内容

社会保障行政部门应按照有关法律法规和政策规定，围绕社会保险经办管理服务的职责，从人民群众关心和涉及人民群众切身利益的问题入手，按照方便群众办事、便于群众知情、利于群众监督的要求，在不违反法律规定、不损害基金安全、不涉及参保单位商业秘密和参保人员隐私的前提下，循序渐进，不断扩展披露内容和范围。要重视对重大事项及关联事项的披露。社会保险制度、管理、服务等事项发生调整时，应及时公布相关信息。披露内容或事项可能引起社会不稳定的，可以不披露或暂缓披露。

1. 社会保险基金领域披露义务。对社会保险基金管理情况，社会保险经办机构应当定期向社会公布。公布的内容包括：各项社会保险基金收入、支出及基金管理、存放、投资运营和收益情况；统筹地区参保人员基本养老保险个人账户基金积累和记账利率；统筹地区在岗职工平均工资、参保人员人均缴纳社会保险费基数、灵活就业人员缴费标准；参保单位欠缴社会保险费情况；清理欠缴社会保险费情况；当期参保离退休人员增减情况；定点医疗机构医疗费用、医疗服务和医疗质量信息；社会保险管理服务主要情况和重要事件；社会保险违法违规典型案例的处理及其整改情况等。

对社会保险基金检查结果，社会保险行政部门基金监督机构应当定期向社会公布。公布的内容包括：开展检查的总体情况、发现的问题、对违法违规典型案例的处理及其整改情况等。

【新闻摘录】（遵义日报 2005 年 9 月 21 日）

我市公布社会保障资金监督检查结果
社保基金积累逐年增长　工伤保险稳步启动

近日，我市公布社会保险资金监督检查结果：截至 2004 年 12 月底，全市养老保险基金积累达 39 583 万元、失业保险基金积累达 12 002.5 万元、医疗保险基金积累达 18 164 万元，年增长率分别为 26%、14.7%、40%，社会保险基金积累实现逐年增长；工伤保险稳步启动且发展态势良好。

据介绍，此项工作由市劳动和社会保障局、市发改委、市审计局、市财政局等多家单位共同协作进行，主要对全市社会保险基金、再就业资金运行管理的使用情况开展监督检查。为准确采集基础数据，检查组针对各项基金检查不同要点制定了不同表格，检查组所到之处认真审阅账目、查看资料，审阅账目时除查看经办机构台账、凭证、报表外，还针对检查情况对财政专户进行核实，查看票据印鉴管理、基金运行、支付审批是否规范、岗位职责是否建立健全等。同时，还详细检查了各项规章制度的建立执行，在此基础上采取听取汇报的形式了解各单位工作，提出整改意见。

从监督检查的结果来看，由于我市社会保险基金积累逐年增长，基金支付能力和抗风险的能力不断增强和提高，特别是养老保险成效尤为突出，由于措施得力、政策对路并加大了稽核力度，去年参保人数与领养人数比例，改变了过去参保人数与领养人数呈反比增长或参保人数增长远不及领养人数增长速度的局面，当期基金收入大于基金支出，除个别地方外，绝大多数县、区（市）收支相抵均有结余，缓解了供需矛盾。今年元月 1 日启动的工伤保险，由于各县（区、市）事前措施得力、宣传到位、政策落实，为工伤保险的启动创造了良好的社会氛围，工伤保险稳步启动且发展态势良好。

（http://www.zyol.gz.cn/wenzhangl.php?id=28318）

2. 企业年金领域披露义务。对社会保险行政部门来说，企业年金的信息披露范围包括企业年金基金管理机构资格认定或注销结果、企业年金的规模及年度收益率等。部分企业年金基金管理机构主动公布了企业年金运营情况,但缺乏对此的强制性规定。随着企业年金市场的进一步发展,企业年金披露的内容和范围还将继续扩大,并形成系统的企业年金披露制度。监管机构要对企业年金基金管理机构披露内容的真实性进行监管,防止机构虚假宣传,维护企业年金市场的健康发展。

【新闻摘录】(证券时报 2007 年 3 月 30 日)

2007 年 3 月,劳动和社会保障部副部长刘永富在"中保太平——富通企业年金国际研讨会"上表示,企业年金实行市场化运营后,政府的主要职能之一就是要强化监管,不仅要制定、建立相关的政策制度,当前还需要抓紧建立和实施信息披露制度。刘永富说,要定期向职工通报基金的运作情况,接受职工的监督;对企业年金管理机构来说,要严格按照相关规定办事,定期披露企业年金业务资产状况、投资收益等信息,接受政府、企业和社会的监督;劳动保障部门要对企业年金的规模、参加人数、运作管理情况等进行披露。他表示,充分的信息披露是保障企业年金和企业年金市场健康发展的必要保证。要让企业年金成为"阳光工程",基金成为"阳光基金"。

(http://business.sohu.com/20070330/n249088501.shtml)

3. 全国社会保障基金领域披露义务。全国社会保障基金信息披露的内容包括托管人、投资管理人的评选结果,基金年度报告,全国社会保障基金年度资产负债表、审计报告等。通过对上述材料的公开,提高工作的透明度,保障公民、法人和其他组织依法获取全国社会保障基金投资的相关信息,从而更好的实现监督。

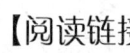【阅读链接】

全国社会保障基金理事会基金年度报告(2009 年度)(http://www.ssf.gov.cn/tzsj/201005/t20100506_2682.html)

四、信息披露的形式

社会保障行政部门应定期向社会披露社会保障基金重大信息。例如:每月 10 日前披露上月信息,每季度首月 20 日前披露上季度信息,每年 4 月披露上年信息。所有披露信息都要经本级人力资源社会保障部门行政负责人审阅把关。各级社会保障行政部门要加强指导和监督,并指定专门部门和人员管理信息披露事务。

要充分利用各种信息平台和资源,通过政府公报、政府网站、新闻发布会以及报刊、广播、电视、"12333"咨询电话等渠道进行披露,并将信息披露的主要内容置于社会保险服务场所,供参保对象及相关利益人查阅。在重大事项发生后,及时制作重大事项临时公告并刊登在主要媒体上,网页至少保留12个月。公开披露的社会保险信息应采用中文文本,披露信息中的数字性陈述应使用阿拉伯数字,计量货币为人民币。

社会保障行政部门要对披露的社会保险信息严格把关,确保信息披露及时、准确、安全,对故意提供虚假信息、损害参保对象合法权益等情况造成严重后果的,要严肃追究有关人员的责任。

第四节 报告制度

在社会保障基金监督管理中,各级社会保险行政部门基金监督机构要向上级基金监督机构报告情况,被监管的机构也要向负责监管的社会保险行政部门报告。通过实行报告制度,能及时掌握基金运行情况,约束经办管理部门行为,实现对社会保障基金管理过程的有效监督,进而保证基金使用的效率和成果。现阶段我国基金监管领域分别针对不同的监督范围,实行不同的报告制度。

一、社会保险基金监管领域的报告制度

(一) 日常报告制度

日常报告一般是下级机关向上级机关汇报工作、反映情况、提出建议时所写的陈述性文书,按照内容可分为综合报告和专题报告两类。日常报告制度是各级行政机关的日常管理手段,也是依法监督的重要途径。下级单位按要求向主管机关或有关部门汇报工作情况,报告规定事项,有利于加强上下级工作联系,使上级及时掌握工作动态及结果,加强工作指导,积极妥善处理突发事件、重要事项,提高处理和应对复杂问题的能力。

社会保险基金监管领域的日常报告,主要指下级社会保险行政部门对上级社会保险行政部门汇报工作的日常性文书。主要包括:

1. 年度提供的年度工作总结报告。每年年底,各级基金监督机构需向上

级基金监督机构提交工作报告，汇报本单位、本部门、本地区工作情况、做法、经验以及问题。同时，在报告中明确对下年工作的安排打算。

2. 开展专项检查提供的检查报告。针对上级基金监督机构部署开展的专项检查任务，汇报本地区检查开展的情况、取得的成效、存在的问题、下一步的整改措施等。

3. 对上级交办事项提交的处理报告。对于上级基金监督机构交办的工作事项，如交办的案件等，要认真处理，并将处理情况形成书面报告，及时反馈给上级基金监督机构。

4. 其他。下级基金监督机构认为有必要向上级基金监督机构汇报的其他事项，如某项取得较好成效的工作做法等。

（二）要情报告制度

为加强社会保险基金监管，及时掌握基金安全状况，2006年11月，原劳动和社会保障部下发《关于印发社会保险基金要情报告制度的通知》（劳社部发〔2006〕43号），正式建立要情报告制度。社会保险基金要情报告制度是指各级社会保障行政部门对本行政区域内，通过社会保险基金行政监督、经办机构内部控制、审计等部门检查、媒体披露、受理举报核实、检察机关和法院立案审理等方式发现的各类社会保障基金挤占挪用、欺诈冒领等问题按要求上报的制度。其中涉及基金金额50万元以下的为要情；涉及基金金额50万元以上（含50万元）或性质严重并造成恶劣影响的为重大要情。

报告主要包括要情报告、结案报告和要情统计报告。要情报告是指在发现要情时，按照要求向有关部门报告案情的报告；结案报告是在要情结案后提交的报告；要情统计报告是汇总一段时间内要情发生、处置情况后上报的统计报告。

1. 报告内容

要情报告的内容包括：（1）发现要情的时间和方式。包括发现要情的具体时间，发现要情的方式，如检查发现、自查发现、举报发现等。（2）要情发生的时间、地点和涉案人员的基本情况。包括要情发生的具体时间、地点、单位等，以及涉案人员的姓名、性别、年龄、职务、具体岗位、工作职责等具体信息。（3）要情的初步情况。描述案发经过，作案手段，涉案金额，以及相关部门采取的措施和方法等，并对案发原因进行剖析。（4）报告单位、联系人和联系电话。

结案报告内容包括：（1）基本案情：包括案发经过、涉及金额、发现方式等。（2）基金处理情况：包括涉案基金总额、已经追回的金额、未追回基金的原因、对损失金额的处理方式等。（3）责任及对责任人的处理：包括责任的认定、责任人的范围，以及对责任人采取的刑事、行政、党内等处理方式。（4）教训及今后防范措施：总结案发的经验、教训，分析发生的原因，剖析管理中存在的问题和薄弱环节，下一步拟改进的措施等。（5）遗留问题及其他：案件结案后，需要继续追缴的基金损失，以及尚未处理妥当、需要作进一步说明的问题等。

要情统计报告由省级基金监督机构统计上报，具体内容如图6—5所示。

省（区、市）　　年　　月要情统计表

制表单位（公章）：　　　　　　　　　　　　　　制表日期：

要情类别	件数	发生要情地区、单位	要情发现时间	要情发生时间	涉案基金种类	涉案基金数额（万元）	回收情况（万元）		备注
							已收	未收	
要情									
重大要情									
总计									

单位负责人：　　　　　　　　　　　处（科）室负责人：
制表人：　　　　　　　　　　　　　联系电话：

图6—5　要情统计表（样式）

2. 报送程序及责任

要情报告与结案报告都区分为要情和重大要情两类，在报送程序上有一定区别。要情应上报至省级社会保险基金监督机构，重大要情在报省级社会保险基金监督机构的同时，报送人力资源和社会保障部基金监督司。要情统计报告由省级基金监督机构统计后，上报人力资源和社会保障部基金监督司，无要情发生也要填报。要情报告应在发现要情5个工作日内上报，各类要情的结案报告应当在结案后10个工作日内完成，情况较复杂的可以适当延迟，最长不超过20个工作日。要情统计报告于每半年结束后的20日内上报。报告需采取正式书面报告形式，以单位名义上报。上报的要情必须由社会保障行政部门主要负责人或分管领导签名并加盖单位公章。为保证时效性，案情报告在正式书面报告送达之前，可通过传真等方式传送。

要情报告制度实行行政领导负责制，县级以上社会保障行政部门主要负责人是第一责任人，负领导责任，其他领导按工作分工，负相应责任。基金监督机构负责人负直接责任。各级报告单位对要情报告内容的真实性、准确性和完整性负责。对隐瞒要情不报或报告不及时的，对要情发生地基金监督机构负责人实行问责，对已知发生要情而不调查核实、不处理的，由上级社会保障行政部门责成有关人员作出书面检查并视情节轻重给予通报批评；对发现要情但隐瞒不报、谎报或拖延不报的，由上级社会保障行政部门建议有关部门给予相应的党纪、政纪处分；构成犯罪的，移交司法机关依法处理。

【案例6—1】

2008年8月，某市在开展社会保险基金检查中发现企业离退休人员养老金发放数据有异动，63名企业退休人员的待遇信息被改动，人均增加800元，共计5.04万元。该市人力资源和社会保障局立即向市委、市政府汇报，纪检、检察机关介入并立案。经进一步调查了解，此案件涉案金额在56万元左右。局党组根据《社会保险基金要情报告制度》的规定，将该案在报省级社会保险基金监督机构的同时，报送人力资源和社会保障部基金监督司。同时，该市采取有效措施全力追讨社会保险基金，力争将基金损失降到最低，并查找制度体制上的漏洞，全面检查制度是否缺乏，机制是否健全，程序是否合理，内控是否有效，并制定有效的防范措施。

二、企业年金监管领域的报告制度

为加强对企业年金市场的监管，维护企业年金计划委托人与受益人的合法权益，2009年11月，人力资源和社会保障部发布了《关于企业年金基金管理信息报告有关问题的通知》，对企业年金基金法人受托机构、账户管理人、托管人、投资管理人等企业年金基金管理机构和在社会保障行政部门备案的企业年金理事会管理信息报告行为作出规范，要求相关单位应当遵循真实、准确、完整和及时的原则，认真、规范地履行报告义务。

企业年金基金管理信息报告分为定期报告、临时报告和终止报告。按规定时间编制、提供的报告称为定期报告，可分为季报和年报。定期报告的缺陷是信息滞后，不能及时满足信息传递的最新性与迅速性需要，尤其在发生特别事项时，定期报告难以适应情况变化，不利于及时判断形势。为此，企业年金基金管理信息报告还实行了临时报告，要求对某些具有较大影响的事件及时报告，迅速传递临时发生的重大事件信息。终止报告也是重要组成部分，它是指企业年金基金受托管理、账户管理、托管、投资管理合同终止，以及企业年金计划终止时，相关责任人按照规定向有关单位及受益人提交的报告。

【新闻摘录】(中国养老金网 2010 年 5 月 6 日讯)

人社部要求规范企业年金基金管理信息报告行为

在博时基金管理有限公司常务副总裁李全看来，定期信息报告的初衷是为了加强对企业年金市场的监管，规范企业年金基金管理信息报告的行为，更好地维护企业年金计划受托人与受益人的合法权益。

"对信息报告进行规定是规范企业年金基金管理运作的现实需要。"平安养老保险股份有限公司总裁赵卫星对此表示欢迎和肯定。"《关于企业年金基金管理信息报告有关问题的通知》对于当下年金市场来说非常有必要，既能保障委托人和受益人的合法权益，又能规范年金市场，有利于企业职工及时、全面了解管理信息，监管部门随时掌握情况，有效实施监管，管理机构规范、高效履行报告义务。"

(http：//csss.whu.edu.cn/html/whdx/Doc.aspx?id=4836)

(一) 报告内容

1. 定期报告的主要内容

(1) 企业年金受托管理定期报告。包括：年金计划的基本信息；计划变动信息；计划账户管理信息；计划投资管理信息；计划财务信息；计划受托管理情况；受托合同约定其他需要报告的内容；以及其他需要说明的情况。

(2) 企业年金权益年度报告。包括：参加计划成员的基本信息；个人缴费及权益归属信息；个人权益资产信息；以及其他需要说明的情况。

(3) 企业年金账户管理、托管和投资管理情况报告。

账户管理定期报告内容包括：账户管理人基本信息；计划账户信息；计划资产信息；计划账户管理情况；账户管理合同约定其他需要报告的内容；其他需要说明的情况。

托管定期报告内容包括：托管人基本信息；计划财务信息；计划托管情况；投资监督情况；托管合同约定其他需要报告的内容；其他需要说明的情况。

投资管理定期报告内容包括：投资管理人基本信息；投资组合信息；投资组合管理情况；投资管理合同约定其他需要报告的内容；其他需要说明的情况。

（4）向社会保障行政部门提交或抄报的业务报告。

企业年金基金受托管理业务报告内容包括：受托人基本信息；受托管理业务总体情况；受托管理业务统计信息；重大事项说明；其他需要说明的情况。

企业年金基金账户管理业务报告内容包括：账户管理人基本信息；账户管理业务总体情况；账户管理业务统计信息；重大事项说明；其他需要说明的情况。

企业年金基金托管业务报告内容包括：托管人基本信息；托管业务总体情况；托管业务统计信息；重大事项说明；其他需要说明的情况。

企业年金基金投资管理业务报告内容包括：投资管理人基本情况投资管理业务总体情况；投资管理业务统计信息；重大事项说明；其他需要说明的情况。

2. 临时报告的主要内容

需要临时报告的事项包括：一是企业年金基金管理机构减资、分立、合并、解散、依法被撤销、决定申请破产；二是企业年金基金管理机构的主要股东、重大股权变动、注册地、注册资本、公司名称变动；三是企业年金基金管理机构的董事长、总经理、直接负责企业年金业务的高级管理人员变动；四是企业年金基金管理机构重大经营损失；五是企业年金基金管理机构及其企业年金从业人员涉嫌犯罪被司法机关立案调查或受到监管机构处罚；六是涉及企业年金基金财产的诉讼或仲裁；七是企业年金基金管理机构在企业年金基金财产运作中有违反法律、法规的行为；八是企业年金基金管理人发生变更；九是企业年金理事会理事长或1/3以上成员变动；十是企业年金基金管理机构在企业年金基金财产运作中有违反相关合同的行为；十一是有可能使企业年金基金财产受到重大影响的其他事项；十二是合同约定其他需要报告的内容；十三是法律、法规规定或人力资源和社会保障部要求报告的其他事项。当发生以上事项时，应当及时报告，详细说明上述事项发生的时间、内容、原因等。

3. 终止报告的主要内容

当企业年金基金受托管理、账户管理、托管、投资管理合同终止时，上述4类终止报告的内容应当包括：受托管理定期报告、账户管理定期报告、托管定期报告、投资管理定期报告规定的内容；同时说明终止合同的原因、未尽事项及处理建议。

企业年金计划终止时，受托人应当按照有关规定组织对企业年金基金财产进行清算后，提交符合规定的清算报告。

（二）报送程序和责任

各类报告应当以书面文本、电子文本或约定的其他方式，报送规定的委托人、受益人、受托人和相关监管机构。给受益人的权益报告，也可采取网上查询的方式提供。

1. 定期报告

企业年金计划管理报告分为季报和年报，由受托人向委托人提交。季报在每季度结束后 20 个工作日内提交，年报在年度结束后 50 个工作日内提交。企业年金权益年度报告在年度结束后 50 个工作日内，由账户管理人向受益人提交。

企业年金计划账户管理、托管、投资定期报告分为季报和年报，由账户管理人、托管人、投资管理人分别向受托人提交。季度报告在每季度结束后 10 个工作日内提交，年度报告在年度结束后 30 个工作日内提交。

向社会保障行政部门的报告在年度结束后 60 个工作日内提交。受托人应当向企业年金基金管理合同备案的社会保障行政部门抄报其备案计划的基金管理年度报告；受托人、账户管理人、托管人、投资管理人应当向人力资源和社会保障部提交基金管理业务报告；受托人应当向省级和计划单列市社会保障行政部门提交当地企业年金基金管理业务情况报告。

2. 临时报告

当出现需要临时报告的任一事项时，受托人应当自知晓或者应当知晓该事项发生之日起 5 个工作日内向委托人报告。账户管理人、托管人、投资管理人应当自知晓或者应当知晓该事项发生之日起 3 个工作日内向受托人报告。

当出现需要临时报告的一至七项（见"临时报告的主要内容"）中任一事项时，受托人、账户管理人、托管人和投资管理人应当自知晓或者应当知晓该事项发生之日起 5 个工作日内向人力资源和社会保障部报告。

当出现需要临时报告的第六至九项（见"临时报告的主要内容"）事项时，受托人应当自知晓或者应当知晓该事项发生之日起 5 个工作日内向企业年金基金管理合同备案的社会保障行政部门报告。

3. 终止报告

企业年金基金受托管理、账户管理、托管、投资管理合同终止时，应当在合同终止日后 40 个工作日内，由受托人向委托人提交受托管理情况报告，由账户管理人、托管人、投资管理人分别向受托人提交企业年金账户管理、托管、投资管理情况报告。终止报告应当经会计师事务所审计。

企业年金计划终止时，受托人应当按照有关规定组织对企业年金基金财产进行清算，自清算工作完成后3个月内，向该计划备案的社会保障行政部门及受益人提交经会计师事务所审计及律师事务所出具法律意见书的清算报告。

企业年金基金管理机构和企业年金理事会应建立健全信息报告制度，并指定专门人员负责企业年金信息报告工作。专门人员的姓名、联系电话、电子邮件、图文传真等信息报人力资源和社会保障部、省级或计划单列市社会保障行政部门备案。各企业年金基金管理机构和企业年金理事会如有违反规定或报告的信息有虚假记载、误导性陈述或重大遗漏的，或在媒体上进行虚假宣传、误导公众的，由人力资源和社会保障部视情节轻重，按照有关法律、法规规定进行处理，并抄送相关行业监管部门。构成犯罪的，移交司法部门依法追究刑事责任。

三、全国社会保障基金监管领域的报告制度

按照《全国社会保障基金投资管理暂行办法》的规定，财政部会同人力资源和社会保障部拟定社会保险基金管理运作的有关政策，对社会保险基金的投资运作和托管情况进行监督。为了更有效地监管，规定了全国社会保障基金的管理机构即全国社会保障基金理事会报告义务。

1. 定期报告。全国社会保障基金理事会每季度一次向财政部、人力资源和社会保障部提交社保基金财务会计报告、投资管理报告。同时社保基金会应对全国社保基金境外投资管理和托管情况进行监督、检查和评估，按季度、半年、年定期向财政部、人力资源和社会保障部报告有关情况。

2. 专项报告。单个社保基金委托资产管理合同到期后，社保基金会应向财政部、人力资源和社会保障部提交经具备证券从业资格的会计师事务所审计的报告，对社保基金委托资产的投资情况作出说明。财政部、人力资源和社会保障部、国家外汇局有权要求社保基金会提供全国社保基金境外投资有关情况的报告。

3. 临时报告。社保基金发生重大情况，社保基金会应立即报告财政部、人力资源和社会保障部，并编制临时报告书。对全国社保基金境外投资发生重大事件的，社保基金会应立即向财政部、人力资源和社会保障部、国家外汇局报告。

第五节 举报投诉

社会保险覆盖人群广,关系到广大公民的切身利益。我国市场经济体制正在逐步完善的过程中,在社会保险基金领域,一些市场主体缺乏诚信,单纯追求经济利益最大化,缺乏遵守国家有关社会保险法律规范的自觉性。而社会保险行政部门受编制、经费限制,执法能力和效率远远不能适应当前的社会保险基金监管工作的需要,还要充分发挥社会监督的作用。社会组织和个人对违反社会保险法律、法规行为的举报、投诉是社会监督的重要内容。举报投诉制度创建了一条重要的信息获取渠道,并通过对这一渠道的有效使用增强社会保险行政部门的执法能力。

社会保险行政部门应当依照法律、法规对其职责范围和工作程序的规定,对有关社会保险违反行为的举报、投诉进行处理,保障公众监督渠道的畅通。接受群众对组织和个人违反社会保险法律法规、侵害社会保险权益的举报投诉并予以查处,是社会保险基金监管工作的一项重要的法定职责。同时,举报投诉也是社会保险行政机关掌握社会保险基金违法行为线索、监控社会保险基金动态的重要渠道,对社会保险行政机关及时发现和纠正社会保险基金违法行为具有重要作用。

原劳动和社会保障部颁布的《社会保险基金监督举报工作管理办法》第四条规定,县级以上各级人民政府劳动保障行政部门负责社会保险基金监督的机构具体承办举报受理和办理工作,并对举报的处理进行了具体规定。

【新闻摘录】(辽宁日报2003年9月3日)

6部监督举报电话　大连请群众监督社会保险基金运行

社会保险基金是职工群众的养命钱、救命钱。对于基金的正确使用和安全运行,职工群众不仅有知情权,而且有举报权。大连市为加强对社会保险基金的监管力度,于9月1日公布了6部监督举报电话,发动全社会力量对社会保险基金的运行进行监督,切实维护广大参保人员的根本利益。

据了解,公民、法人和其他社会组织都有权监督社会保险基金的运行,并就养老保险、医疗保险、失业保险、工伤保险、生育保险、农村社会保险和企业补充养老保险等社会保险基金的收支、管理方面的违法、违纪问题进行检举或控告,可随时向该市的劳动和社会保障局、社会保险基金管理中心、城镇职工医疗保险管理服务中心、就业服务中心、机关事业单位社会保险中心、农村社会保险管理中心6个相关政府部门反映,后者将认真、及时地进行处理。

与6部监督举报电话一同公布的,还有各个部门受理监督举报内容的详细分类。其中,既包括挤占、挪用各项社会保险基金;参保单位瞒报缴费基数和缴费人数,少缴、漏缴养老保险费;定点医疗机构、定点药房及个人违反规定骗取医疗保险基金等这类危害基金安全运行的问题,也包含各级医疗保险经办机构未按规定划拨、结转个人账户;冒领养老金和遗属待遇;农保基金收缴过程中基层代办员截留、侵吞保险费等众多关系参保人员切身利益的问题。这样做,不仅举报人可以参照分类与相应主管部门取得联系,广大职工群众也可以有针对性地进行日常监督。

(http://www.nen.com.cn/77970767572107264/20030903/1207929.shtml)

一、举报投诉管理原则

举报投诉管理是社会保险行政部门对于任何组织和个人有关违反社会保险法律、法规行为的举报和投诉,进行调查并依法作出处理的行政执法活动,需遵循以下原则:

一是便民原则。举报投诉受理工作机构的设置、处理、查处程序的规定,不仅要利于专门机关提高工作效率,还要便于群众了解和操作。要向社会公布举报投诉受理工作机构的名称、地址、电话及其他联系方式等,使人民群众对举报投诉工作的渠道有比较清楚的认识。

二是保密原则。对举报人的保护是举报工作的重要内容和必不可少的重要环节,是确保人民群众监督权实现的必要条件。对于具体案件的举报、处理、查处等工作过程,不宜向社会公布,必须严加保密。办案人员违反保密规定,致使案件的查处无法进行或者举报人受到侵害,后果严重的,泄密人员应承担相应的法律责任。

三是实事求是原则。举报人应如实地提供被举报人的姓名或名称、住址和具体的违法犯罪事实或线索,不得捏造事实,伪造证据,诬告陷害他人。按照法律规定,公民举报必须实事求是,如实提供情况,捏造或者歪曲事实,恶意诬告陷害他人的应负法律责任。

二、举报投诉主体

《社会保险法》规定,任何组织或者个人有权对违反社会保险法律、法规的行为进行举报、投诉。一般来说,投诉人是社会保障合法权益受到侵害的组织或个人，因此投诉人一般是参保单位及参保人本人；而举报人则不一定是社会保障合法权益受到侵害的当事人，任何组织或者个人对违反社会保险法律、法规或者规章的行为，有权向社会保险行政部门举报。

对违反社会保险法律、法规的行为进行举报，是所有组织和个人的法定权利，是社会保险法律、法规贯彻实施中社会监督的一种主要形式。举报主体为任意主体，即任何组织或者个人，既包括违法违规行为的知情者，也包括违法违规行为的参与者。这有利于扩大举报主体范围，最大限度地收集违法违规行为的线索，尽量挽回社会保险基金的损失。只要掌握了违反社会保险法律、法规的行为事实或线索，任何组织或者个人都可以向有关机构举报或投诉。

为充分发挥新闻媒体的舆论监督作用，还应当积极支持、合理引导新闻媒体开展报道，为其准确及时报道举报投诉处理情况提供便利。对新闻媒体反映的社会保险举报投诉情况，要及时调查处理，并通过适当方式公开处理结果。

三、举报投诉对象和受理范围

举报投诉对象是指实施违反社会保险法律、法规的行为的组织或者个人。由于社会保险涉及主体较多，环节较为复杂，参加社会保险的用人单位或个人、社会保险费征收机构、社会保险经办机构、社会保险行政部门、财政专户管理机构、社会保险服务机构（医疗机构、药品经营单位等）等组织或者个人都有可能实施违反社会保险法律、法规的行为，从而成为被举报投诉的对象。

《社会保险法》规定，凡是违反社会保险法律、法规的行为都属于举报范围。具体到社会保险基金监管而言，《社会保险基金监督举报工作管理办法》对举报范围进行了限定，公民、法人和其他社会组织有权对养老保险基金、医疗保险基金、失业保险基金、工伤保险基金、生育保险基金收支、管理方面的违法违规行为进行检举、控告。随着社会保险制度覆盖的不断延伸，除传统的5项基金外，凡属基金监督范围的各项资金都应纳入监督举报的受理范围，如全国社会保障基金、企业年金、职业年金等。

四、举报投诉处理程序

《社会保险基金监督举报工作管理办法》规定，公民、法人和其他社会组织就该办法所列行为进行的检举、控告，社会保险行政部门应当受理。受理后依照有关管辖范围分工的规定，进行分流，归口办理，分级负责，并由承办部门将办理情况及时答复举报人。

一是受理阶段。社会保险基金案件举报的受理，是指社会保险行政部门对属于本部门受理范围的举报，根据举报人不同的举报方式，采取接谈、登记、记录、录音、制作笔录等方式受理举报的行为。举报人的举报方式不受限制，可以由本人或者委托他人采用口头、书面、电话、传真、网络等多种方式举报。举报人可以不留姓名或拒绝录音，有权决定是否实名举报，这是举报人的重要权利。社会保险行政部门要根据举报人不同的举报方式，做好举报的受理工作。社会保险行政部门应建立健全责任制，做好举报信件的收发、拆阅、登记、转办、保管，当面举报的接待，电话举报的接待、接听、记录、录音等工作，严防泄露或遗失举报材料。监督机构受理当面举报，应当指定专人接待，做好笔录，必要时可以录音。受理电话举报，应当如实记录；在征得举报人同意后，可以录音。受理电报、传真、信函和其他书面方式的举报，应当指定专人拆阅、登记。对内容不详的署名举报，应当及时约请举报人面谈或通过其他方式索取补充材料。对涉及重大问题和紧急事项的举报，基金监督机构应当立即向有关领导报告，并在职责范围内依法采取必要措施。经鉴别不属于受理范围的，可告知举报人向有处理权的单位反映或将举报材料移送有处理权的单位。对不属于本办法受理范围的举报，监督机构应当告知举报人向有处理权的单位反映，或者将举报材料及时移送有处理权的单位。

二是核实阶段。社会保险基金案件举报的核实，是指社会保险行政部门依照法定程序对举报案件事实进行调查取证并予以核实的活动。社会保险基金举报案件核实应当遵循依法监督、实事求是、客观公正的原则。社会保险行政部门根据举报案件核查任务，组成检查组并指定检查组长，成员应由两名以上工作人员组成。举报案件核查前，检查组应收集与检查事项有关的法律法规、政策规定及其他资料，拟定核查实施方案。核查实施方案经批准后，由检查组负责组织实施。检查组应向被核查单位说明检查依据、目的、内容、范围、时间等，要求被核查单位介绍有关情况，提供有关文件、资料和其他事项。被检查单位应主动配合，全面提供与检查事项相关的资料，真实反映问题。检查组编制核查工作底稿，内容包括被调查人的名称、调查的范围和内容、认定的事实等。检查组应根据核查工作底稿及有关法规、政策和资料，综合分析检查情况，及时提出核查报告。社会保险行政部门对检查组提交的报告应予以审核，审核内容主要包括：检查的有关事项是否清楚；检查证据是否充分、合法、具有说服力；检查程序是否符合有关规定，检查结论是否合法有据。

三是处理阶段。社会保险案件举报的处理，是指社会保险行政部门依照法定程序对举报案件事实进行调查取证并予以核实之后，依法作出处理的活动。社会保险行政部门依照法定程序对举报案件事实进行调查取证并予以核实之后，根据违法违规行为的轻重程度，下达处理意见书。需要政府或上级主管部门处理的重大问题，应及时请示报告。违反规定构成犯罪的，依法追究刑事责任。

有权处理的部门、机构应当及时处理，不得推诿，并在举报办理时限内办理完结。举报办结时限是指社会保险行政部门等部门、机构从受理举报到办结所限定的时间。设定办结时限，有利于举报案件及时得到处理，尊重举报人的关切，维护社会保险基金安全。《社会保险基金监督举报工作管理办法》规定，凡符合本办法受理范围的举报，监督机构应当自受理之日起30日内办结。情况复杂的可以适当延长，但最长不得超过60日。

四是答复阶段。社会保险基金案件举报的答复，是指社会保险行政部门应举报人要求，将所举报案件办理结果告知举报人的活动。《社会保险基金监督举报工作管理办法》第十三条规定，举报人要求答复本人所举报案件办理结果的，监督机构应当负责将办理结果告知举报人。任何组织或个人署名向社会保险行政部门负责社会保险基金监督的机构举报社会保险基金违法行为以后，都渴望了解案件处理情况，希望社会保险基金监督机构给予答复，社会保险基金监督机构有责任、有义务向举报人反馈情况，给举报人满意的答复。

五是归档阶段。社会保险基金案件举报的归档，是指社会保险行政部门依法将举报材料和记录立卷归档的活动。《社会保险基金监督举报工作管理办法》第十四条规定，社会保险行政部门应当严格管理直接办理的举报材料和交办处理的举报材料，逐件登记举报人和被举报人、举报案件的主要内容和办理结果。第十五条规定，举报材料和记录应当按国家保密规定列入密件管理。办结的举报案件，应当立卷归档。

【案例6—2】

某市人力资源和社会保障局信访处工作人员接到群众实名举报，反映某企业存在冒领养老金并挪作他用的情况。按照《社会保险基金监督举报工作管理办法》第四条规定，"县级以上各级人民政府劳动保障行政部门负责社会保险基金监督的机构具体承办举报受理和办理工作",因此,该举报信转由该市人社局社保基金监督处负责办理。监督处组成联合调查组,对所举报问题进行详细调查。根据举报人提供的线索,调查组查阅了企业有关账户,对相关负责人员进行了询问,发现企业法人代表陈某法律意识淡薄,为了小集体利益,在办理该公司职工参保时,以虚报死亡职工人数的手段,冒领养老金金额达51.5万元。调查组将调查报告报局党组。经局党组集体研究,作出以下处理决定:一是该企业必须在1个月内无条件地将虚报冒领的养老金归还到位;二是对涉案的该企业负责人、主管部门负责人及其他直接责任人要作出严肃处理,对有确凿证据证明其触犯法律的,要移交司法机关立案查处;三是举一反三,立即组织开展全市养老金管理专项检查,加大对养老保险基金欺诈冒领行为的防控和打击力度。

五、举报奖励

举报奖励是为鼓励社会力量举报社会保险违法行为,根据举报人提供的线索或违法事实,对社会保险违法行为查证属实后对举报人进行奖励的制度。各地可以依法建立检举奖励制度,对举报立功者予以奖励。从各地具体做法看,社会保险行政部门给予举报人奖励时,举报人举报事项须符合下列情形:有明确的被举报主体;实名举报;举报人提供的主要违法事实、证据事先未被社会保险行政部门掌握;举报情况经查证属实。

【新闻摘录】(新华网8月6日电)

一位市民因举报某企业社会保险基金违法行为获得了奖励资金2 600元,这是北京市发出符合奖励条件的第一笔社会保险基金社会监督举报奖励。目前,被举报企业已完成了补缴手续,补缴社会保险基金近30万元。

不久前,一位市民向西城区劳动保障局举报一企业未依法代扣代缴社会保险费。根据该市民提供的线索,西城区劳动保障局对被举报单位2007年、2008年会计账册及工资发放情况进行了检查,发现部分人员2008年缴费基数存在漏报情况,违反了《社会保险征缴暂行条例》,并责令被举报单位进行整改。

据介绍,北京市2008年6月开始实施《北京市社会保险基金监督举报奖励试行办法》,其中规定,发现社会保险基金违法行为可向市区两级劳动保障局的相关部门举报。举报情况经查证属实,且提供的主要违法事实、证据事先未被劳动和社会保障部门掌握,根据收回基金的情况,可获得100~5 000

元的奖励。

（http://news.163.com/09/0806/15/5G1V0KLT0001124J.html）

在建立举报奖励制度时，应注意明确奖励资金的来源。社会保险基金按照基金财务制度的规定，实行专款专用，不得从基金中划拨举报奖励资金。举报奖励资金应由财政部门安排专门的预算解决。发现举报奖励从基金中列支的行为，应立即改正，及时申请财政资金来归还社会保险基金，确保基金的安全完整。

第六节　电子化监管

在信息时代，政府科学决策需要以快捷准确的信息为依据，政府管理需要以现代信息系统为基础手段，社会保险基金监管也是如此。近年来，随着我国社会保险事业的改革发展，社会保险覆盖范围不断扩大、基金规模快速增加、管理运作环境日趋复杂，社会保险基金监督手段与制度发展不相适应的矛盾日趋突出，单纯依靠传统意义上的监督方式和技术手段已经难以为继。转变监督工作方式，提升监督技术手段，运用现代化技术手段开展联网电子化监督，已经成为社会保险基金监督机构及人员面临的一项重大而紧迫的任务。

一、基金监督信息化建设的必要性

（一）加强基金监督信息化建设是适应社会保险事业发展的内在要求

社会保险涉及部门众多，有社会保障、财政、税务、银行、医疗服务机构和参保单位等，业务范围包括了基金财务、参保登记、社会保险费征缴、待遇发放等多个方面。随着科技的迅猛发展和社会保险事业的不断推进，各部门信息化水平普遍提高。特别是金保工程的推进，大大加快了我国社会保险领域信息化建设的步伐，这些对社会保险基金电子化监督提出了新的要求。同时，各地社会保险电子化办理和管理过程中产生了大量的业务和财务电子数据，这些数据为社会保险基金电子化监管提供了数据基础。为此，必须加快基金监督信息化建设，为基金监督开辟新的手段和工作平台。

（二）加强基金监督信息化建设是提高行政监管能力的必经之路

信息系统能够及时快捷地提供大量的业务、财务信息，帮助基金监督机构和人员了解情况，及时发现风险隐患和疑点问题，促使监督工作从单纯的事后监督向事中、事前监督转变。可以提高现场监督的针对性和有效性，从技术手段方面推进监督业务和监督管理工作上水平、上质量、上层次。可以实现监督的程序化、科学化和规范化，减少人为因素影响，规避和降低监督风险，提高监督质量。

（三）加强基金监督信息化建设是解决监督力量和监督任务长期矛盾的有效方法

当前，全国专业从事基金监督的人员不多，但面对的监督对象是数万亿元的社会保险基金和众多管理组织和人群。在监督人员不可能大幅度增加的现实条件下，传统的劳动密集型监督技术和作业方式无法解决长期存在的监督力量和任务不相适应这一突出矛盾。推进信息化建设，有利于提高监督效率和扩大监督覆盖面，有利于促进监督机构监督职能的有效履行。同时，推行基金监督信息化后，需要专人进行数据分析和监控，对疑点问题进行查证落实，会从另一面推动各地从信息化监督入手，加强机构、队伍建设，加快人才的引进和培养。

（四）加强监督信息化建设是促进社会保险信息化建设和管理不断完善的有力推手

近年来，金保工程建设取得了较好的成果，社会保险领域信息化水平逐步提高，实现了社会保险联网数据的逐级采集和上报，但数据质量还有待于进一步完善和提高。基金监管信息化建设的开展，对于社会保险业务和财务联网数据质量提出了新的更加直接的应用需求，这些必将成为促进联网数据质量不断提高和完善的有力推手。

二、社会保险基金监管系统的研发和联网

（一）基金监管系统的研发过程

2002年，中共中央办公厅、国务院办公厅下发通知，明确将社会保障信息系统建设列入"十五"期间电子政务建设的12项重点工程之一。国家发改委立项并批准原劳动和社会保障部建设金保工程，并确定实现基金监管是金保工程建设的四大功能之一。2004年，根据金保工程建设项目安排，原劳动和社会保障部基金监督司开始研究制定社会保险基金监管指标体系，为建立基金监管信息系统做准备。2005年，原劳动和社会保障部下发《关于开展社

会保险基金非现场监督工作的通知》（劳社部发［2005］13号），明确规定由部里统一开发监管软件，建立监管数据库，并把依靠金保工程业务专网，建设并应用监管软件系统开展基金非现场监督，作为强化基金监督手段，建立健全基金监督长效机制的一项重要任务和措施。2006年，通过招投标确立中软国际公司为基金监管软件的开发单位。2007年正式组织开发，2008年完成开发，进入试点和推广应用阶段，在江苏省泰州市和福建省本级进行了试点；2009年软件系统（见图6—6）通过终验，进入推广应用阶段；2010—2011年，在重庆市和江苏省正式部署安装，并计划在全国各省市安装应用。

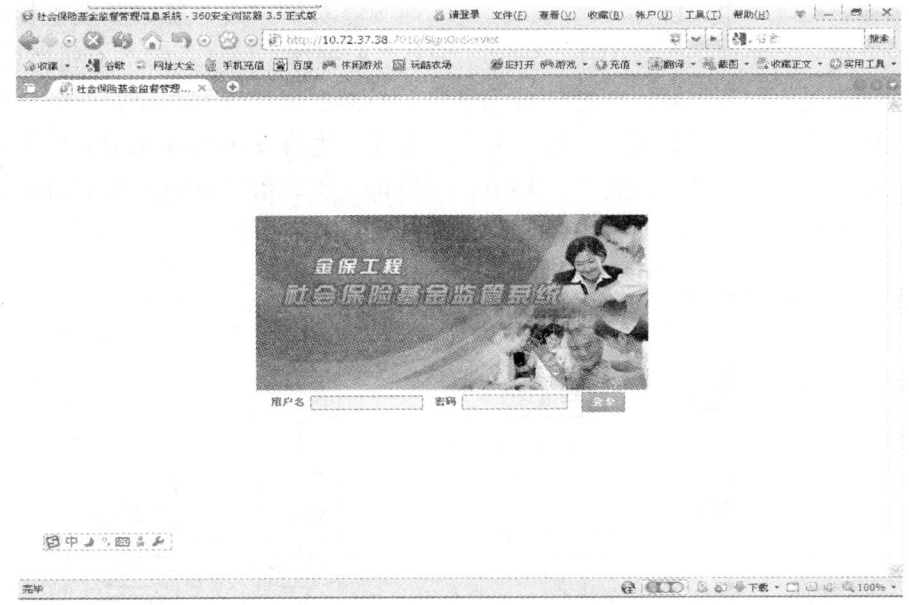

图6—6　社会保险基金监管系统

【阅读参考】金保工程

金保工程指利用先进的信息技术，以集中管理的数据中心为基础，以覆盖全国、联通城乡的信息网络为依托，支持人力资源社会保障业务经办、公共服务、基金监管和宏观决策等核心应用，安全、高效统一的人力资源和社会保障电子政务工程。其内涵可以简要概括为"一二三四"：

"一"是一个工程，指在全国范围建设一个统一规划、统筹建设、网络共用、信息共享、覆盖各项劳动和社会保障业务的电子政务工程；

"二"是两大系统，指建设社会保险子系统和劳动力市场子系统；

> "三"是三级结构,指由中央(劳动保障部)、省、市三层数据分布和管理结构组成;
> "四"是四项功能,指具备业务经办、公共服务、基金监管和宏观决策四项功能。

(二)基金监管系统的建设思路和目标

基金监管系统是依托金保工程信息网络,基于交换区各类业务和财务联网数据,通过采集、统计、查询、分析、预测等功能,支持各级基金监督机构及人员开展非现场监督工作,可以实现基金监督所需信息资源的有机展现,实现预警提示和各类疑点问题的跟踪解决,并提供灵活查询和监管业务办理等功能。系统覆盖了养老、医疗、失业、工伤、生育 5 项基本保险,涉及基金征收、支付、管理和运营 4 个环节,支持部、省、市、县级基金监督机构对本级和所属区域开展基金监督工作的需要(见图 6—7)。

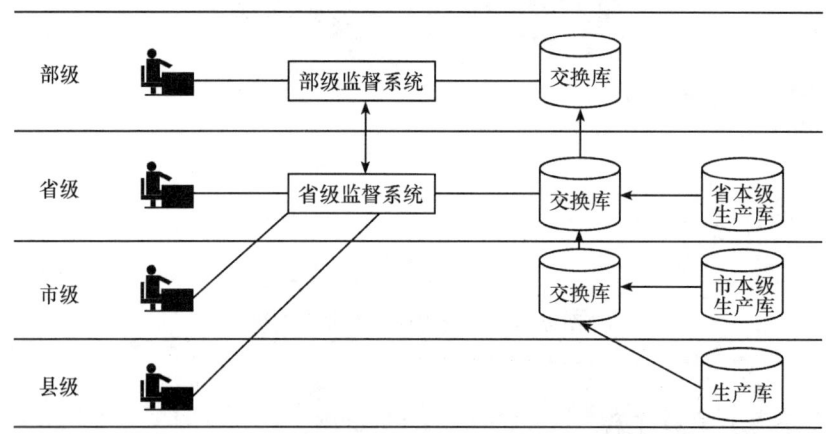

图 6—7 系统部署图

1. 建设思路。坚持高起点,前瞻性,实施总体规划、统一开发、分步推进、逐步完善的建设思路。

在开发设计方面,实行统一版本、统一开发、统一实施。软件由部里统一开发,在充分考虑 4 级监督业务需求的基础上,采用同一版本、统一安装的方式,实现监督工作标准化、规范化和系统化,以加强软件系统应用管理,降低软件系统的开发维护成本。

在业务信息方面，确保内容丰富，结构合理，满足各方所需。软件系统尽可能多地组织监管信息，将综合信息和分险种信息，业务信息和财务信息，过程性信息和结果性信息，基金信息和监管工作信息等，采用模块化的结构布局，按照业务流程和环节，运用评估、预警、分析、查询和比对等方法，从宏观到微观有序展现，以满足不同层级、地域、人员有选择、有侧重的应用需求。

在数据支持方面，立足当前的经办管理水平，同时兼顾未来发展。软件系统主要以金保工程交换区社会保险业务和财务联网数据为基础，实现基金监管各项功能。对于金保工程交换区联网数据无法满足的需求，在软件中保留了手工录入的数据采集方式。同时，考虑逐步建立跨部门间的联网数据交换，并在监督工作中加以应用。

2. 建设目标。基于金保工程部、省、市3级业务专网和交换区数据库平台，综合运用计算机信息技术和基金监督手段，对社会保险基础数据信息进行采集、加工整理和传输，全面支持部、省、市、县4级监督机构及人员及时了解基金运转情况，预警发现存在的疑点问题，办理基金监管业务，交互上下级电子信息等，实现本级监督与纵向监管相结合的工作机制，为提高各级基金监督机构及人员的工作效率和质量、提升监管工作水平提供有效保证。

3. 系统应用。2009年，人力资源和社会保障部办公厅下发《关于开展社会保险基金监管软件联网应用工作的通知》（人社厅发〔2009〕135号），对基金监管软件部署联网、安装应用工作提出要求。基金监管软件部署安装在部、省2级或部、省、市3级，支持部、省、市、县4级用户开展基金监管应用。仅限于基金监督机构、人员从事非现场监督工作和监督办公业务上下级信息之间的交换，不得转交其他机构、单位和个人使用。部署软件系统原则上以省为单位，由省级基金监督机构统一向部基金监督司提出书面申请，经审查同意后，统一安排部署安装。软件原则上不进行本地化改造，基金监督司根据社保业务发展、监督工作需要，以及金保工程基础数据和网络建设情况，对基金监管系统各类监督指标进行统一维护。各级基金监督机构须每月检查财务、业务交换库以及财务报表数据的上报情况，并及时将数据导入，对于未及时上报的数据需要对相关部门进行督促。

三、基金监管系统的主要内容和功能

软件系统由综合信息、监督业务、监督办公、政策法规、系统管理5大

模块组成，每个模块包含若干小模块和监管指标等内容，是软件系统建设思路和目标的具体体现和承载。

（一）综合信息模块

该模块综合反映社会保险基本数据指标、基金管理风险、监督工作情况等监管信息，由业务财务、基金风险、监督工作和其他经办信息等模块组成。该模块数据由计算机自动生成，为关注宏观、综合情况的监督人员提供信息支持，侧重于部、省级和监督机构领导使用。

1. 业务财务信息。主要反映社会保险基金运行基本情况信息，为了解社会保险业务、基金财务指标信息提供依据。

2. 基金风险信息。主要反映监督过程中发现的基金风险信息，为了解掌握基金风险信息，防范和化解基金风险，加强基金监管工作提供依据。

3. 监督工作信息。主要反映监督机构及人员开展非现场监督业务工作情况，为了解掌握本级和辖区内基金监督工作开展，以及相关监督信息统计工作情况，建立基金监督工作考核评比机制，加强基金监督业务管理等提供依据。

4. 其他经办信息。主要反映各地经办管理基础信息，为各级监督机构及人员了解经办管理运作情况、方式，开展有效监督提供依据。

（二）监督业务模块

是支持非现场监督，发现疑点问题的核心模块。每一险种项下设置监督评估、监督预警、监督分析、监控查询、信息比对、数据校验6项功能，实现计算机自动预警提示疑点问题，也可运用监督手段分析发现、手工保存疑点。

1. 监督评估。从总体上了解社保经办情况，衡量判断社保经办业务所处水平。

2. 监督预警。实现计算机直接发现并提示疑点问题的功能，为监督人员现场监督提供依据。

3. 监督分析。为监督人员深度分析社会保险业务和财务运作情况，发现并保存疑点问题提供分析资料。

4. 监控查询。为监督人员查询和深入挖掘分析疑点问题，提供多种技术手段。

5. 信息比对。通过预先设置比对关系式的方法，使监督人员进一步了解、审核和分析数据，发现存在的疑点问题。

6. 数据校验。为了解数据的真实、准确程度，及时发现不合要求的数据，通过数据格式、数据关系的校验，自动提示不符规定的数据。

（三）监督办公模块

具有疑点管理、预警处理、统计工作、文档办理以及数据采集5项功能，为监督机构及人员处理日常监督业务，实现纵向监督办公，提供一个信息化工作平台。

1. 疑点管理。对基金监督人员发现并保存的疑点问题，进行进一步查证落实并反馈信息。

2. 预警处理。对软件系统预警的疑点本级办理，上级督办和下级反馈督办结果进行汇总。

3. 统计工作。提供采集数据、汇总统计等功能，将需要了解掌握的有关基础信息，通过计算机加工整理形成供基金监督管理工作中使用的统计信息资料。

4. 文档办理。提供文档处理、查询功能，实现上下级监督机构之间办理、传递各种监督工作文档。

5. 数据采集。提供手工录入和自动导入功能。手工录入可以对交换库无法采集的数据进行录入。自动导入是对交换区业务、财务数据的批量导入。

（四）政策法规模块

分为查询和维护两部分。政策法规由各级分级录入，建成现行社会保险基本制度和社会保险基金监管的法规政策文库，用户通过对该文库添加、更新进行维护，并可根据查询条件对库中所有政策法规资料进行查询浏览。

（五）系统管理模块

主要用以对监管软件系统进行维护、管理、统计等，包括业务配置、数据维护、权限管理、传输管理、日志管理、任务调度和数据统计等功能。

1. 业务配置。对软件系统中包括监督评估标准、评估指标、监管点信息和预警规则等内容的相关业务指标的维护配置。

2. 数据维护。包括数据备份和重建索引，用作软件系统数据的维护，以防数据丢失、遗漏。

3. 权限管理。在上级机构审批后，对系统用户新增、修改权限等情况进行管理。

4. 传输管理。管理数据传输情况，配置上下级级点和服务器参数。

5. 日志管理。查询和导出系统登录和操作日志。

6. 任务调度。管理各基金监管工作组所承担的任务，并根据实际情况进行调整。

7. 数据统计。对业务交换库和财务交换库数据进行查看和统计。

四、基金监管系统的应用

应用基金监管系统开展非现场监督工作，需要实现两个目标：一是从微观层面审核分析并发现社会保险基金运行中存在的薄弱环节和疑点问题，配合现场监督等方式予以查办落实；二是从宏观层面监控分析社会保险制度运行状况、基金支撑能力及风险情况。主要方法如下：

（一）实时监控监督预警，及时查证和纠正预警问题

基金监督机构应明确专人负责监控，及时组织实施对预警提示疑点问题的查证、纠正和督办工作。发生的预警事项，本级监督机构应当在规定时间内查证和纠正完毕。规定时间内未纠正的，上级监督机构应发出督办，下级对督办事项要予以查证和纠正，并及时将查证和纠正结果报送发出督办的上级。

（二）有序监控监督业务，发现疑点，并做好分办和查证落实工作

基金监督机构应明确工作任务和重点，分地域、分险种、分内容地部署安排监督人员，对监督业务模块中的监督评估、监督分析、监控查询、信息比对等指标信息进行浏览、审核、查询等监控工作，积极发现并保存疑点问题，并及时做好确认提交工作。负责审核分办的人员对本级提交或上级下发的疑点问题，完成审核分办工作，或根据情况交由本级、转发下级办理。负责查证落实疑点问题的人员应于规定时间内完成查证落实工作，对本级发现提交的要做办结处理，对上级转发的向上级疑点发送单位报告查处结果。

（三）手工填报相关数据信息

除自动生成的交换区数据外，监督人员还须手工录入一些数据信息，主要有：一是在"监督办公"模块的"数据采集"子模块，填录定期基金预算表、银行账号表、费率数值表、账户利率表、就业人数表、社平工资表等数

据。二是不定期地进行填录统计,主要包括:监督人员情况、经费情况、政策法规制定情况、经办机构管理运作情况等。三是按照本级录入,本级查看的原则,不定期录入与基金监管相关的政策法规。

(四)检查校验基础数据

交换库基础数据是形成监督数据指标的基础,直接决定和影响数据指标的准确性和实效性。监督人员须对基础数据的上传情况,以及格式、关系等进行检查校验,在了解掌握基础数据状况基础上,分析并灵活运用监督数据指标。同时,要督促相关部门不断加强和完善基础数据工作,确保监督指标正确,提高监督指标信息质量。

(五)及时报告发现的问题及风险隐患,并跟踪问题及风险隐患的解决情况

基金监督机构及人员对非现场监督工作过程中发现的制度和基金运行等方面存在的问题及风险隐患,应当及时向有关组织提出书面报告。报告的内容主要有:发现的问题和风险隐患,产生的原因分析,问题和隐患的危害及对未来的影响,解决的思路和措施建议,以及完善制度政策和管理体制、机制方面的意见。

五、注意安全保密

进入基金监管系统使用登录账户,每个操作人员对应一个登录账户,不得多人共用一个登录账户,账户口令或数字证书载体口令须定期更换,以保证口令的安全有效,因工作调动等原因,操作人员不再从事基金监督相关工作时,本级基金监督机构要负责注销该操作人员的登录账户。软件系统各功能模块须经授权才能使用,基金监督机构根据工作需要和操作人员的职责、任务等,决定功能模块是部分开放,还是全部开放。软件系统产生、处置的所有工作信息以及相关图表、数据等为监督机构内部工作秘密,未经监督部门同意不得向外泄漏。基金监督操作人员使用系统工作时应禁止其他无关人员旁观,工作完毕或暂时离开工作计算机时必须退出系统,保证系统的数据安全。基金监督机构须协调信息技术部门定期对基金监管系统的数据库进行备份,保证业务数据的安全,同时,根据监督工作需要,基金监管系统内的基本信息、重要信息资料应按月打印装订成册,建立纸制监管信息资料档案管理系统。

思考题

1. 简述现场监督的基本流程。
2. 简述企业年金基金管理资格机构的审批程序。
3. 简述社会保险基金领域信息披露的内容范围。
4. 简述基金监管系统的主要功能。

第七章
基金监管措施与处理

本章导读

有法可依，有法必依。基金监管的有效运行，必须采取严格有力的行政措施，同时，必须让权力在阳光下运行。《社会保险法》对基金监管措施作了进一步的明确和要求，是基金监管体系建设的重要成果。

执法必严，违法必究。为确保基金安全完整，严厉查处违法违规行为，《社会保险法》规定，对被检查单位存在问题的，社会保险行政部门依法作出处理。

通过对社会保险法律责任的学习，基金监管人员需要掌握征缴、支付、管理和投资运营各个环节中违法行为，进行适度量刑，维护法律的威严。

第一节 基金监管措施

社会保险行政部门监督检查涉及社会保险制度执行情况和社会保险基金安全运行情况，对社会保险基金的监督检查是社会保险管理的重要内容。《社会保险法》第七十九条明确规定了社会保险行政部门在对社会保险基金进行监督检查时有权采取的相关措施。

一、依法实施监督检查

实施监督检查是社会保险行政监督的重要措施，也是社会保险行政部门的法定职责。只有通过实施监督检查，才能查清事实，为作出客观公正的处理奠定基础。《社会保险法》明确赋予了社会保险行政部门监督检查的权力，保障其职能的实现。

1. 社会保险行政部门在进行监督检查时，必须以法律为依据。社会保险行政部门工作人员在开始检查之前，应当收集、了解相关法律法规以及检查对象基本情况等资料，并进行业务培训，做好准备工作。已经通过考试领取《社会保险基金监督检查证》的人员，出示监督检查证件；暂时没有取得检查证的人员，出示工作证。执法人员实施行政检查不得少于两人，保证执法人员之间的互相监督。认真遵守调阅资料、调查取证、工作记录、分析评价、事实确认等行政检查方式的操作程序，以程序正义保障实体正义。

2. 社会保险行政部门实施监督检查受法律保护，其他单位和个人不得干涉社会保险行政部门依法行使检查权。这些干涉行为包括：故意破坏、转移、隐匿有关证据；隐匿有关问题发生的情况；无正当理由，拒绝接受调查询问或拒绝提供有关情况和资料；干涉对问题性质的认定或者问题责任的确定；干涉对有关问题责任人员的处理等。

3. 社会保险行政部门在依法进行检查时，被检查单位和个人应当配合社会保险行政部门的监督检查，不得拒绝、阻挠监督人员进行监督，不得拒绝提供和隐匿、伪造、毁弃社会保险基金管理有关资料，否则构成违法行为，将被追究法律责任。

二、查询、记录、复制

查询、记录、复制相关资料是社会保险行政部门实施监督检查的一项重要措施。《社会保险法》明确规定了社会保险行政部门有权查询、记录、复制与社会保险基金收支、管理、投资运营相关的资料。

社会保险行政部门在开展社会保险基金监督检查时要求被检查部门提供的资料主要有：用人单位与缴纳社会保险费有关的会计报表、账册、凭证、工资表、人员花名册等；社会保险基金收入户、支出户、财政专户和投资运营户等社会保险基金银行账户；社会保险费征收机构、社会保险经办机构、财政部门以及投资运营机构与社会保险基金管理有关的文件、资料及计算机系统的相关数据；社会保险服务机构与提供社会保险服务有关的资料等。被检查对象提供检查所需的资料后，社会保险行政部门工作人员应当及时对资料进行审查，对相关的资料可以通过录音、录像、照相、复印等多种措施进行记录和复制。

（一）查询与社会保险基金收支、管理和投资运营相关材料的方式

1. 全面查阅资料。这种查询方式适用于时间较充足，人手较充分的情况下使用。通过全面地查阅资料，可以较全面地掌握情况，发现问题。但缺点是容易流于表面，难以深入。一般适用于检查开始阶段，通过全面查阅发现

疑点或线索，从而结合下面的方式继续深入检查。

2. 按条件筛选查。在检查中，可以根据工作经验，侧重从某个容易出现问题的方面查，主攻薄弱环节，提高检查效率。但这种检查方法对检查人员要求较高，在检查人员经验不足或了解情况不够的情况下，极易造成判断失误，严重影响检查结论准确性。

3. 随机抽查。在检查中，面对材料较多、没有头绪时，可以采取任意抽查的方式进行。这种查询方法效率高、费用低、省时省力，能收到事半功倍的效果，缺点是如果资料抽查不当，可能挂一漏万，检查的准确性不高。

4. 围绕问题查。这种方法一般适用于在检查中针对发现的案件线索深入查阅或查办案件时使用。通过查阅与问题相关的资料，达到查清案件事实，取得充分证据的目的。

【案例7—1】

某省劳动保障厅接到群众举报，某市康复医院存在违规套取工伤保险基金的问题。成立的调查组针对举报的问题，首先从外围入手，争取有关部门的支持，采取查、看、问的调查方法，调阅工伤患者方某、刘某、邹某、邓某、唐某5人的病历、医生处方、费用清单及记账卡等，进行取证，同时还以询问患者及医院相关人员的方式进行取证，最终确认了医院存在小病大养、长期住院的问题，给工伤患者开甲类药品换取乙类药品、自费药品和营养药品的问题。

(二) 记录与社会保险基金收支、管理和投资运营相关材料的方式

1. 全部抄录。对于检查需要留存的材料，在材料难以借出且无条件进行复制的情况下，可以通过人工记录的方式对材料进行全面抄录。对抄录的材料，应注明抄录的时间、地点、抄录人、原始材料由何人或单位保存，并由材料保管单位或个人加盖公章或签字。对拒绝盖章签字的，由记录人员以备注的形式予以注明。

2. 摘录。对于原始材料较多、所需材料较少且难以分开复制的情况下，可以通过人工记录的方式对检查需要留存的材料进行摘录。摘录材料除需按照抄录材料的形式进行摘录外，还应注明摘录材料的出处。

3. 通过录音、录像、拍照等形式形成视听资料。通过录音、录像、拍照等方式取得的视听资料，应当注明制作方法、制作时间、制作人和证明对象等，声音资料应当附有该声音内容的文字记录。

(三) 复制与社会保险基金收支、管理和投资运营相关材料的方式

通过复印方式获得的复制件，要在复制件上注明原件的保存单位（或持有人）和出处，以及取证时间、取证地点和取证人。原件的保存单位或持有人经核对无误的，应在复制件上注明"与原件核对无误"字样，并签章、押印。

取得证据应当符合法定程序，不得以违反法律的禁止性规定和侵害他人合法权益的方式获得证据。严禁以偷拍、偷录、窃听等手段获取侵害他人合法权益的证据材料，严禁以利诱、欺诈、胁迫、暴力等不正当手段获取证据材料。

三、证据封存

封存是社会保险行政部门在实施社会保险基金监督检查时，在资料可能被转移、隐匿或者灭失的情况下，所采取的一种行政强制措施，通过对这些资料的及时封存，以达到保全证据资料的目的。封存不是行政处罚，目前还没有严格的程序要求，但实际操作中应当采取相对规范的办法。

【案例7—2】

某地社会保险行政部门在对医院的检查中，通过查阅病历发现，该医院部分病历存在疑点，涉嫌通过出具虚假病历资料等手段套取医保基金，需要进一步通过联系本人来深入调查。为了防止医院在检查过程中修改、偷换这些病历，社会保险行政部门有必要及时对发现的虚假病历进行封存，达到保全证据，方便下步调查取证。

(一) 一般证据的封存

第一，履行审批手续。实施封存措施时，应有县级以上社会保险行政部门负责人的书面批准，不能依据口头指令。

第二，明确封存内容。封存原则上采取就地封存的方式，并应当制发封存通知书，载明封存的依据、封存的资料范围、封存期限、被检查单位的保管义务等内容。

第三，检查核对无误。实施封存时，社会保险行政部门和被检查单位双方人员都应到场，对封存的资料进行清点，填制封存清单。封存清单一式二联，一联当场交付被检查单位，一联存根。在交付联和存根联上必须由两名

以上现场行政执法人员签字和当事人的签字。当事人拒签的,由两名以上现场行政执法人员签名,并注明当事人拒签的事实情况,交付联与存根联内容填写必须一致。并在封存的资料上加贴盖有社会保险行政部门印章的封条。

第四,保全措施到位。社会保险行政部门在封存有关资料后应当及时作出处理决定,并应采取相应的保全措施,防止在此期间被检查对象销毁或者转移被封存的资料。处理完毕后,应及时解除封存。解除封存时,必须有两名行政执法人员在场,并由被检查单位在解除封存清单存根上签字。

(二)电子证据的固定与封存

固定和封存电子证据的目的是保护电子证据的完整性、真实性和原始性。电子证据由于其存在形式的特点,在封存时除履行封存一般证据的程序外,还需采取特殊的方法。作为证据使用的存储媒介、电子设备和电子数据应当在现场固定或封存。

封存电子设备和存储媒介的方法是:

1. 采用的封存方法应当保证在不解除封存状态的情况下,无法使用被封存的存储媒介和启动被封存电子设备。

2. 封存前后应当拍摄被封存电子设备和存储媒介的照片并制作封存电子证据清单,照片应当从各个角度反映设备封存前后的状况,清晰反映封口或张贴封条处的状况。

固定存储媒介和电子数据包括以下方式:

1. 完整性校验方式。是指计算电子数据和存储媒介的完整性校验值,并制作、填写固定电子证据清单。

2. 备份方式。是指复制、制作原始存储媒介的备份,并依照上面的方法封存原始存储媒介。

3. 封存方式。对于无法计算存储媒介完整性校验值或制作备份的情形,应当依照上面规定的方法封存原始存储媒介,并在笔录上注明不计算完整性校验值或制作备份的理由。

四、调查询问

根据《社会保险法》规定,社会保险行政部门有权询问与调查事项有关的单位和个人,要求其对与调查事项有关的问题作出说明,提供有关证明材料。工作人员在进行询问时,应严格按照法律规定的程序和要求进行,注意以下几点:

第一，出示合法证件。在开始询问前，要向被检查人员出示行政执法证件，表明自己的身份。已经通过考试领取《社会保险基金监督检查证》的人员，出示这一证件；没有取证的人员，暂时出示工作证。如果没有出示证件，被调查人员有权拒绝调查。

第二，建立监督机制。进行调查询问时，应当由两名以上执法人员共同进行，其中一人担任记录，共同对调查结果进行复核，并相互监督，防止徇私舞弊。

第三，告知责任义务。调查询问开始前，应先向被询问人交代询问人的执法身份，核实被询问人的基本情况，告知被询问人调查的原因、目的，以及将要询问的主要事项和被询问人应当承担的如实陈述的义务，如果进行虚假陈述，将要承担的法律责任。

第四，认真做好记录。调查询问应做好记录（参见图7—1），准确反映被询问人的陈述。制作询问笔录应注意填写询问时的时间与地点。询问笔录中如有更改，更改之处应由被询问人签字或捺手印。询问记录完毕后有阅读能力的交其阅读，无阅读能力的应向其宣读。如被询问人认为笔录有遗漏或者有差错的，可以补充或修改，但要被询问人签字或捺手印。笔录尾部应由被询问人注明"情况属实"并签字或捺手印。被询问人拒绝签名或捺手印的，应说明清楚，由询问人、笔录人签名。对被询问人未回答的问题应注明"未答"，如是用点头或摇头表示的，笔录也应注明。

第五，保守调查秘密。社会保险行政部门工作人员应当为被询问人保密，不得向无关人员泄露调查询问的情况，否则要承担法律责任。

五、责令改正

社会保险基金监督检查的根本目的是防止基金损失，保护基金财产。在实施监督检查时，如果已经确认被检查单位或个人有隐匿、转移、侵占、挪用社会保险基金的行为，社会保险行政部门应立即制止，并责令改正。比如：制止正在实施的隐匿、转移、侵占、挪用社会保险基金的活动，冻结相关资产；责令退出、追回隐匿、转移、侵占、挪用的社会保险基金；向有关部门建议对违法人员予以控制，等等。这样，有利于保证案件的顺利查处，最大限度地减少基金损失，维护社会保险基金安全。

```
               监督检查谈话记录
                                          第    次
  _____

  谈话时间_____     谈话地点_____
  谈 话 人_____     记 录 人_____
  谈话对象_____性别___出生年月_____民族_____
  政治面貌_____     文化程度_____   职务_____
  工作单位_____
  现在住址_____
  标    题_____
  内    容_____
        _____
        _____
        _____

  谈话对象签字：              第1页 共    页

  注：纸张不够可续页
```

图7—1 监督检查谈话记录（样式）

第二节 检查发现问题的处理

社会保险行政部门在监督检查过程发现被检查单位存在问题并需要改进的，应当提出整改建议，对属于职权范围内的，依法作出处理决定；对于不属于职权范围内的，向被检查单位的行政主管部门等提出处理建议。

一、提出整改建议

提出整改建议是指社会保险行政部门依法对被检查单位及个人违法行为所提出的改进工作的要求。一般情况下，需要提出整改建议的问题，主要应是管理不规范、可能影响基金安全，但还没有对基金造成侵害的行为。比如，社会保险基金多头开户，在非国有商业银行或非金融机构开户，不同险种没有分别建账、分账核算，票据、档案等管理混乱，经办机构会计、出纳岗位不分，出借或进行抵押贷款等，对基金管理都是潜在的风险。检查发现后就要提出明确的整改建议，要求相关部门或机构纠正违规做法，实现规范管理。

整改建议书应包括以下内容：

1. 发往单位。写明主送单位的全称，一般为被检查单位。

2. 问题的来源或提出建议的起因。写明在检查过程中发现该单位在管理等方面存在的漏洞以及需要提出有关建议的问题。

3. 提出建议所依据的事实。此部分对事实的叙述要求客观、准确、概括性强，要归纳成几条反映问题实质的事实要件，然后加以叙述。

4. 提出建议的依据和建议内容。建议书引用依据有两种情况：一种是社会保险行政部门提出建议的行为所依据的有关规定，即《社会保险法》第七十九条明确的"社会保险行政部门对社会保险基金的收支、管理和投资运营情况进行监督检查，发现存在问题的，应当提出整改建议"；另一种是该单位存在的问题不符合哪项法律法规和有关规章制度的规定。建议内容应当具体明确，切实可行，要与以上列举的事实紧密联系。

5. 要求事项即为实现建议内容或督促建议落实而向受文单位提出的具体要求。可包括督促整改、在规定的时间期限内回复落实情况等。

被检查单位应在规定期限内将整改情况反馈给社会保险行政部门，并抄送其主管部门，力求做到事事有整改，件件有反馈。社会保险行政部门也可主动对整改建议落实情况进行回查，防止有令不行，边改边犯或先改后犯。

二、依法作出处理

依法作出处理是指社会保险行政部门依法对被检查单位及个人的违法行为所采取的行政处理措施。一般应是性质比较严重，对社会保险基金已经造成侵害的问题，虽然也要提出整改建议，但更重要的是给予行政处罚，直至提交司法部门给予刑事处分。行政处理要按规程形成行政处理决定书，载明下列事项：（1）当事人的姓名或者名称、地址；（2）违反法律法规、规章或规范性文件的事实和证据；（3）行政处理的种类和依据；（4）行政处理的履行方式和期限；（5）不服行政处理决定可申请行政复议或者提起行政诉讼的，告知途径和期限；（6）作出行政处理决定的行政机关名称和作出决定的日期。行政处理决定书必须盖有作出行政处罚决定的行政机关的印章。

行政处理又分为两种情形：一种是行政系统内部。是指行政主体在行政系统内部组织管理过程中所作的只对行政组织内部产生法律效力的行政处理，包括对社会保险行政部门、社会保险经办机构、社会保险费征收机构、社会保险财政专户管理机构及相关责任人员所作的处理决定。另一种是行政系统外部。是指对行政机关以外的组织或个人所作的行政处理，主要包括对社会保险中介服务机构、社会保险金发放机构、社会保险基金投资运营机构及经社会保险行政部门批准设立的其他社会保险服务机构及相关责任人所作的处

理决定。《社会保险法》第八十四条和第八十七条至第九十一条,对行政处理权限作了规定。总共有以下 8 项:

一是责令改正。适用于用人单位不办理社会保险登记、社会保险经办机构及其工作人员不履行社会保险法定职责,未将社会保险基金存入财政专户,克扣或者拒不支付社会保险待遇,丢失或者篡改缴费记录、享受社会保险待遇记录等社会保险数据、个人权益记录等行为。

二是责令退回或追回。适用于社会保险经办机构以及医疗机构、药品经营单位等社会保险服务机构以欺诈、伪造证明材料或者其他手段骗取社会保险基金支出,以欺诈、伪造证明材料或者其他手段骗取社会保险待遇,隐匿、转移、侵占、挪用社会保险基金或者违规投资运营的行为。

三是罚款。适用于用人单位不办理社会保险登记和未按时足额缴纳社会保险费且责令改正逾期不改的,骗取社会保险基金支出和社会保险待遇的行为。

四是赔偿。适用于社会保险经办机构及其工作人员给社会保险基金、用人单位或者个人造成损失的行为。

五是退还。适用于社会保险费征收机构擅自更改社会保险费缴费基数、费率,导致少收或者多收社会保险费的行为。

六是没收违法所得。适用于隐匿、转移、侵占、挪用社会保险基金或者违规投资运营的行为。

七是解除服务协议和吊销执业资格。适用于医疗机构、药品经营单位等社会保险服务机构及其直接负责的主管人员和其他直接责任人员,以欺诈、伪造证明材料或者其他手段骗取社会保险基金支出的行为。

八是依法给予处分。适用于社会保险经办机构及其工作人员不履行社会保险法定职责,未将社会保险基金存入财政专户,克扣或者拒不支付社会保险待遇,丢失或者篡改缴费记录、享受社会保险待遇记录等社会保险数据、个人权益记录,社会保险费征收机构擅自更改社会保险费缴费基数、费率,导致少收或者多收社会保险费,隐匿、转移、侵占、挪用社会保险基金或者违规投资运营的行为。处分措施包括警告、记过、记大过、降级、撤职、开除等。社会保险行政部门应提出给予行政处分的建议,或者按照干部管理权限划分实施处分。

需要说明几点:第一,有些行政处理可以并行或累加。如对隐匿、转移、侵占、挪用社会保险基金或者违规投资运营的行为,既要责令追回,又可以没收违法所得,还要对直接负责的主管人员和其他直接责任人员依法给予处分。第二，有些行政处理需要明确责任主体。如隐匿、转移、侵占、挪用社会保险基金或者违规投资运营的，法条规定由社会保险行政部门、财政部门、审计机关责令追回。我们掌握，应该是谁检查发现的问题谁责令追回。第三，社会保险行政部门对社会保险基金违法行为作出行政处理决定前，应当听取被检查单位和个人的陈述、申辩；作出行政处理决定，应当告知被检查单位和个人是否依法享有申请行政复议或者提起行政诉讼的权利。

【阅读参考】关于对北京市丰台西铁营中医门诊部违规行为处理决定的通报
（京人社医发［2010］292号）

各区、县人力资源和社会保障局，各定点医疗机构：

根据群众举报，经调查核实，北京市丰台西铁营中医门诊部存在将非医保报销药品调换成医保可报销药品等违规行为，严重违反了基本医疗保险规定，在社会上造成不良影响，破坏了定点医疗机构形象，情节严重，性质恶劣。根据《北京市基本医疗保险规定》（北京市人民政府令第158号）和市劳动保障局、市卫生局、市中医管理局《关于印发〈北京市基本医疗保险定点医疗机构管理暂行办法〉的通知》（京劳社医发［2001］11号）及我市基本医疗保险有关规定，做出以下处理决定：

一、取消北京市丰台西铁营中医门诊部基本医疗保险定点医疗机构资格。

二、由市医疗保险事务管理中心于2010年12月20日解除与北京市丰台西铁营中医门诊部签订的基本医疗保险服务协议。

三、丰台区人力资源和社会保障局在2010年12月20日前以公告形式通知在北京市丰台西铁营中医门诊部就医的参保人员，并妥善解决他们的就医问题。各区、县医疗保险经办机构不再支付参保人员12月20日以后在北京市丰台西铁营中医门诊部发生的医疗费用。

各定点医疗机构要引以为戒，认真执行医疗保险各项规章制度，珍惜定点医疗机构荣誉；各区、县医疗保险管理部门要加强对辖区内定点医疗机构的监督管理，确保为参保人员提供合理、规范的医疗服务。

北京市人力资源和社会保障局
2010年12月10日

三、提出处理建议

按照职责分工,向有关行政部门提出处理建议是指社会保险行政部门在监督检查中发现问题后,对无权直接处理的单位和个人,向其相应的主管部门提出处理建议;对触犯刑律的,提出移交司法机关处理的建议。收到处理建议的部门应认真对待,回复正式的书面函件,就处理建议的落实情况进行反馈。

处理建议书应包括以下内容:

1. 发往单位。写明主送单位的全称,一般为被检查单位上级主管部门。

2. 建议的起因。写明在检查过程中发现被检查单位存在的问题及相关人员的责任。

3. 提出建议的依据和建议内容。建议书引用依据有两种情况:一种是社会保险行政部门提出建议的行为所依据的有关规定,即《社会保险法》第七十九条;另一种是对单位和个人提出的处理建议是依据其违反了哪些法律法规或规范性文件。建议内容可以是具体可操作的,也可以要求主送单位依据其相应管理制度进行处理。

4. 要求在规定的时间期限内回复建议处理情况。

【案例7—3】

某地社会保险行政部门在检查中发现,某定点医院一名医生多次勾结他人,通过提供虚假疾病诊断证明、病历、处方和医疗费票据等资料的方式,合谋骗取医保基金,数额达数十万元。社会保险行政部门查清事实后,责令其退回骗取的基金并处罚款。同时,向主管该医院的卫生行政部门发出《处理建议书》,建议吊销该医生的医师职业资格。

第三节 处理依据及法律责任

一、社会保险基金征缴环节

(一)违法违规行为的界定

1. 未按规定办理社会保险登记

社会保险登记是社会保险费征缴的前提,是对社会保险缴费义务人进行管理的基础。用人单位不按照规定办理社会保险登记，职工参保将陷入混乱，社会保险行政部门也无法进行监督。主要包括以下几种情况：

（1）用人单位成立后不办理社会保险登记。《社会保险法》第五十七条第一款规定，用人单位应当自成立之日起 30 日内凭营业执照、登记证书或者单位印章，向当地社会保险经办机构申请办理社会保险登记。社会保险经办机构应当自收到申请之日起 15 日内予以审核，发给社会保险登记证件。用人单位成立后不按上述期限办理社会保险登记的，即属于违法。

（2）用人单位自用工之日起 30 日内不为其职工办理社会保险登记的。《社会保险法》第五十八条第一款规定，用人单位应当自用工之日起 30 日内为其职工向社会保险经办机构申请办理社会保险登记。为职工办理社会保险登记也是用人单位的义务。

（3）用人单位未依法对社会保险登记事项进行变更或终止。《社会保险费征缴暂行条例》第九条规定，缴费单位的社会保险登记事项发生变更或者缴费单位依法终止的，应当自变更或者终止之日起 30 日内，到社会保险经办机构办理变更或者注销社会保险登记手续。

（4）用人单位未按时如实申报应缴纳的社会保险费数额，甚至伪造、变造、故意毁灭有关账册、材料，或者不设账册，致使社会保险费缴费基数无法确定。《社会保险费征缴暂行条例》第十条规定，缴费单位必须定期向社会保险经办机构申报应缴纳的社会保险费数额，经社会保险经办机构核定后，在规定的期限内缴纳社会保险费。

2. 未按规定缴纳和代扣代缴社会保险费

实践中，有的用人单位社会保险法律意识淡薄，对社会保险的重要性认识不够，不愿承担缴费义务，甚至恶意欠费；还有一些没有生产能力、生产项目和营业收入的企业，因为没有缴费能力，只申报不缴费。用人单位未按时足额缴纳社会保险费，将影响社会保险基金的安全和有效运行，有可能间接损害参保人的合法权益，应当对此规定相应的法律责任。

社会保险费是社会保险基金的主要来源，用人单位能否按时足额缴纳社会保险费，关系到社会保险基金的安全和社会保险制度的有效运行。同时用人单位依法按时足额为劳动者缴纳社会保险费，也是其职工享受社会保险待遇的前提。《社会保险法》第六十条第一款规定，用人单位应当自行申报、按时足额缴纳社会保险费，非因不可抗力等法定事由不得缓缴、减免。职工应当缴纳的社会保险费由用人单位代扣代缴，用人单位应当按月将缴纳社会保险费的明细情况告知本人。

【阅读参考】
根据2008年社保基金专项治理工作部际领导小组对山东省专项治理工作的检查验收报告显示：专项治理中，山东省下大力气追缴参保单位欠缴社会保险费，清欠社会保险费14.6亿元，东营、莱芜、德州等市基本解决了企业欠缴社会保险费问题。

3. 征收机构擅自更改社会保险费缴费基数、费率

缴费基数和费率决定了社会保险基金的收入，反映了国家的社会保险费负担水平，应当由国家作出规定，目前缴费基数和费率由国家作出原则规定，具体由统筹地区作出规定。实践中，有的社会保险费征收机构出于各种原因和目的，擅自更改社会保险费缴费基数、费率，导致少收或者多收社会保险费，这种行为损害了社会保险基金的安全运营，容易加重用人单位和个人的负担，产生权力寻租、滋生腐败。社会保险费征收机构擅自更改社会保险费缴费基数、费率，导致少收会损害社会保险基金的权益，多收会加重用人单位的负担，都是违法行为。

（二）处罚方式

1. 未按规定办理社会保险登记

《社会保险法》第八十四条规定，用人单位不办理社会保险登记的，由社会保险行政部门责令限期改正；逾期不改正的，对用人单位处应缴社会保险费数额1倍以上3倍以下的罚款，对其直接负责的主管人员和其他直接责任人员处500元以上3 000元以下的罚款。

对用人单位不办理社会保险登记的违法行为，分两种情况进行处理：一是对一般的用人单位不办理社会保险登记的违法情形，由社会保险行政部门责令限期改正。责令改正不是一种行政处罚，只是一种补救性的行政措施，是对违法者消除违法状态、恢复合法状态的要求。二是经由社会保险行政部门责令限期改正、用人单位仍不办理社会保险登记的，由社会保险行政部门对用人单位处应缴社会保险费数额1倍以上3倍以下的罚款，对其直接负责的主管人员和其他直接责任人员处500元以上3 000元以下的罚款。这里有几点需要注意：

（1）罚款是最常见的一种行政处罚，是一种财产罚，指行政机关强制违法的行为人承担资金给付的处罚形式。

（2）给予罚款的主体是社会保险行政部门，不是社会保险经办机构。行

政处罚决定依法作出后,当事人应当在行政处罚决定的期限内,予以履行。

(3) 处罚的对象包括两类,一是对用人单位,二是对直接负责的主管人员和其他直接责任人员。换句话说,实行的是"双罚制",用人单位和直接负责的主管人员和其他直接责任人员都需要接受处罚。1999年出台的《社会保险费征缴暂行条例》第二十三条规定,缴费单位未按照规定办理社会保险登记、变更登记或者注销登记,或者未按照规定申报应缴纳的社会保险费数额的,由劳动保障行政部门责令限期改正;情节严重的,对直接负责的主管人员和其他直接责任人员可处以1 000元以上5 000元以下的罚款;情节特别严重的,对直接负责的主管人员和其他直接责任人员可处以5 000元以上10 000元以下的罚款。该条例规定的是"单罚制",只有直接负责的主管人员和其他直接责任人员承担责任,没有规定对用人单位的处罚。为了加强对这类违反社会保险登记情形的管理,《社会保险法》实行了"双罚"。

(4) 关于处罚的数额,由于用人单位应缴社会保险费数额不同,不宜采取具体处罚数额,而是以应缴社会保险费为基数,处以1倍以上3倍以下的罚款;对直接负责的主管人员和其他直接责任人员,则确定了处罚的上下限,即处500元以上3 000元以下的罚款。

2. 未按规定缴纳和代扣代缴社会保险费

《社会保险法》第八十六条规定,用人单位未按时足额缴纳社会保险费的,由社会保险费征收机构责令限期缴纳或者补足,并自欠缴之日起,按日加收万分之五的滞纳金;逾期仍不缴纳的,由有关行政部门处欠缴数额1倍以上3倍以下的罚款。

理解本条规定,有以下几点需要注意:

(1) 责令限期缴纳或者补足的主体是社会保险费征收机构,处欠缴数额1倍以上3倍以下的罚款的主体是有关行政部门。这是因为各地社会保险费的征收机构不同,有的是社会保险经办机构,有的是税务机关,所以这里表述为有关行政部门。在社会保障系统,如果是社会保险经办机构征收的,作出处罚决定的应当是具有处罚权的社会保险行政部门。

(2) 本条对欠缴社会保险费的,规定了滞纳金。滞纳金属于间接强制执行,加处滞纳金是通过给当事人增加额外资金负担的方式,迫使当事人尽快履行行政决定,避免直接强制带来的对抗、冲突。滞纳金作为敦促义务人履行义务的一种手段,其征收标准应当适度、合理,既不能太高,也不能太低。《社会保险法》规定的滞纳金的标准为万分之五。滞纳金应当是自欠缴之日起即加收,直至用人单位依法足额缴纳之日为止。

(3) 经责令限期缴纳或者补足，用人单位逾期仍不缴纳或者补足的，说明滞纳金已不能对用人单位产生威慑的效果，因此除了《社会保险法》第六十三条第二款规定的查询、划拨外，第八十六条还规定了处欠缴数额1倍以上3倍以下的罚款。这里的"欠缴数额"是用人单位所欠的社会保险费金额，不包括滞纳金。

(4) 还需要注意本条规定的罚款与《社会保险法》第六十三条规定的直接强制执行之间的关系。《社会保险法》第六十三条规定，用人单位未按时足额缴纳社会保险费的，由社会保险费征收机构责令其限期缴纳或者补足。用人单位逾期仍未缴纳或者补足社会保险费的，社会保险费征收机构可以申请县级以上有关行政部门作出划拨社会保险费的决定，书面通知其开户银行或者其他金融机构划拨社会保险费。划拨这种直接强制执行方式与罚款针对的都是用人单位未按时足额缴纳社会保险费的行为，但两者追求的效果和目的不同，因此二者是并行不悖的。

(5) 本条的违法主体只指用人单位，并不包括个人。这是因为劳动者缴纳社会保险费一般由用人单位代扣代缴，而无雇工的个体工商户、未在用人单位参加社会保险的非全日制从业人员以及其他灵活就业人员，是自愿参保，不缴纳或者少缴纳社会保险费就会影响社会保险待遇。

3. 征收机构擅自更改社会保险费缴费基数、费率

《社会保险法》第九十条规定，社会保险费征收机构擅自更改社会保险费缴费基数、费率，导致少收或者多收社会保险费的，由有关行政部门责令其追缴应当缴纳的社会保险费或者退还不应当缴纳的社会保险费；对直接负责的主管人员和其他直接责任人员依法给予处分。

社会保险费征收机构擅自更改社会保险费缴费基数、费率规定的法律责任，包括以下两个方面：一是有关行政部门责令其追缴应当缴纳的社会保险费或者退还不应当缴纳的社会保险费。这里的"有关行政部门"是指社会保险行政部门或税务机关。二是对直接负责的主管人员和其他直接责任人员依法给予处分。根据《公务员法》的规定，处分包括警告、记过、记大过、降级、撤职、开除。

二、社会保险基金支付环节

(一) 违法违规行为的界定

1. 社会保险服务机构骗取社会保险基金

国务院颁布的《社会保险费征缴暂行条例》和原劳动和社会保障部颁布的《社会保险费征缴监督检查办法》等法规规章，加大了社会保险基金监督的力度。

实践中，通过欺诈、伪造证明材料等手段骗取医疗保险待遇的案例较多，如：(1) 允许非参保人以参保人名义就医的；(2) 允许使用医疗保险基金支付应当由参保人自付、自费的医疗费用；(3) 允许使用医疗保险个人账户基金购买保健品、化妆品及其他用品的；(4) 提供虚假疾病诊断证明、病历、处方和医疗费票据等资料的；(5) 向参保人提供不必要的医疗服务和过度医疗服务的；(6) 转借医疗保险 POS 机（服务终端）给非定点单位使用或代非定点单位使用医疗保险个人账户基金进行结算等情况。

2. 个人骗取社会保险待遇

从 1998 年到 2002 年 6 月，各地共查处冒领养老金人员 5 万多人，冒领金额为 1.4 亿多元，其中 1998 年到 2001 年，查出冒领人员从 1998 年的 5 631 人增加至 2001 年的 16 882 人，冒领金额也从 1998 年的 1 860 万元增长至 2001 年的 4 621 万元。骗领、冒领社会保险基金等欺诈行为屡有发生，直接冲击着社会保险基金安全。

实践中，以欺诈、伪造证明材料或者其他手段骗取社会保险待遇有多种形式。如在养老保险待遇的支付环节，有的伪造身份证明或冒用他人身份证明；有的伪造、变造档案年龄、特殊工种年限和病历等办理提前退休；有的伪造、变造人事档案，以增加视同缴费年限；有的伪造、变造用工关系、工资报表等证明材料补缴养老保险费；有的伪造、变造领取养老保险待遇证明文件等，甚至出现了大量已经去世的人仍在领取养老保险金的问题。在医疗保险的支付环节，有的将本人身份证明及社会保障卡转借他人就医；有的冒用他人身份证明或社会保障卡就医；有的伪造、变造病历、处方、疾病诊断证明和医疗费票据；有的伪造、变造劳动关系、工资报表等证明材料参加医疗保险或补缴医疗保险费。

【案例 7—4】

参保人员郑某，80 多岁，长年卧病在床。为了方便拿药，郑某将自己的医保卡和就诊记录册交给了儿子阮某，让他代自己去配药。2004 年 3 月，某市医保监督检查所发现：从病历和就诊记录上看，郑某患有心脏病、高血压、胃病、老年痴呆症等多种疾病，每天服用的各种药物远远超出正常病人所能承受的极限，而且其中相当一部分药品价格昂贵。检查所工作人员于是前往相关医院,对郑某的就诊情况进行调查,发现她长期卧病在床,从未出过家门,不可能频频到医院看病开药,而且郑某所开的药品品种与其病情不相符合,药量也远超出常规用量。根据调查,阮某在一年零两个月的时间内,频繁在本市6家医院"就诊",其中4家为规模不大的地段医院。阮某用母亲的医保卡和就医记录册骗配各类药品数十种。按照规定,医疗保险参保人员同一疾病的两次就诊要有一定时间的间隔,阮某得手的主要原因是先后9次以遗失为由,补办了就诊记录册,再利用不同的记录册到不同的医院看病,有时竟1天内在3家医院开药。阮某所开的药品中除一部分给母亲服用外,其余的都以正常药价的1/3卖给了私人药品收购摊点。经检查核实,阮某共骗得医疗保险基金7万余元。移交司法机关处理后,法院认为阮某构成诈骗罪,判处有期徒刑并处罚金。

(二) 处罚方式

1. 社会保险服务机构骗取社会保险基金

《社会保险法》第八十七条规定,社会保险经办机构以及医疗机构、药品经营单位等社会保险服务机构以欺诈、伪造证明材料或者其他手段骗取社会保险基金支出的,由社会保险行政部门责令退回骗取的社会保险金,处骗取金额2倍以上5倍以下的罚款;属于社会保险服务机构的,解除服务协议;直接负责的主管人员和其他直接责任人员有执业资格的,依法吊销其执业资格。

骗取社会保险基金支出应承担的法律责任的形式包括:

(1) 责令退回骗取的社会保险金,并处罚款。社会保险行政部门发现社会保险经办机构以及医疗机构、药品经营单位等社会保险服务机构骗取社会保险基金支出的,应当责令退回骗取的社会保险金,同时应处骗取金额2倍以上5倍以下的罚款。《劳动保障监察条例》第二十七条第二款规定,骗取社会保险待遇或者骗取社会保险基金支出的,由劳动保障行政部门责令退还,并处骗取金额1倍以上3倍以下的罚款;构成犯罪的,依法追究刑事责任。《工伤保险条例》和《失业保险条例》对骗取社会保险待遇都规定处骗取金额1倍以上3倍以下的罚款。《社会保险法》之所以提高罚款倍数,是因为骗取社会保险基金支出的行为具有主观恶意,严重侵犯了社会保险基金的安全,需要加大对这种行为的处罚力度。因此,《社会保险法》实施后,上述条例中给予1倍以上3倍以下罚款的规定失效,应当按照《社会保险法》规定,处骗取金额2倍以上5倍以下的罚款。

(2) 解除服务协议。《社会保险法》第三十一条规定，社会保险经办机构根据管理服务的需要，可以与医疗机构、药品经营单位签订服务协议，规范医疗服务行为。基本医疗保险的目的是为了最大限度地满足人民群众的基本医疗需求。医疗机构、药品经营单位是医疗服务的提供方，应当为参保人员提供合理、必要的医疗服务。对于少数医疗机构、药品经营单位骗取社会保险基金支出，侵吞社会保险基金，除了责令退回骗取的社会保险金，并处骗取金额2倍以上5倍以下罚款外，还应当责令社会保险经办机构与其解除服务协议。

(3) 吊销执业资格。吊销执业资格是一种资格罚，又称能力罚。吊销执业资格，即剥夺行政相对人的行为能力，行政相对人就不能从事某种特定行为。我国实行医师执业资格制度，当医生要通过考试，取得医师资格后要执业还需要到卫生行政部门注册，领取医师执业证书。对于参与骗保的，规定直接负责的主管人员和其他直接责任人员是医师，应当吊销其执业资格，这是一种比较严厉的处罚，一般应当本着"谁授予谁吊销"的原则，由主管部门吊销。

2. 个人骗取社会保险待遇

《社会保险法》第八十八条规定，以欺诈、伪造证明材料或者其他手段骗取社会保险待遇的，由社会保险行政部门责令退回骗取的社会保险金，处骗取金额2倍以上5倍以下的罚款。这与以往有关条例中的规定不完全一致。《劳动保障监察条例》第二十七条第二款规定，骗取社会保险待遇或者骗取社会保险基金支出的，由劳动保障行政部门责令退还，并处骗取金额1倍以上3倍以下的罚款；构成犯罪的，依法追究刑事责任。《工伤保险条例》和《失业保险条例》规定的处罚，也是处骗取金额1倍以上3倍以下的罚款。《社会保险法》规定了更高的处罚，实施后，应当按照骗取金额2倍以上5倍以下的罚款幅度进行处罚，加大对这种行为的处罚力度。

三、社会保险基金管理运营环节

(一) 违法违规行为界定

1. 社会保险经办机构及其工作人员经办管理的违法行为

为使社会保险经办机构及其工作人员更好地履行有关社会保险法定职责、维护参保人的合法权益和社会保险基金的安全运行，有必要对社会保险经办机构及其工作人员的违法行为规定相应的法律责任。《社会保险法》规定了5

种社会保险经办机构及其工作人员的违法行为，具体包括：

（1）未按照规定履行社会保险法定职责。《社会保险法》规定，社会保险经办机构通过业务经办、统计、调查获取社会保险工作所需的数据；及时为用人单位建立档案，完整、准确地记录参加社会保险的人员、缴费等社会保险数据等；向用人单位和个人免费提供查询、核对其缴费和享受社会保险待遇记录等服务，提供社会保险咨询服务，这些都是社会保险经办机构的法定职责，如果社会保险经办机构及其工作人员没有做到或违反了，即构成违法，应承担相应法律责任。

（2）未将社会保险基金存入财政专户。《社会保险法》规定，社会保险基金存入财政专户。财政专户是指在银行开立的用于存储、核算管理具有专项用途的公共资金的专用账户。未按规定存入财政专户，有可能导致截留私分，损害了社会保险基金运行的完整性和安全性，应承担相应责任。

（3）克扣或者拒不按时支付社会保险待遇。《社会保险法》规定，社会保险经办机构应当按时足额支付社会保险待遇。社会保险经办机构及其工作人员克扣或者拒不按时支付社会保险待遇的，构成违法。

（4）丢失或者篡改缴费记录、享受社会保险待遇记录等社会保险数据、个人权益记录。《社会保险法》规定，社会保险经办机构应当及时、完整、准确地记录参加社会保险的个人和用人单位为其缴费，以及享受社会保险待遇等个人权益记录，定期将个人权益记录单免费寄送本人。缴费记录一般包括用人单位缴费登记、变更登记、注销登记以及缴费申报、缴费记录等。缴费登记载有用人单位的名称、住所或者地址、法定代表人或者负责人、单位类型、组织机构统一代码以及开户银行账号等，是用人单位缴费的基础材料和依据。用人单位进行缴费申报时办理的缴费申报表、审核手续及经办机构建立的用人单位缴费记录账簿等，是用人单位实际交纳数额的依据。"丢失"可能出于过失，"篡改"则出于故意，因此这里既包括经办机构及其工作人员主观上出于一种故意而导致的行为，也包括由于过失导致的行为。

（5）其他违反社会保险法律、法规的行为。

2. 社会保险基金管理使用的违法行为

社会保险基金在保证安全的前提下，按照国务院规定投资运营实现保值增值。社会保险基金不得违规投资运营，不得用于平衡其他政府预算，不得用于兴建、改建公共场所和支付人员经费、运行费用、管理费用，或者违反法律、行政法规规定挪作其他用途。隐匿、转移、侵占、挪用社会保险基金或者违规投资运营，会造成社会保险基金流失，影响社会保险基金的安全和支付能力。

【案例 7—5】

某县级市政府决定在当地修建一个有音乐喷泉的广场及附属综合楼等形象工程,要求市劳动保障局解决建设费用。该局局长主持召开党组会议,决定动用本市粮食局准备移交给社保局发放的该局下属企业离退休人员的养老保险和医疗保险费、退休人员抚恤金等有关社会保险费378万元,用于修建广场及附属综合楼工程。这一行为违反了社保基金专款专用、不得挪作他用的规定。在责令追回挪用的基金同时,应依法对负有直接责任的劳动保障局局长进行处理。

(二) 处罚方式

1. 社会保险经办机构及其工作人员经办管理的违法行为

《社会保险法》第八十九条规定,社会保险经办机构及其工作人员有下列行为之一的,由社会保险行政部门责令改正;给社会保险基金、用人单位或者个人造成损失的,依法承担赔偿责任;对直接负责的主管人员和其他直接责任人员依法给予处分:(1) 未履行社会保险法定职责的;(2) 未将社会保险基金存入财政专户的;(3) 克扣或者拒不按时支付社会保险待遇的;(4) 丢失或者篡改缴费记录、享受社会保险待遇记录等社会保险数据、个人权益记录的;(5) 有违反社会保险法律、法规的其他行为的。

对于社会保险经办机构及其工作人员有上述行为之一的,本条规定的法律责任,具体包括以下3个方面:

(1) 由社会保险行政部门责令改正。即未按照规定履行社会保险法定职责的,要求其履行法定职责;未按照规定将社会保险基金存入财政专户的,要求其存入财政专户;克扣或者拒不按时支付社会保险待遇的,要求其按时足额发放;丢失或者篡改缴费记录、享受社会保险待遇记录等社会保险数据、个人权益记录的,要求其恢复缴费记录原样或通过其他方式查明缴费记录,厘清享受社会保险待遇的数据等。

(2) 社会保险经办机构及其工作人员对因上述违法行为给社会保险基金、用人单位或者个人造成损失的依法承担赔偿责任。

(3) 对直接负责的主管人员和其他直接责任人员依法给予处分。社会保险经办机构工作人员属于参照《公务员法》管理的工作人员,参照《公务员法》的规定给予处分,行政机关公务员处分的种类为:①警告;②记过;③

记大过;④降级;⑤撤职;⑥开除。除此之外,《社会保险法》第九十四条规定,违反本法规定,构成犯罪的,依法追究刑事责任。因此,如果社会保险经办机构及其工作人员触犯了刑律,将依法追究刑事责任,其刑事责任可能涉及的罪名包括滥用职权罪、玩忽职守罪、受贿罪等。

2.社会保险基金管理使用中的违法行为

《社会保险法》第九十一条规定,违反《社会保险法》规定,隐匿、转移、侵占、挪用社会保险基金或者违规投资运营的,由社会保险行政部门、财政部门、审计机关责令追回;有违法所得的,没收违法所得;对直接负责的主管人员和其他直接责任人员依法给予处分。

该条规定的法律责任有以下3种:(1)责令追回。责令追回的目的是使被隐匿、转移、侵占、挪用社会保险基金或已经用来违规投资运营的社会保险基金恢复到原来状态。有权责令追回的主体是社会保险行政部门、财政部门和审计机关。(2)没收违法所得。就是将违法投资运行所取得的收益收归基金所有。(3)对直接负责的主管人员和其他直接责任人员依法给予处分。此外,《社会保险法》第九十四条规定,违反本法规定,构成犯罪的,依法追究刑事责任。因此,违反本条有可能构成刑事责任,受到刑事追究。

四、刑事责任

《社会保险法》第九十四条规定,违反本法规定,构成犯罪的,依法追究刑事责任。

《刑法》是判断某一违法行为是否构成犯罪,应处以何种刑罚的依据。《社会保险法》没有对违反本法规定的行为规定具体的刑事责任,主要是考虑到与《刑法》的衔接。我国《刑法》是1997年3月14日制定的,至今已通过了七个修正案,已经形成比较完善的罪名及刑罚体系。为了保证罪名及刑罚的体系性,目前其他法律一般不再规定具体的罪名和刑罚;如果确需调整罪名和刑罚,通过《刑法修正案》的方式进行。《社会保险法》没有在每个可能涉及刑事责任的条款后规定"构成犯罪的,依法追究刑事责任",而是单列一条概括规定,一是行文简洁,二是不会遗漏。

违反《社会保险法》规定,构成犯罪的,应当依照《刑法》的有关规定追究刑事责任。违反《社会保险法》规定涉及的刑事责任主要有:(1)《社会保险法》第九十一条规定了挪用社会保险基金等违法行为的法律责任。《刑法》第三百八十四条规定,国家工作人员利用职务上的便利,挪用公款归个人使用,进行非法活动的,或者挪用公款数额较大、进行营利活动的,或者挪用公款数额较大、超过3个月未还的，是挪用公款罪，处5年以下有期徒刑或者拘役；情节严重的，处5年以上有期徒刑。挪用公款数额巨大不退还的，处10年以上有期徒刑或者无期徒刑。挪用用于救灾、抢险、防汛、优抚、扶贫、移民、救济款物归个人使用的，从重处罚。（2）《社会保险法》第九十二条规定了泄漏个人信息等违法行为的法律责任。《刑法》第二百五十三条之一规定，国家机关或者金融、电信、交通、教育、医疗等单位的工作人员，违反国家规定，将本单位在履行职责或者提供服务过程中获得的公民个人信息，出售或者非法提供给他人，情节严重的，处3年以下有期徒刑或者拘役，并处或者单处罚金。窃取或者以其他方法非法获取上述信息，情节严重的，依照前款的规定处罚。单位犯前两款罪的，对单位判处罚金，并对其直接负责的主管人员和其他直接责任人员，依照各该款的规定处罚。（3）《社会保险法》第九十三条规定了国家工作人员在社会保险管理、监督工作中滥用职权、玩忽职守、徇私舞弊的法律责任。《刑法》第三百九十七条第一款规定，国家机关工作人员滥用职权或者玩忽职守，致使公共财产、国家和人民利益遭受重大损失的，处3年以下有期徒刑或者拘役；情节特别严重的，处3年以上7年以下有期徒刑。《社会保险法》另有规定的，依照规定。《刑法》第三百九十七条第二款规定，国家机关工作人员徇私舞弊，犯前款罪的，处5年以下有期徒刑或者拘役；情节特别严重的，处5年以上10年以下有期徒刑。《社会保险法》另有规定的，依照规定。（4）《社会保险法》第八十七条规定的以欺诈、伪造证明材料或者其他手段骗取社会保险基金支出，第八十八条规定的以欺诈、伪造证明材料或者其他手段骗取社会保险待遇，第八十九条规定的社会保险经办机构及其工作人员违反社会保险法律、法规等违法行为，构成犯罪的，也要根据《刑法》有关规定追究刑事责任。

思 考 题

1. 社会保障基金监管中依法可采取哪些检查措施？

2. 对发现的社会保障基金违法违纪行为，社会保险行政部门可采取哪些处罚措施？

3. 《社会保险法》中涉及刑事责任的条款有哪些？

第八章
国外社会保障基金监管

本章导读

在现代社会保障制度发展的不同时期，产生了不同的社会保障制度模式。随着社会保障制度模式的演变，社会保障基金监管活动也在不断变化之中。

国外社会保障基金管理大致可以被划分为四种类型，即统一管理型、分散管理型、统一投资型、分散投资型。每一种类型下都有不同的监管政策。

世界各国都根据本国的实情选择不同的社会保障基金征缴与支付政策。美国、新加坡、瑞典和智利在社会保障基金的征缴与支付监管上各有特点。

社会保障基金投资监管是各国社会保障基金监管的核心内容。美国、新加坡、瑞典和智利在社会保障基金的投资监管上采取了不同的政策。

近些年来，国家社会保障基金监管存在着三大趋势。

第一节 国外社会保障基金监管的历史沿革

一、现代社会保障制度萌芽时期的社会保障基金监管

现代社会保障制度萌发于工业文明最先勃兴的英国，并以社会救助为其核心内容。在"原始工业化"早期及之前，欧洲社会救助的运行主要仰仗教会和私人的施舍。但随着工业化进程的加快发展，原有的自然经济迅速瓦解，使大批自耕农被迫踏上了迁往工业化重镇之路以谋求生存和发展，在形成大批产业工人的同时越来越多的人沦为城市乞丐和流浪者。由于缺乏稳定和足够的资金来源，原来那种自发并带有民间慈善性质的救助行为越来越难以担负起社会救助的使命。得不到救济的城市乞丐和流浪者往往成为社会动乱的始作俑者，严重妨碍了早期工业经济的运行。

为了稳定社会和经济秩序，政府开始直接介入到社会救助之中，将原有

的教会慈善救济制度和同行业救济制度以及地方贫困救济制度转变为政府的行政管理实务，旨在扩大社会救济的覆盖范围和平抑社会不满情绪。1572年，英国女王伊丽莎白一世开始征收济贫税，兴办教养院。1601年，英国政府在总结了近30年的实践经验基础上正式颁布了《济贫法》（即《旧济贫法》），以此为标志，英国的社会救助开始由教会实施的非正式制度步入官方主办的正式社会救济制度的轨道。

这一转变客观上要求政府对社会救济进行管理和监督，因此，政府开始任命负责救济的管理人员和监督员，处理济贫行政，负责甄别和区分各种需要救济的人员，对确实没有工作能力的人由教养院收容，所有的济贫经费皆从济贫税中支付。因此，这一时期英国对济贫制度及济贫税使用的监督带有明显的家长式管理的特征。

这种家长式的管理导致了救济费用逐年递增，财政不堪重负。为此，英国议会根据1817年和1832—1834年《济贫法》调查委员会的报告，于1834年通过了《济贫法》修正案，亦即《新济贫法》。依照《新济贫法》的规定，济贫资金主要来自地方税，济贫事务仍由地方和教会共同负责。但《新济贫法》实施了颇为严厉的受益资格条件，受助者必须住进济贫院，同时取消对无业贫民的一切货币或实物形式的救助，只允许将他们收容进习艺所，从事沉重且待遇极低的工作，而且夫妻不能同居。这一时期政府对济贫制度的监管更多地体现在对受益资格的管制上。尽管如此，频频出现的财政预算危机已逐渐难以满足日益增加的失业工人的基本生活需求，由《济贫法》构成的最初的社会保障制度开始步入衰退。

可以看出，对以社会救助形式存在的社会保障基金监管主要从两个方面入手：一是对政府预算的管理和控制，保证社会救助制度资金来源的充足性和连续性；二是对受益人资格条件的管理和监督，严控福利费用的不合理和过快增长。

二、现代社会保障产生与发展时期的社会保障基金监管制度

与英国早期带有福利性质的社会救济制度不同，欧洲大陆国家在16世纪和17世纪出现了"互助会"。在这种社会组织形式下，由会员共同出资以在特定情况下向会员及其家属提供必要的风险补偿和物质保障。应该说早期的互助会只是一种自发式的松散互助组织，代表了吉尔特主义的团结，具有一定的宗教色彩。但后来，这种组织形式逐渐向两个方向演化：一个是具有独立法人地位的商业保险公司；另一个是带有社会保险属性的社团组织。后者

为 19 世纪末出现的俾斯麦模式社会保险制度奠定了思想基础和制度基础。

当历史进入 19 世纪时,工人运动和社会主义思潮席卷欧洲,变成一场欧洲范围的社会运动,工人的权利意识(包括政治权利和经济权利)开始觉醒,原有的互助会已经无法满足工人这种权利诉求。因此,国家不得不开始介入其中,提供强有力的制度保障和政治支持,将社会保险这种形式固定化、制度化和国家化。19 世纪 80 年代,德国当时执政的俾斯麦政府先后颁布了一系列法令:1883 年,颁布了《疾病社会保险法》;1884 年,颁布了《工伤事故保险法》;1889 年,颁布了《老年和残障社会保险法》。影响深远的俾斯麦模式社会保险制度在德国便应运而生。随着俾斯麦模式的不断完善,国家介入的程度不断加深,由用人单位和员工"缴费分摊、风险分担",社会基金共同管理、合作运营的双方合作模式发展成为用人单位、员工和国家的三方合作主义。后来,法国等很多国家予以效法,俾斯麦模式逐渐被"欧洲化",于是,俾斯麦模式成为欧洲模式。

从本质上说,三方合作主义是通过各方权力均衡达到利益协调,最终实现制度目标。若要保证各方利益是协调的,合作各方必须能够相互制约,达到权力某种程度的制衡。一旦失衡,可能导致的结果是出现专制力量,权力弱小的一方在政治参与中处于被动接受地位。换句话说,这种制衡需要相互监督,以便权力较强的一方依法严格履行相应义务,比如员工(直接或者通过社会舆论)监督用人单位的缴费义务。另外,在社会保险的三方合作主义中,国家作为制度的提供者和最后的买单人,其地位比较特殊,国家必须在权力均衡的过程中有效地监督用人单位和员工的缴费义务和社会保障基金的运营管理以及收益人的待遇标准。这是俾斯麦模式社会保障基金监管的法理基础。

总之,俾斯麦模式下的社会基金监管重在劳资双方的共同参与,政府需要加强行政管理,保证各种社会保险缴费、数据管理、受益人资格审查与待遇发放等事务依法有序的进行。同时,政府还须对社会保险预算和执行情况、日常工作和基金运营进行有效监督,查明各项社会保险是否可以平衡运行、是否依据社会保险法律法规和财务制度进行管理。

三、现代社会保障繁荣时期的社会保障基金监管制度

第二次世界大战中,为了激发英国民众战胜纳粹的信心并勾画战后的美好蓝图,另一个模式即贝弗里奇模式在英国出现了。第二次世界大战后,俾斯麦模式一统天下的局面被打破了,出现了两个模式并存与竞争的局面。贝

弗里奇模式的三个特征是：一是普惠性，即强制性覆盖所有社会风险和所有人口，超出了俾斯麦模式的覆盖范畴；二是一体性，即在缴费渠道、运营管理和待遇发放等各个环节跨越了俾斯麦模式的行业管理的范围，实施的是全国水平的统一管理；三是一致性，即待遇水平也"拉齐"了行业之间的差别，全国实施一个比例标准。这就是贝式的"三统一"制度特征即统一待遇资格、统一管理机构、统一待遇比例。

在贝弗里奇模式下，国家通过扩大公共支出全面介入并提供各项社会福利，即在全社会范围内实施"普遍福利政策"。这直接导致了社会保障制度的进一步扩展，尤其在20世纪50、60年代，几乎所有的高度工业化国家，均为老年、遗属、抚养儿童、生育、疾病、长期丧失工作能力或残疾者提供现金津贴，在必要时甚至提供免费或实际上免费的医疗服务。提供现金津贴的期限也在不断延长，特别是对于长期丧失劳动能力者和残疾者更是如此；一些国家还为失业者提供较长期的保护。

贝弗里奇模式出现在战后经济的黄金发展时期，当时世界经济形势向好，这种保障程度给社会保障基金筹集带来的压力还没有显现，等到20世纪70年代世界经济陷入滞涨时，贝弗里奇模式的弊端便暴露无遗。换句话说，贝弗里奇模式如果能够成功运行就必须加强对筹资机制、收益规则和待遇水平的有效管理和严控监控，这是贝弗里奇模式下社会保障基金监管的出发点。

四、20世纪70年代以来国外社会保障基金监管的最新发展

20世纪70年代，石油价格大幅上涨，国际金融体系瓦解，世界主要工业化国家都陷入了经济滞涨。曾经为世人称道的由国家一手建立并提供的社会保障制度，相对于经济发展状况而言，显得太过昂贵了，已经成为国家财政的沉重负担，也严重阻碍了经济的复苏和国家的竞争能力，对原有慷慨的社会保障制度作出调控已经势在必行。但是，社会保障制度的福利刚性又使政府调控空间变得极为狭窄，那些试图限制或撤销社会保障权利的行为遭到了既得利益者的强烈抵制。

从20世纪80年代开始，很多工业化国家都纷纷对本国的高福利社会保障体系进行改革与调整。虽然各国对社会保障制度改革和调整不尽一致，但其改革的宗旨和趋势主要体现在以下3方面：一是提高退休年龄，应对人口老龄化调整，为社会保障制度开源节流；二是改进社会保障制度的收益规则，控制社会保障津贴的增长速度，降低财政负担；三是政府社会保障责任向私营部门转移，建立多支柱社会保障体系，重新界定国家责任边界。尤其是上

述的第 3 方面，掀起了世界性养老金私有化改革浪潮，随着社会保障制度提供主体的多元化，给社会保障基金监管带出了新的调整。特别是私营部门成为社会保障计划的提供者后，需要政府多个部门进入到社会保障基金的监管领域。例如，企业年金的加快发展，需要提供税优资格的税务部门参与监督；积累制个人账户投资资本市场，需要金融监管部门介入其中，等等。

【阅读参考】"麦克威尔事件"及英国年金监管制度变革

1991 年英国发生的麦克威尔挪用企业年金丑闻事件震惊了朝野。麦克威尔是英国著名的镜报集团董事长，为解决弥补公司运营资金不足，麦克威尔从上市公司企业年金中动用了 10 亿英镑，但由于经营环境的变化，最终还是于 1991 年破产，8.5 万名职工丧失了全部或部分企业年金。麦克威尔事件激起了全社会的义愤和政府对养老基金安全性的高度重视。在此之前，英国对企业年金的营运与投资并没有全国范围的专门监管部门，一些涉案金额较小的养老金欺诈事件时有发生，但均未引起社会和当局足够的重视。震惊全英的 10 亿英镑企业年金欺诈的"麦克威尔事件"成为诞生《1995 年养老金法案》的催化剂，从而确立了今天英国企业年金监管的制度框架。丑闻曝光之后，1992 年立即成立了"养老金法律执行情况评估委员会"(PLRC) 即"古德委员会"，该委员会对英国企业年金的现状作出了全面评估，对未来监管体制提出了系统的政策建议；在这些政策建议的基础上，英国最终进行了历史上一次重要的养老金立法改革，通过了《1995 年养老金法案》，该法案对英国社保制度进行了彻底改革，对企业年金监管建立了一整套完整的制度体系；根据《1995 年养老金法案》第一部分的规定，成立了一个事业单位"企业年金基金监管总局"(Opra)，专门从事企业年金的监管工作。监管总局 1997 年 4 月 6 日正式开始工作。除了监管以外，它还负有企业年金缴费的征缴职能，办理企业年金的登记注册批复工作，负责年金理事会成员的培训以及养老计划的其他营运方面的事宜等。监管总局每五年发表一个《Opra 五年评估报告》，"评估人"均聘请独立专业人士来执行。

(http://www.nen.com.cn/75717868246794240/20080617/2457937.shtml)

第二节　当前国外社会保障基金监管的主要模式

根据社会保障基金的运营主体和投资方式的不同，本书把国外社会保障基金管理划分为4种模式，即"统一管理型""分散管理型""统一投资型"和"分散投资型"。这4种模式的社会保障基金各具特点，其运作方式不同，运行风险及其风险防范机制也不尽相同。因此，对这4种模式基金的监管应该各有侧重点。

一、统一管理型社会保障基金及其监管

所谓统一管理型社会保障基金是指由中央政府统一管理全国的社会保障基金，基金的资产配置主要以购买国债或者政府规定的其他投资对象为主。凡是采取中央控制型的国家，公共养老金的第一支柱边界较为清晰，一目了然，界限分明，因为它由中央统一负责投资管理。例如，在英国存在着一只近500亿英镑的国家保险基金，爱尔兰存在着一只近30亿欧元的社会保险基金。社会保障基金采取这种模式的以盎格鲁·撒克逊传统的国家为主，他们一般采用不成文法或称普通法，基本都在第二次世界大战之后成功地将传统的分散管理型整合为统一管理型。具体来说，在欧盟的英国和爱尔兰，在欧洲以外的美国、加拿大、新西兰等。英国的前殖民地采取的一般也都是统一管理型，比如新加坡、马来西亚、印度、肯尼亚等的中央公积金模式。中央公积金制度实质上是一种由国家立法的强制性社会契约储蓄制度，用人单位和员工每月都必须缴纳公积金，中央公积金则直接由中央公积金局进行全面管理，由政府规定投资方向，公积金的存款利率也往往由政府规定。

在统一管理型模式里，社会保障基金的法律组织机构的设置和管理模式已经完全扬弃了传统的社会伙伴合作制，甚至就连像由各方代表组成的美国联邦信托社会保障基金理事会那个机构都省却了，采取的是几个部门的协同管理和监管方式，即专业化分权管理模式。这一治理结构可以大幅度地提高管理效率，极大降低行政管理费用，提高预测和精算的准确性，在全国范围内调剂通融基金，节省交易费用，按时准确发布年度报告，具有很高的透明度，可接受全社会的监督（相比之下，法国和德国几乎没有年报制度）；此外，这种分权管理模式的监督力度和效果也不比社会伙伴制更差，多个部门分别从不同角度对社会保障基金进行监督，相互制约，可凭借各自的资源优势和专业技能实施监管，提高科学管理水平，有利于保障社会保障基金的安

全，有助于提高其市场价值。

二、分散管理型社会保障基金及其监管

所谓分散管理型社会保障基金是指以行业自治或职业保险的形式，由采取自治的非政府组织管理，基本上实施严格现收现付的财务机制，因此可用于投资的基金非常有限，甚至经常出现赤字，需要财政转移支付弥补。西欧大部分国家采取这种模式，例如法国和德国等。因为由极度分散的自治式、互助式基金管理机构直接掌控着现金收支流，它虽然是强制性的并以国家立法名义担保的公共基金，但却没有掌握在国家层面，国家只有一个计划，国会只有一个报告。就是说，在分散管理类型里，第一支柱是用立法的手段将原先早已存在的企业保险"升级"为社会保险，将企业保险"招安"为社会保险，其他方面的变化不是非常明显。

在基金的运行和监管上，采取的是社会伙伴制和社会互助制。二者均有一个理事会来全权负责执行基金的一切管理和决策。不同的是，前者实行的是三方合作方式，除员工和用人单位参与之外，国家必须委派代表并任理事长，而后者则主要是由工会和用人单位双方合作管理，并且完全由自行选举产生，实行的是完全的自治。在这一机制下，三方或两方互相制约、互相监督，保证社会保障基金理事会依法办事，对当事人负责，依法确保基金的平衡和支出的合理合法。当然，理事会也有很大的投资自主权，即当出现黑字时，资金的运用投资方式由其自行决定。但是，当出现赤字时需要上报国家，由国家出面协助解决。这种模式监管的直接结果是依法确保了用人单位的缴费义务，同时使工人们的受益权利不降低甚至不断提高，但基金经常出现赤字并不断需要加大政府的财政转移支付已成为一种必然趋势。

三、统一投资型社会保障基金及其监管

统一投资型社会保障基金是指中央政府通过组建基金投资公司直接进行投资管理，投资策略较为积极，投资组合中除了一定比例的政府债券外，有相当比重的社会保障基金投资到私人金融领域，采取完全市场化的投资策略，成为资本市场的一个重要的甚至是国内市场最大的机构参与者，同时与境内外金融市场联系日益紧密，息息相关。采取这种运营模式的社会保障基金一般都要建立几家相互独立的公司，或者在一家公司下建立多家分公司来引入竞争机制，从而提高投资管理绩效和考评各个管理团队的履职情况。另外，这种模式还有个特点就是一般不将大量的投资组合外包出去，而是由公司投

资团队亲力亲为。统一投资型社会保障基金管理模式兴起于北欧,目前实行这种模式的典型国家是瑞典、丹麦和加拿大。

统一投资型社会保障基金管理模式是在借鉴了分散管理型模式的基础上逐渐发展起来的,对该基金的监管融合了部分的社会伙伴制或社会互助制的特点,即在投资公司的理事会中,吸纳用人单位、员工和(或)政府代表参与其中,集体行使投资决策权力,并相互制衡,互相监督。另外,在基金的运行和管理上,采取了现代企业制度和公司治理结构,实现了所有权、经营权和监督权的三权分立。在监督权行使上,除了设立于基金投资公司内部的监事会起到日常监管以外,还包括通过接受政府指派的审计机构进行的社会监督和行政部门监督,或者通过独立精算师定期提供精算报告让金融监管委员会等机构负责社会保障基金投资运营的外部监管。

四、分散投资型社会保障基金及其监管

分散投资型社会保障基金是指将社会保障基金交由民营化的基金管理公司经营运作,参保成员可以根据各个公司的经营状况自由选择一家公司投保,基金公司为每一位投保者建立个人账户存储保险费和投资收益,职工退休后可根据自身需要选择不同的退休金获取计划。如果个人缴费达到一定年限后,个人账户基金仍然积累不足,那么国家承担补足最低退休金的责任。这种模式的核心思想就是管理民营化、基金资本化、运营市场化和政府干预间接化。与上述3种模式比较,分散投资型社会保障基金具有一定的优势,例如,通过引入民营机构,提高了服务水平、管理水平和投资收益率;将原来碎片化严重的制度整合成一个统一的制度;促进了基金积累制的提高和资本市场的发育;减轻了政府的负担,并且参保人员的待遇水平有所提高。当然,弱点也很明显,例如,这种模式的共济性和社会再分配功能较弱;管理费用过高,降低了个人账户基金的净回报率。目前,在拉美国家和一些东欧国家盛行这一制度模式,例如,智利、墨西哥、哥伦比亚和波兰等。

【阅读参考】拉美国家私营养老金发展情况

自1981年智利改革以来,至今拉美已先后有12个国家进行了结构性的养老金制度变革,建立了强制性私营管理的养老金体系,其特点是建立个人账户,养老金实账积累,专门成立私营养老金管理公司负责投资运作。

实行的国家和改革的年份为:智利1981年,秘鲁1993年,哥伦比亚1994年,阿根廷1994年,乌拉圭1996年,墨西哥1997年,玻利维亚1997

年，萨尔瓦多1998年，哥斯达黎加2000年，多米尼加共和国2003年，尼加拉瓜2004年，厄瓜多尔2004年。

资料来源：房连泉．拉美国家私营养老金监管体制．2007。

分散投资型社会保障基金管理模式对监管提出了很高的要求，不仅需要政府设立专门的监管机构，还需要其他金融监管机构参与进来，实行协同监管。监管范围的涉及面也较大，包括各家基金管理公司的经营状况、基金的保值增值情况、服务质量和投资状况等。当基金管理公司无能力获得足够的用以保证基金最低盈利和拥有开展经营活动的最低资本金时，国家将补足差额并以债权人身份参加该基金公司的清算，宣告其解散。该基金公司破产后，参保人可以自由选择另外一家基金公司转入个人账户资产。总之，从监管流程和方式上来看，这种模式的社会保障基金监管更像是对一般的私人基金所进行的监管，完全是一种市场化的监管策略，只不过是相对一般私人基金而言，这种社会保障基金的监管更为严格，国家对受益人承担了更大责任。另外，需要强调的是，对这种类型社会保障基金的监管必须要结合该国的金融环境来有效进行，对那些国内资本市场狭小、政府管理规范欠缺、金融机构发育不良的国家来说，监管要更为严格一些，甚至对投资工具的选择上采取严格的管制。当然，随着金融环境的好转，政府可以逐步放松对其监管的强度，增强基金投资运营的活力。

第三节　国外社会保障基金的征缴监管

由于社会保障基金的重要性，世界各国都十分重视社会保障基金的征缴监管。各国都根据本国的实际情况，选择不同的征缴政策。本节将选取其中的几个典型国家，介绍国外社会保障基金的征缴监管。

【阅读参考】澳大利亚强制性年金制度的缴费监管

澳大利亚实行强制性的企业年金制度，该项制度依据于1992年开始强制实施的《退休金保障法》。法律要求用人单位为员工缴纳工资的9%作为参保费用。

如果用人单位不为员工缴纳保费，澳大利亚税务局将采取4项处罚措施：一是强制用人单位缴纳员工工资的9%；二是补缴10%的利息；三是缴纳20澳元的手续费;四是不能获得税收减免。由于缴费监管比较健全和严厉,在澳大利亚,用人单位一般都会遵守规定。

资料来源:卢海元. 和谐社会的基石——中国特色新型养老保险制度研究[M]. 北京:群众出版社,2009:107。

一、美国社会保障基金的征缴监管

在美国,联邦政府管理的社会保障计划主要通过税收进行筹资,而各州的各种职业养老金计划等则是自我缴费。这里主要介绍联邦政府管理的社会保障基金的征缴。联邦政府的社会保障基金来源是美国国内税收局征收的社会保障税,而社会保障税不是一个单一的税种,是由工薪税、铁路员工保障税、失业保障税和个体业主税4个税种组成:

(一) 工薪税

美国于1935年开始征收工薪税,当时目的是为老年人筹措退休金,后来也为残疾人保险、医疗保险等提供资金支持。美国工薪税的纳税人是用人单位和员工,征税对象分别为用人单位全年对每个员工支付的薪金工资和员工全年领取的薪金工资额。在美国,工薪税没有减免扣除规定,但有应税收入最高限额规定。工薪税收入一开始是作为联邦政府的重要财政收入纳入预算,后来由财政部在经常性预算之外实行独立的预算管理。国内税务署按国会批准的预算和规定的税率征收社会保障税,缴入国库,财政部根据当年预算将社会保障税收入,按规定的比例从国库转入财政部社会保障信托基金和医疗保险信托基金等。

(二) 铁路员工保障税

铁路员工保障税是为铁路人员设计、以为铁路公司员工筹措退休费为目的的税。该税同工薪税一样也实行源泉扣缴法,纳税人为员工和用人单位,其课税对象为员工领取的工资和用人单位发放的工资。该税规定有应税收入最高限额,限额以上不征税。例如:1980年员工月工资最高限为2 158.33美元,税率是6.13%;用人单位对每个工人支付的工资最高限也为2 158.33美元,税率是9.5%。铁路系统也有独立的失业保险税,全部由用人单位缴纳。

(三) 失业保障税

失业保障税是作为联邦对各州政府举办的失业保险提供补助财源而课征的。它以一个日历年度内的20天期间雇佣一人以上或每季支付工资1 500美元以上的用人单位为纳税义务人（员工无此纳税义务），按其支付给员工的工资总额计征（无宽免或费用扣除），现行最高应税限额为7 000美元，税率为6.2%。失业保障税的缴纳，须按年历编制申报表，在次年的1月31日之前缴纳，也可实行分季缴纳。

(四) 个体业主税

个体业主税又称自营人员保险税，是为了个体业主（除医生外）的老年、遗属、伤残及医疗保险而课征的。纳税人为单独从事经营活动的个体业主，征税对象是个体业主的纯收入。个体业主税的起征点是400美元，税率为12.3%，完全由个体业主承担。个体业主税实行同个人所得税联合申报的办法，具体纳税过程和个人所得税基本一致。

【阅读链接】
李超民. 美国社会保障制度 [M]. 上海：上海人民出版社，2009

二、新加坡社会保障基金的征缴监管

在新加坡公积金制度下，由中央公积金局统一管理费用征缴工作，并做好记录。中央公积金局虽然隶属于劳工部，但性质是半官方机构，实行董事会领导下的总经理负责制，依法独立工作，其他部门不得干预其日常事务。董事会由董事会主席、总经理和其他10名董事会成员组成，均由劳工部部长在得到总理的同意后任命，任职3年或更短，由劳动保障部部长决定。10名董事会成员包括2名政府官员、2名用人单位代表、2名员工代表和4名有关专家。

按照相关法令，由用人单位和员工双方缴费，存入政府依照"中央公积金法令"为每位参加者设立的个人账户中。由于不断引入了新的计划，提供了种类越来越多的服务和保障，制度的缴费费率在不断变化之中。1955年，用人单位和员工的缴费各为员工工资的5%，到1984年已经攀升至各缴25%，但到1999年用人单位缴费下降为10%，员工下降为20%。此外，缴费不仅有最高工资限制（1999年为每月6 000新加坡元①），而且随职工年龄的提高而不断降低。② 特别值得注意的是，新加坡55岁以下的员工仅有1/10的缴费（即职工工资的4%左右）是专门用于养老金积累，55岁以后就不再向专门账户供款。公积金制度对用人单位有很大的约束力，如果其不按时如数为员工缴纳公积金，将被警告、停业、罚款，严重者将被诉诸公堂，追究法律责任。为了使缴费更便捷，中央公积金局开通了网上缴费的通道，大大节省了员工和用人单位的时间和精力。此外，公积金会员可以直接到中央公积金局的网站上查阅缴费记录。

三、瑞典社会保障基金的征缴监管

瑞典社会保障基金的征缴由国家税务机关征收社会保障税来完成。在瑞典，社会保障税是预算的重要来源之一，在税收收入中列为首位。瑞典的社会保障税包括保健保险、基本退休金保险、企业倒闭支付工资保险等10项保险，税率为34.83%，按不同用途分项确定，以所有在瑞典居住者工资的比例提取。用人单位每月将代扣代缴的员工的社会保障税连同用人单位的社会保障税一同缴纳。自由职业者也每月自行缴税，但以年为基础向税务局报告个人收入信息。这意味着，个人的收入和缴费只有在个人和用人单位已经申报了他们上一年度的所得税收益并且相互之间已经达成一致之后才能以年为基础得到法律上的确认。在处理好所得税收入并核实来自不同渠道的信息的一致性后，收入和供款信息将被传送到国家社会保险委员会的会计系统。税务局将纳税人上缴的税款存入各基金账户，交由国家社会保险局管理，由各基金组织分配使用。瑞典的社会保障税模式的特点是征收与承保项目明确挂钩，建立起一一对应的关系，专款专用，返还性非常明显，体现了累进性，而且可以根据不同项目支出数额的变化调整税率。

瑞典旧的养老保险制度由两部分构成：一是基本养老保险计划（FP），按照统一的标准向退休者支付退休金；二是收入关联的补充养老金计划（ATP），所提供的养老金根据个人缴费不同而不同。为了支持该制度，政府按照员工工资的19%征税，用人单位和员工各负担一半。这些税收中的6%用于基本养老保险计划，13%用于补充养老金计划。20世纪90年代中期，瑞典开始对基本养老保险制度进行改革，新制度为每个员工建立两个个人账

---

① Mukul G. Asher. Annex B10: Country Profile for Singapore [J]. *Pension Systems in East Asia and the Pacific*, 1999, http://www.worldbank.org/pensions.

② 和春雷. 社会保障制度的国际比较 [M]. 北京：法律出版社，2001：120-121.

户:一个是由瑞典政府代表个人进行管理的名义个人账户;另一个是私营个人账户。税率也由原来的19%降为18.5%,用人单位和员工各承担一半。税收中的16%进入名义个人账户,另外2.5%进入私营个人账户。

> 【阅读链接】
> 粟芳等. 瑞典社会保障制度[M]. 第三章"当前瑞典社会保障基本情况". 上海:上海人民出版社,2010

四、智利社会保障基金的征缴监管

对于智利的社会保障基金征缴监管,我们重点介绍其私营养老金制度的相关情况。智利在1980年的社会保障制度改革建立了私营养老金制度。该制度取消了用人单位供款,强制公共部门和私人部门的员工按照其工资的10%单方供款,所交款项存入某个私营养老基金管理公司为其建立退休储蓄个人账户;由于这种供款可以享受税收优惠,所以规定了每年最高供款工资基数为22 300美元[①];私营养老基金管理公司由员工在竞争的市场上挑选,用人单位不得干涉;员工供款进入个人账户,个人对账户基金拥有完全所有权和投资选择权;基金由私人基金管理公司经营。

另外,员工必须交纳工资总额的3%作为残疾和遗属保险的保险费及佣金,并由基金管理公司为其选择商业保险公司投保团体寿险的残疾保险。在强制储蓄账户外,员工还可以自愿供款建立个人自愿储蓄账户,这一供款也可享受税惠待遇。[②] 自愿储蓄账户也可交由退休基金管理公司管理,但自愿储蓄账户必须与退休储蓄账户分开。

智利强制规定1983年以后进入劳动力市场的员工都要加入该制度,自雇者自愿加入新制度。已经在职的员工则可以在旧制度和新制度之间进行选择。如果他们选择加入新制度,则政府承认他们在旧制度中对退休金的请求权,并发放政府认可债券,而留在旧制度中的员工则在新法律的规定下,于退休后从原来的随收即付制度中获得退休金。军人仍然留在旧制度内。

由于1985年以后十几年的经济高速增长,新制度加上旧制度的总覆盖率由1982年的53%上升为1997年的70%。尽管如此,这一覆盖率仍然低于旧

---

① 这一规定在其后的18年中都没有改变,所以在经济不断增长的情况下,私人退休金相当于在变小。

② L. Jacobo Rodiguez. "Chile's Private Pension System at 18: Its Current State and Future Challenges"[R]. Cato Working Paper,1999,ssp No. 17.

制度下的覆盖率。20世纪70年代，旧制度的覆盖率为86%。更重要的是，此后覆盖率就停止了增长，并有下降的趋势，供款人口与会员数之比从1982年的73%下降为2000年的51%。其中的主要原因是自雇者的新制度参与率低。2001年6月，自雇者为130多万人口，只有5.2%的人口参加了新制度[①]。如果覆盖率继续下降，将会有越来越多的职工被排除在制度之外，他们将没有正式养老金可领。这使得智利在扩覆盖上面临着与中国类似的压力。

第四节 国外社会保障基金的投资监管

投资监管是国外社会保障基金监管的核心内容。近几十年来，世界各国采取了各种各样的投资监管政策，积累了相当多的经验和教训。在这里，主要介绍美国、新加坡、瑞典、智利四国的社会保障基金投资监管政策。

【阅读参考】国际养老基金监督协会出台的十条私人养老金监管原则

1. 监管目标。国家法律应明确界定养老金监管机构的监管目标，监管的关键点在于保护养老金受益人的权益，保持养老金计划的稳定性和安全性；监管机构的职责定位要清晰，要制定强制性的、具体的监管任务要求。

2. 独立性。监管机构的功能和权力应独立于政治权威和商业干扰，为此，对监管机构高层负责人的任用要有公开透明的程序和机制，监管行为应有法律依据，法院或议会裁决是必要的。

3. 充足的资源。监管机构应有足够的人力财力，机构人员应具备相应的教育背景、职业资质、技能和经验；如果自身的能力不足，监管机构有必要借助于第三方机构的资源，如审计师或保险师。

4. 充分的权力。法律应赋予监管机构充分的权力来行使职责，有效监管的聚焦点在于机构的法律遵守、金融控制以及最低资本金要求、投资活动、治理结构、保险精算以及信息披露等方面；监管机构应有足够的检查权和执行权，并可以采取相应的纠错措施。

5. 风险导向监管。监管机构应认识到养老金计划可能面临的风险，制定相应的监管策略将监管资源运用到风险最高的领域，并尽可能采取事先积极监管的措施，避免问题的发生。

---

① Jos E. Devesa-Carpio and Carlos Vidal-Meli. "The Reformed Pension System in Latin America" [R]. The world Bank Pension Primer, 2001.

6. 协调性和一致性。监管机构应根据风险的大小、纠错的效果以及给受益群体带来的预期利益等因素，采用受益/成本效果比较分析方法，确定行使检查权、执行权的力度，并保持监管行为的一致性。

7. 咨询与合作。监管机构有必要向其他监管部门进行咨询，并在信息共享、监管协调等方面，与其他金融监管机构、政府部门进行合作，以降低监管风险。

8. 保密性。监管机构应正确处理信息的保密性，按照法律要求披露公开信息，针对非公开信息应采取保障措施，维护信息的机密性。

9. 透明性。监管机构的行为要透明，监管规则和内容应公开，定期（至少每年一次）公布以监管政策、目标解释和监管行为为主要内容的报告，并满足相应的审计要求。

10. 治理机制。监管机构自身应遵循相应的治理准则，在内部控制、检查、预算、风险防范和绩效管理等方面，建立合适的管理制度，决策过程要做到程序化。根据不同国家的国情，应建立针对监管机构的问责机制，包括议会监督、养老金计划成员参与管理等措施。监管过程中出现纠纷事件时，应有相应的法律裁决机制。

（资料来源：IOPS, IOPS Principles of Private Pension Supervision, 15 December 2005, OECD, PARIS.）

一、美国社会保障基金的投资监管

在美国，联邦社会保障基金有大约72%用于社保金发放，剩下的用于储蓄和增值投资。投资监管的主体是一个挂靠在财政部的社会保障基金理事会，该理事会由劳工部部长、财政部部长、健康人力资源服务部部长、社会保障总署署长以及由总统任命并由国会认可的两名公众代表6人组成，每届任期4年。在每年的4月1日前需要向国会呈交一份年度报告，对上一年基金运行情况进行评估，并对下一年进行预测，对相关行政管理程序予以改进和完善。此外，美国还成立有"社会保障顾问委员会"，对社会保障基金进行风险评估，向总统、国会和社会保障总署署长提供建议。

虽然美国崇尚经济自由和市场开放，但美国政府对社会保障基金投资却有着强烈的风险意识。美国《社会保障法案》明确规定联邦社会保障基金只能用于投资联邦政府对其本息均予以担保的特种国债。根据该法律，联邦社会保障基金不仅由联邦政府统一集中管理，而且收支结余必须投资于联邦政府连本带利担保的证券,所获利息也要被存入信托基金。这样,美国政府从法律上保证了联邦社会保障基金不得被用于购买股票,或进行委托投资、房地产开发等其他方面的投资,而实际上联邦社会保障基金理事会的投资均为年利率 3.5%～9.25% 的历年特种国债或公债有价证券,没有一分钱的其他风险投资。此外,美国《联邦刑法典》也有对"侵占养老金与福利基金罪"的处罚规定,其中对违法者的处罚非常严厉。

美国各级政府及具体负责的社会安全局对于社会保障基金也都坚持严格管理。美国的保险监管职责主要由各州的保险监管局承担。其最高领导是保险监督官,由所在州州长任命,对州长负责。1871 年成立的全国保险监督官协会(NAIC)主要负责协助各州的保险监管机构对保险市场进行监管,协调各州的保险监管方式,以实现监管的低成本与高效率。到目前为止,美国还没有发现有关美国社会保障基金被挪用或侵贪的案例。

二、新加坡社会保障基金的投资监管

(一) 监管组织结构

在新加坡,中央公积金计划下所积累的基金由中央公积金局统一管理,由劳工部制定有关政策并进行监督。具体的投资决策由另外两个非常重要的政府机构执行——新加坡货币管理局(the Monetary Authority of Singapore,简称 MAS)和新加坡政府投资管理公司(the Government of Singapore Investment Corporation,简称 GSIC)。其中:新加坡货币管理局负责中央公积金对国债和银行存款的投资管理;新加坡政府投资管理公司负责把积累的基金投资于国内的住房和基础设施建设等方面,也把大量资金投资于外国资产以获取较高的收益,成为新加坡庞大的外汇储备的一个重要来源。当然,这两个机构的相关投资活动要受到中央公积金局的监督。

(二) 具体投资政策

根据中央公积金法案以及以后颁布的各有关法案,新加坡中央公积金中可用于投资的基金被划为成员结余(member balances)、保险基金(insurance funds)和退休前取款基金(pre-retirement withdrawal funds)3 个相互独立的组成部分,各遵循不同的投资规则。

1. 成员结余投资

成员结余是新加坡中央公积金计划投资基金的最大组成部分,由新加坡中央公积金局掌管，只能投资于政府债券。这些政府债券是专门为中央公积金局偿付利息和其他债务而发行的浮动利率债券，没有市场报价。浮动利率刚好等于中央公积金局向其成员支付的利率。从1986年开始，中央公积金局向普通账户和医疗救助账户的成员结余支付的利率一直是四家主要的当地银行12月期定期存款利率的简单平均数与月末储蓄存款利率的简单平均数的加权平均数（二者采取相同的权重），但不得低于中央公积金法案中明确规定的2.5%最低名义利率。向专门账户支付的利率比它高1.5个百分点。[①] 中央公积金局每月把利息计算出来，每年把利息加总并记入有关账户。可见，新加坡实际上是在向作为长期基金的成员结余支付短期利率。而且，新加坡政府还严格控制4家相对独立的地方银行向地方货币存款支付的利率。这表明，支付给中央公积金结余的利率具有强烈的行政性特征，而不是由市场决定的。

这样的投资政策会产生两方面的结果。一方面，新加坡政府由此获得了大规模可支配资金，用于修建公路、港口、机场等公共设施，并向国外投资，从而促进了经济增长率的提高，并在一定程度上确保了公积金的回报率和安全系数相对较高。新加坡中央公积金在1960—1990年期间获得了5.36%的年均名义收益率和2.02%的年均实际收益率，这是一个不错的结果。而且，即使经历了严重的金融危机，在1995—1999年，普通账户和医疗救助账户仍然获得了3.6%的年平均名义收益率，专门账户获得5.1%的年平均名义收益率，而同期3月期定期存款平均利率为3.3%。另一方面，这也带来了一系列问题。首先，对成员而言，名义收益率是固定的，不能分享社会资本的平均回报，所以不能保证实际收益率是增值的。其次，政府通过债券形式拥有基金的使用权，其基金使用的收益率高于政府付给基金的债券利息，这就相当于成员向政府交纳了隐性税，而且收入越低的人，承担的这种隐性税负担相对来说就越重。这也是公积金制度受指责最多的问题。最后，新加坡政府的干预也倾向于掩饰运用成员结余进行投资的投资组合及其业绩的不透明性。实际上，新加坡政府一直在通过新加坡政府投资公司和其他政府控制的公司进行中央公积金投资。然而，这些基金到底投资于何处？有什么投资规定？投资业绩应该怎样评估？公积金成员都很难获得确切信息。这就使得新加坡中央公积金结余的投资既缺乏透明度，又没有明确投资者应付的公共责任。

2. 保险基金投资

[①] Mukul G. Asher. Annex B10："Country Profile for Singapore"[J]. Pension Systems in East Asia and the Pacific, 1999, http：//www.worldbank.org/pensions.

保险基金的数额相对较少，1997年仅有15亿新加坡元。这些基金被投资于定期存款、可转让存款单、股票和债券。与中央公积金结余相比，这种保险基金的资产配置更加分散化。因此，这种保险基金的投资回报率要比中央公积金结余高一些。然而，由于它在投资总额中所占的比重微不足道，它对支付给成员的收益率的影响也是微不足道的。

3. 退休前取款基金投资

投资基金的第三部分由中央公积金投资计划下的退休前取款基金构成。该计划允许个人直接通过购买中央公积金法案许可的股票或间接通过共同基金（称为信托投资公司）投资于股票市场。成员还能够投资于人寿保险单、黄金、新加坡政府债券、银行存款和基金管理账户。在投资管理过程中，除了支付股票价值的1%给券商用于买卖股票外，指定银行对每笔交易都收取固定的费用（有最高收费限制），还可以征收其他服务费用或管理费用。费用的固定性特征表明，投资数额越小，承担的负担相对来说就越重。我们可以看出，这部分投资具有明显的颠倒的再分配效应，即收入越高的人从中获益越多，因为他们不仅有机会投资收益更高的投资工具，而且承担较低的管理费用。正如前文所述，这部分投资采用分散管理模式，问题已经凸现出来，新加坡政府正双管齐下来改进该投资政策：在管理模式上由分散管理向相对集中管理过渡；在监管模式上由松散趋于严格。

【阅读链接】

李珍，孙永勇，张昭华．中国社会养老保险基金管理体制选择——以国际比较为基础［M］．第五章"私有公营的典型：新加坡中央公积金的管理模式及投资政策"．北京：人民出版社，2007

三、瑞典社会保障基金的投资监管

（一）主要投资管理体系

1. 收入关联养老金计划下的缓冲基金投资

在瑞典，收入关联养老金制度下所积累的缓冲基金采用竞争性政府主导型养老基金管理模式，交给数个政府设立国民养老基金（AP）管理机构进行管理，该机构的董事会成员由财政部任命。对于这种基金，瑞典制定了一系列投资限制：至少30%的基金资产必须投资于低信用风险和低流动性风险的固定收益证券；投资于单一发行者证券的资产不得超过基金资产的 10%；持有瑞典某上市公司股票不得超过该股票市场价值的 2%；持有任何一家上市公司的股票不得超过其普通股的 10%；投资于非上市证券的资产不得超过基金资产的 5%；至少 10% 的基金资产必须经过外部基金经理进行管理。①

2. 强制性个人账户基金的投资

这种基金由瑞典基金制养老金管理局（PPM）负责管理，PPM 自己直接管理一部分资产（大约 20%），其余的资产交给通过招标选择基金管理机构进行投资活动。PPM 直接管理的这 20% 的资产，主要集中在指数化债券和瑞典股票市场的主动式投资。②

所有在瑞典注册运营的投资基金都能够参与竞标，包括那些外国利益集团拥有的公司。而且，在欧盟注册并接受其自身国家监管的公司也可以参与。除了有适当的注册要求外，想要参加的公司还必须在 PPM 登记并与其签订合同；按要求向个人股东提供信息（向有权利订阅的人提供有关基金的总体说明和定期报告）；同意不收取退出（或提款）费用；提供收取管理费用的详细报告。而且，基金并没有员工的信息，也不能直接与员工打交道。

在有关基金经理的规制中，最突出的是有关管理费用的规定。瑞典专门制定了一个费率表来控制有关管理成本。制度允许基金经理征收管理费，但如果所征收的管理费超过了规定的数额，他们就必须向 PPM 返还特定的数额。

个人对自己账户中积累的资金拥有充分的投资选择权利，可以通过 PPM 来选择自己中意的投资基金，一般最多可以选择 5 个基金投资，而且可以随时更换。目前大约有 800 个基金公司的产品供参保人选择。为了帮助参保人作出正确选择，瑞典国家社会保险委员会和 PPM 都建立了呼叫中心，可以向员工提供有关咨询服务。通过传真、邮件或互联网以及地方保险办公室甚至许多大型日报，员工也能够获得有关信息。不过，总是有一些人不想作出明确的基金选择。针对这些人，瑞典建立了一个独立的基金，持有债券和国内外股票的混合投资组合。投资组合管理政策由基金的董事会决定，对各个组成部分只有一般性的最低投资组合份额限制。

---

① 陈志国. 瑞典公共养老基金管理创新及其启示 [N]. 金融时报，2004-06-15.
② 王俊. 浅析美国和瑞典的社会保障基金投资模式 [J]. 医院领导决策参考. 2010，5：41-43.

(二)基金监管体系

瑞典的社会保障基金监管体系由国家社会保险监管局、金融监管局、国家审计署等机构共同组成。

1. 国家社会保险监管局

2009年7月1日,瑞典成立了国家社会保险监管局,负责监督国家社会保险局和PPM的社会保障基金管理工作,对其工作绩效进行评估。

2. 金融监管局

金融监管局主要负责对瑞典养老金市场运营机构的监管,其主要职责是给在瑞典运营的市场基金发执照,并对他们的正常业务进行监督。金融监管局发布监管规则和监管指引,通过报告制度、信息披露、数据分析、压力测试、红灯预警等方法对基金管理机构的偿付能力、系统风险等进行监督,并对基金公司提出改进要求,有权采取警告、罚款(上限为5 000万瑞郎)、限制资本配置权限、取消执照或重组、破产清算等制裁措施。金融监管局还有权监督PPM的相关业务活动。

3. 国家审计署

国家审计署负责审计国家养老金管理机构管理行为的有效性,以及社会保障经办机构工作人员的业务工作是否合规和符合工作程序。

四、智利社会保障基金的投资监管

通常所说的智利社会保障基金投资,主要指的是智利私营养老基金的投资。这种投资管理的主要特点就是分散的私人管理模式。这里的分散是指的被保人或会员选择基金公司的行为是分散进行的,每个会员都是任何一家基金公司的潜在客户;这里的私人管理是指基金管理公司是私人部门的。

(一)监管主体

在管理方面,政府为制度提供了一套法律制度框架,同时建立了退休基金公司监管局,负责对退休基金管理公司(AFPs)的设立、动作及清算等方面制定规制并实施监管。退休基金公司监管局会同中央银行制定投资政策并监督AFP照章实施。该监管局下设风险分类委员会,对各类证券的风险评定等级,并要求养老基金投资于一定等级风险的证券。这就要求有标准的会计准则,以评价每项投资或每个投资工具的风险水平。

> **【阅读参考】智利退休基金公司监管局的主要职责**
>
> 对养老保险基金管理公司的投资运营和养老金的发放进行监管；检查养老保险基金管理公司是否符合最低准备金要求；颁布有关养老保险基金投资运营的法规、条例，对已有的法规、条例进行修改；解释现行有关养老保险基金运营的法规、条例；依照法规、条例对养老保险基金管理公司进行处罚，在必要的时候解散养老保险基金管理公司；监督和检查养老保险基金管理公司每4个月进行一次的养老保险基金资产的全面信息披露。
>
> (http://insurance.cnfol.com/060701/135，1518，1909672，01.shtml)

(二) 监管政策

1. 对于退休基金管理公司业务范围的规制

根据法律规定，智利新建了管理退休基金的金融制度，而不是利用原有的金融制度。法律规定，只有为专门经营退休基金建立的退休基金管理公司才能经营退休基金；退休基金管理公司只能经营退休基金，而不得兼营他业。退休基金管理公司只能为会员管理一个强制储蓄的退休账户。1987年，法律允许基金管理人可以为会员的自愿储蓄开设"第二账户"，其基金投资与强制储蓄的退休账户的资产组合。这一账户上的资产可以在退休前支取。

2. 对于退休基金管理公司创业资本的规制

退休基金管理公司必须达到有关创业资本的规定，且对最低资本金的要求随会员人数增加而增加。只要达到最低资本金要求，退休基金管理市场是自由进入的。公司资本必须与所管理的退休基金隔离，这样在退休基金管理公司破产时，会员的资产才不至于受损。1998年，其规定的最低创业资本为10 000 UF（1 UF约等于31美元）。可见，其进入门槛并不高。

3. 对于准备金的规制

智利当局规定，退休基金管理公司必须建立现金准备金，以备投资收益率低于最低要求时用于补足投资收益率，现金准备金不得低于基金资产的1%；当投资收益率高于法定要求时，高出要求的投资收益必须建立和进入"波动准备金"，用作公司投资回报率低于标准时的准备，其作用与现金准备金相同，但又明显具有平滑不同年份投资收益率的作用。当退休基金管理公司投资收益率低于基准时，首先动用波动准备金，如波动准备金不足，再动用现金准备金。波动准备金是基金的资产而不是管理公司的资产。

4. 对于投资收益的规制

智利的法律对基金管理公司的投资收益率有较为严格的规定。基金管理公司必须保证对其计划参与者的最低投资收益率。投资公司可在两个标准中取其一：或者是不得低于所有基金管理公司平均回报率的50％，或者是比所有基金管理公司过去12个月平均收益率低两个百分点。当基金管理公司不能保证这个最低投资收益率时，它必须由公司的现金准备金来补充，如果现金准备金的动用仍达不到投资收益率最低规定者，这家基金管理公司就会被清算。在这种情况下，由国家来弥补基金管理公司实际投资收益率与最低标准之差额，而供款人则将他们账户上的基金转至其他基金管理公司。20世纪80年代，智利金融危机时期，由于最低投资收益率的严格规定，有4家退休基金管理公司破产，由政府暂时接管，最终还是卖给了私人。由于退休基金资产是与退休基金管理公司的资本隔离的，前者由中央银行保管着，所以退休基金管理公司的破产并没有对退休基金资产造成影响。

智利不但对最低投资收益率有要求，同时对最高收益率也有要求。基金管理公司可从两种方法中取其一：或者是高于全部退休基金平均收益率的150％，或者是高于平均数两个百分点。当基金管理公司实际投资收益率高于此数时，多出的部分可以建立波动准备金。

5. 对于投资政策的规制

智利在投资政策方面的规制也是严格的，但随着时间的推移，金融市场的发展，其投资政策呈现出由严及宽的趋势。在20世纪80年代初，退休基金被严格地控制于投资国债、银行存款、高等级的公司债券以及抵押债券。从1985年开始，基金可以投资于股权；1985—1995年，股权投资最高不超过基金资产的30％；1995年后，上升为37％。1989年，规制进一步宽松，投资工具增加了不动产；1990年，资产被允许投资于相互基金；1992年，养老基金可以投资于国外有价证券，但上限是资产的3％；1995年上升为9％；1997年进一步上升为资产的12％。1995年，养老基金还可用于对冲工具的投资。总的来说，智利对养老基金投资政策是在逐步放松限制，投资工具越来越多，投资上限越来越宽。除股权投资外，智利其他工具都是价格指数化的，这使智利的退休基金能较好地达到免受通货膨胀的侵蚀。

随着时间的进展，养老金投资的工具范围和数量比例也处于不断的变化之中，从制度建立以来已经历了5次大的调整（具体见表8—1），最新的一次调整是2004年，主要特点是根据投资风险大小把基金分为A、B、C、D、E 5级，并规定了各级进行风险投资比例限制，由参保人员自己选择，如果参保人员不选择，就由基金管理公司负责分配。通常35岁以下选择风险较大、收益较高的 B 级，35 岁以上选 C 级，年龄更大的选择风险较小的 D 级和 E 级。

表 8—1　1981—2004 年期间养老基金每项投资工具的数量限制政策变化
（单位：占养老基金份额%）

	1981	1985	1990	1995	2002	2004 基金A	基金B	基金C	基金D	基金E
政府债券	100	50	45	50	50	40	40	50	70	80
金融机构证券	50	40	50	50	50	40	40	50	70	80
抵押证券	80	80	80	50	50	40	40	50	60	70
公司债券	60	40	50	45	45	30	30	40	50	60
股票	—	30	30	37	40	60	50	30	15	—
投资基金	—	—	10	10	25	40	30	20	10	—
共同基金	—	—	—	5	5	5	5	5	—	—
商业票据（1 年期）	—	—	10	10	10	10	10	10	20	30
国外固定收益类工具	—	—	—	9	16	A、B、C、D、E 5 只基金合计 30%				
国外股票	—	—	—	4.5	10					
风险投资	—	—	—	9	20					
资产贷款或交易类工具						15	10	5	5	5
国外投资基金						1	1	1		
商业票据（>1 年期）						5	5	5	5	5

资料来源：Chile AFP Association, "Limit on Investment Abroad Prejudicial for Pension", *AFP Research Series* No 45, November 2004.

6. 对于经营费用的规制

智利退休基金管理公司收取的费用是以工资为基数的。智利当局对基金管理费用的类别进行了规定，但没有管制费用的水平。制度初始时，还允许收取账户管理费。后来这项费用被取消，因为会员发现在没有继续供款进入账户的情况下，他们账户的积累余额可能越来越少。

7. 对于会员的限制

每个会员只能选择一家基金管理公司开设账户，每年有 3 次机会可以从一家公司过户到另一家基金管理公司。1996 年，这一限制改为一年才可以过户一次。

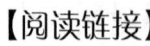

【阅读链接】

李珍,孙永勇,张昭华.中国社会养老保险基金管理体制选择——以国际比较为基础[M].第六章"私有私营的典型:智利养老基金管理制度的经验与教训".北京:人民出版社,2007

第五节　国外社会保障基金的支付监管

一、美国社会保障基金的支付监管

美国联邦政府社会保障基金的支付监管由财政部、社会保障局和卫生与人力资源事务部等有关主管部门共同参与。财政部主要负责编制预算和划拨资金;社会保障局负责社会保障退休金、残疾津贴等的受益人资格审查、收益额度的审定,还负责监督各州的失业救济金的发放;卫生与人力资源事务部负责医疗保险津贴的受益人资格审查、收益额度的审定;国内税收局依据税收法对各种津贴的优税、延税政策执行情况进行监管。具体做法是,财政部按社会保障局和卫生与人力资源事务部等有关主管部门确定的受益人和审定的受益额度拨付各项保险津贴,其中:属于现金补助的,按各项目主管部门确定的支付对象和标准,直接将款项划拨到受益人的银行账户;属于非现金补助或服务的,则将款项拨付给有关社会保障部门,并由其发放。

在美国社会保障基金的支付监管中,受益人资格审查和收益额度的审定是重点。例如:对残疾人津贴享受资格的审查,要求享受者是因为残疾而不能从事原有工作或相同工作1年以上的人,从来没工作过的人不能领取。认定是否因残疾而不能继续原来工作的,由社会保障局指定的医生作出判断。由于这样的判断有时难度较大,所以常常引起争议。因此,美国有许多律师及机构帮人代理申请残疾人福利。而美国社保退休金的计算方法比较复杂,主要根据工资多少、工作时间长短、何时退休等不同因素综合计算。每年下半年社会保障局会向纳税人寄出一份通知,该通知会告诉纳税人退休后每月可以领取的退休金数额。随着纳税人收入的增加或减少,每年估计的数额都不一样,退休前最后一年的估计数,才是真正的数额。

此外,美国各州职业养老金计划的支付主要通过市场进行,由各金融监管部门、国内税收局、卫生与人力资源事务部等负责监督。

> **【阅读参考】逝者领取养老金　纽约市主计长调查养老金诈骗**
>
> （美国中文网 2010 年 9 月 27 日讯）经济不景气，政府资金的分配及花销是否公正透明以及是否存在欺诈行为，一直受到社会关注。今天纽约市主计长刘醇逸在其办公室联合纽约市调查部和纽约市副主计长，召开新闻发布会，调查纽约市 14 宗近 50 万元的养老金欺诈行为。纽约市主计长办公室及纽约市调查部今天透露，50 万元的诈骗金额，是 14 宗类似案件的集合诈骗金额。诈骗者手段和途径主要是通过骗取已经死亡者的退休养老金或抚恤金。新闻发布会上，刘醇逸说，政府经费的浪费和被诈骗是绝对不允许出现的。这笔近 50 万元的养老金欺诈款，对于纽约市退休和即将要退休的人十分不公平。纽约市主计长办公室将联合纽约市调查部，一同来进一步调查此类滥用社会公共资金的诈骗。纽约市调查部特派员罗丝说，纽约市市长应该注重有关养老金的改革，从而遏制养老金的滥用诈骗。而 14 宗 50 万元诈骗养老金的案例显示，养老金的受益人已经不在人世，但却仍然有受益人持续不断地领取已逝者的养老金费用，却查到不受益人姓名。对这 14 宗诈骗案件，纽约市调查局将进一步进行调查取证，同时不排除随时进行抓捕的可能。发布会上，纽约市主计长还表示，除了 14 宗养老金欺诈案，纽约市主计长办公室还发现从 2007 年到 2009 年有 171 宗近 200 万元的发放养老金给死亡者的财政经费诈骗。刘醇逸也表示，他还将在近日召开记者会，透露更多有关养老金诈骗的情况。
>
> （http：//www.sinovision.net/index.php?module=news&act=details&news_id=148535&nocache=1）

二、新加坡社会保障基金的支付监管

新加坡中央公积金的支付由中央公积金局统一管理。中央公积金个人账户的资金虽然属于私有财产，可随本人工作调动而转移，也可以继承，但不能随意动用。这些资金又被划入普通账户、医疗救助账户和专门账户。当公积金成员遇到规定的情况时，他们可以向中央公积金局提出申请，获得允许后方可从特定账户提取资金：当成员遇到规定的购房、保险、投资和教育等支出时，他们可以从普通账户提取资金。当成员及其直系亲属需要支付规定的住院和门诊费用以及大病医疗保险的保险费时，他们可以从医疗救助账户提取资金。专门账户用于退休基金积累；当成员到了 55 岁时，在保留一笔最低存款在其专门账户作为晚年之用后，他们便可以将公积金存款提出。如果成员还继续工作,他们可以每隔 3 年(即 58 岁、61 岁、64 岁,以此类推)再提取公积金。成员一旦达到其提款年龄,便可以马上领取其公积金存款。为了方便成员提款,公积金局甚至在他们生日之前向他们寄送提款申请表。如果成员完全失去工作能力或永远离开新加坡,也可以提前提取其公积金。

三、瑞典社会保障基金的支付监管

瑞典社会保障基金的支付监管由卫生和社会事务部、劳动保障部负责。卫生和社会事务部是社会保险的主管部门,它的职责范围包括养老保险、医疗保险、儿童津贴和家庭、遗属补助等项政策的制定。卫生和社会事务部实行"小部大事业机构"的管理体制,下设 15 个局,其中之一是国家社会保险局,是社会保险经办机构。国家社会保险局在地方设有 21 个分支机构,共有 230 个基层办公室,有工作人员 14 500 多人。这些地方社会保险经办机构负责除失业保险以外各种社会保障待遇的具体审核发放。失业保险待遇的审核发放由劳动保障部门负责。国家社会保险委员会(2009 年后由国家社会保险监管局取代)负责监督这些部门对社会保险待遇的管理是否有效,居民在接受待遇时是否受到了公平、公正的对待。国家审计署负责监督社会保险经办机构工作人员的业务工作是否合规和符合工作程序。

在瑞典名义账户制度下,养老金由个人提出申请,社会保险经办机构负责审核发放。个人所应获得的养老金是由其退休时个人账户名义资产余额除以该年男性和女性综合平均生命预期(例如一个人在特定年龄的生命预期的估计值)计算出来的。当然,为了既保持退休者的购买力又保持制度的长期财务平衡,养老金每年还要根据通货膨胀率、实际经济增长率和缴费收入增长率进行调整。人们可以自由选择在超过法定最低退休年龄之上的某一岁数半退或全退。如果个人选择半退,不仅可以按全额养老金的一定百分比获得部分退休金(瑞典有以下 4 种选择:25%、50%、75%和 100%),还可以继续工作并按收入向名义账户缴费,以增加名义资本积累,从而提高完全退休时重新计算的养老金水平。

至于强制性个人账户,瑞典则通过立法明确由一个国家垄断机构(即养老金管理局,简称 PPA)提供年金,目的是避免市场竞争可能导致的管理成本上升,同时也考虑了该计划与强制性社会保险制度的名义账户部分的协调。个人在获取年金上有一定的选择权。从 61 岁开始,个人可以在任何时间要求获取一份养老金。该养老金可以单独提出申请,也可以和名义账户养老金一起申请。至于年金的形式,有以下几个选择:个人终身年金;团体终身年金;

带有遗属抚恤金的个人终身年金；遗属抚恤金。其中，年金是以申请年金的那一年开始的各人群组不分性别的生命预期为基础计算的。终身年金既可以是定额年金，也可以是变额年金。定额年金模仿相互保险产品，重视保险基金的收益率，年金数额应该足以抵补通货膨胀并加上1.5%的实际收益率，也可能更高，主要取决于保险基金投资组合的构成。如果个人选择把自己的资本留在原来为其积累资金的基金中，就会形成变额年金，变额年金的数额直接反映基金的现值。遗属抚恤金以惯用的保险统计为基础进行计算。另外，与名义账户制度相一致，员工不仅可以按比例申请部分年金，允许选择全额年金的25%、50%、75%和100%，而且可以在领取年金之后又放弃，并申请重新计算此后的养老金，还可以把工作和养老金结合起来，继续向该计划供款，从而增加养老金资本。

四、智利社会保障基金的支付监管

在智利，法律规定男性退休年龄为65岁，女性退休年龄为60岁。如果经过精算得出员工个人账户积累额已经足以使其退休金水平超过其工资收入一半，员工可以提前退休。员工在退休后可以在三者中择一来获取退休金：

（一）计划中支付

会员只有在个人账户的资本积累达到足以使其退休金达到国家最低标准的120%或个人最近10年平均工资的50%时才能申请按照这种方式领取养老金。养老金由退休基金管理公司按会员个人账户积累确定并支付，余额仍留在基金管理公司，可获取投资收益。退休金水平的计算通常要考虑的参数有账户上的积累、法律规定的利息水平、生命余岁等。有20年供款经历、年龄在65岁以上的男性和年龄在60岁以上的女性，如果个人基金积累不足，国家负有补足最低退休金的责任。选择这种退休收入计划的人通常是生命预期较低且能承受退休收入大幅波动的人，还有可能就是想为家人留些遗产的人。员工退休后，基金管理公司只承担非系统风险，保证其个人账户的最低收益率。至2001年3月，43%的人选择了此种计划。

（二）年金

员工可以用个人账户的资金向某一商业保险公司购买即期年金合约，并从该保险公司领取养老金。只有个人账户资金积累额大到足以使所购买的年金等于或大于国家规定的最低退休金标准者，才有权选择这一方式。选择这种年金的人具有长寿的倾向,且喜欢稳定的退休金收入。至2001年,56%的人选择了这种年金。选择这种年金的主要原因是其中相当多的人口是为了提前退休。许多人提前退休又是为了继续工作而又不必再供款。

(三) 混合计划

成员可以运用个人账户中所积累的资金作出两个安排:一是与退休基金管理公司协商达成一个暂时计划,规定一定的时间内由该退休基金管理公司提供养老金;二是向某一商业保险公司购买延期终身寿险合约。在这种情况下,退休基金管理公司在年金享受者有权获取延期终身寿险之前负责支付一定时期的年金,其后由被保人所投保的保险公司支付养老金。至2001年只有1%的人选择了此种方式。

此外,在智利,养老金被作为个人所得征税,相关事务由税务机关监管。

第六节 国外社会保障基金监管的发展趋势

从国外社会保障基金监管的实践来看,尽管各个国家的社会保障基金监管政策存在着很大的差异,但整体上还是存在以下几个方面的趋势:

一、从严格数量监管、审慎性监管向中间道路靠拢

从实践来看,世界上一部分国家对社会保障基金实行严格数量监管,另外一部分国家却实行审慎性监管。但最近几年,那些实行严格数量监管的国家正在放松这种监管的力度,而那些实行审慎性监管的国家却在不断加强监管的力度。其主要原因是,人们发现原有的两种监管模式都存在问题。

(一) 严格数量监管的不足

以拉美国家为代表的许多国家对社会保障基金投资实行了严格的数量监管,虽然在防范养老基金遭受严重损失上显得更稳妥一些,但也常常因至少存在着以下两方面明显的负面效应而遭到批评。

1. 限制了投资组合分散化,带来了系统性市场风险

现代投资组合理论表明,投资限制束缚了基金经理赚取尽可能高的风险调整收益的能力。要获得没有投资限制的体制下同样高的收益,只有承担更高的风险。或者,对于一个给定的风险水平,退休收益将会更低。许多研究表明,实行谨慎性监管国家的养老基金实际投资回报率高于实行严格投资限

制国家的养老基金。尽管投资限制不能够完全解释投资回报率的差异（因为在许多国家这些限制是没有约束力的），但这还是主要归因于实行审慎性监管国家的养老基金投资组合中含有较大份额的股票①。由于新养老计划建立时可投资产品的范围一般十分有限，这种观点尤其适用于发展中国家。而且，投资限制使资产配置变得僵化，也可能使风险分散化水平低于本来可达到的水平。智利养老基金的投资收益率看上去很高，但实际上并不理想。有研究发现，智利最开始的18年获取了年均10.4%的实际收益率，但这低于其由一个债券市场指数和一个股票市场指数构成的市场基准在同样的波动性（标准差）下可获取的收益率。在1981年至1997年的16年间，智利债券的平均收益率是7.5%，股票平均收益率是18%，债券—股票平衡资产平均收益率是15%；而同期养老基金平均收益率仅为11%，低于债券—股票平均资产4个百分点。②

2. 养老基金有可能控制其所投资市场的较大份额，从而带来流动性问题，可能会妨碍资本市场的发展

由于养老基金数额十分庞大，如果大规模投资于某一市场，就可能成为该市场的重要力量，甚至垄断力量，而养老基金大多习惯于中长期投资，这就有可能降低特定市场的流动性。在大多数发展中国家，市场的规模还比较小，而一旦建立基金制的养老保障制度，养老基金就会迅速成长起来，如果养老基金被迫投资于特定的狭小的区域内，该区域内资产的流动性将急剧降低。而如果养老基金大举进入股票市场，将带来股权的集中。加上保证或最低收益率要求，各养老基金管理者的投资组合将高度趋同，羊群效应将十分显著，智利、阿根廷等拉美国家已经为此提供了前车之鉴。投资组合的高度相似有可能导致资源的误配置③。首先，大量的养老基金集中于少数投资工具，将使得这些投资工具的市场价格严重偏离其真实价值。当绝大部分养老基金同时变更其资产配制时，市场定价会向相反的方向严重偏移，从而影响资本市场的定价效率。一旦市场发生逆转，这些养老基金由于资金规模过大而难以迅速转移，必将面临巨大损失；而且，即使它们能较快地逃离，到时

---

① Davis, E. Philip. "Pension Funds, Retirement-Income Security, and Capital Market - An International Perspective" [R]. Oxford: Clarendon Press, 1995.

② Srinivas, S. P., Edward Whitehouse, and Juan Yermo. "Regulating Private Pension Funds Structure, Performance and Investments: Cross Country Evidence" [R]. Washington DC: The World Bank, 1999.

③ L. Jacobo Rodiguez. "Chile's Private Pension System at 18: Its Current State and Future Challenges" [R]. Cato Working Paper, 1999, ssp No. 17.

候它们也很难于短期内在狭小的国内投资市场上找到有价值的投资机会,也就很难逃脱贬值的命运。这种情况一旦发生,整个养老保障制度的基石将动摇甚至崩塌。其次,对于生产领域而言,养老基金集中于少数公司,有可能导致这些公司的生产规模大于最优生产规模,长此以往,有可能带来整个产品市场的供求失衡,将成为经济危机爆发的一个潜在动因。当然,股权集中带来的第二个重要问题是公司治理,即养老基金是否会成为有效的股东。

(二)审慎性监管带来的问题

以美国为代表的一些发达国家在养老基金投资上推行谨慎人原则,实行所谓的审慎性监管,也许能够更大地调动投资管理人的积极性以获取尽可能高的收益率,在一定程度上防止实行严格数量监管所带来的问题,但可能会带来其他问题:

1. 谨慎人原则对监管制度的要求太高

谨慎人原则要求监督者具有较多的判断成分,需要做大量的解释工作使实际操作者理解那些普遍的原则如何运用,因而要求监管机构具有较高的效率,特别是监管人员具有较高的素质。但是,即便是在发达国家,这对各方来说也具有较大的不确定性。虽然谨慎人原则从理论上讲应该阻止代理人采取偏离委托人最佳风险—收益目标的投资行为,但在美、英等国实际上有可能鼓励这种行为,因为在谨慎性原则下,这些国家容易形成放松监管的习惯。比如在美国,即使是法院也一直不愿意仅仅以谨慎性为基础取缔风险很高的投资行为,除非这种行为确实已经造成了损失。

2. 谨慎人原则对管理者的要求太高

谨慎人原则要求投资管理人具有较高的专业素质,特别是有比较完善的内部治理结构,能够很好地约束自己。然而,为了鼓励投资管理人更努力地为养老基金获取更高的收益,投资管理人的收益往往会与养老基金的投资收益挂钩,如果投资失败投资管理人却不会遭受相当水平的惩罚,就有可能会鼓励投资管理人违背谨慎人原则去追逐高风险。换句话说,这里存在一种矛盾:既需要投资管理人自律,为了激励又有可能破坏这种自律。最终的结果是,投资管理人到底能不能自律在有些时候只能取决于一些看不见的道德规范了。而在美、英等国屡屡出现遭受重大损失的投资个案(如刚发生的金额达500亿美元的纳斯达克前主席麦道夫诈骗案)已经一再说明,道德规范在巨大的利益诱惑面前时常缺乏约束力。而当整个投资理财行业的自律受到严重危害时,范围更大的金融危机就有可能爆发了。鉴于此,有人认为,当前爆发于华尔街的金融危机在一定程度上可以说是这些年来发达国家政府过于相信金融市场的"自律"而放松了必要的监管的结果。因此，以德国为代表的一些欧洲国家最近力主强化金融监管体系也就有了比较充分的理由。

【阅读链接】

郑木清. 养老基金投资监管立法研究［M］. 第二章"谨慎人原则和数量限制规则". 北京：中国法制出版社，2005

二、从单一机构监管向多机构协同监管转变

在传统的社会保障制度下，一般是由一个政府主管机构负责社会保障基金的监管工作。但是近些年来，许多国家开始采取多机构或力量参与社会保障基金监管。

（一）多机构协同监管的依据

1. 社会保障基金的准公共产品性质决定了实行多机构协同监管的必要性

社会保障基金是国家实践社会保障政策的基石，不仅关系到众多平民百姓的生活保障，关系到社会稳定，而且会对经济发展特别是金融市场产生重大影响，因此，对社会保障基金安全性的要求应该远远高于一般性质的基金。这就要求在监管上既不能"把所有的鸡蛋放在一个篮子里"，又要通过各监管主体之间的相互监督、相互制约以确保基金的安全。

2. 社会保障基金构成的复杂性要求多机构协同监管

虽然各个国家的社会保障基金构成并不相同，但大多十分复杂。每一类社会保障基金往往都有特定的筹资渠道和支出项目，即使用于投资的部分也有不同的投资目标。这就决定了对各种社会保障基金需要采取不同的监管政策。因此，往往没有哪一个机构或组织能够承担得起全部监管责任，这也就意味着没有哪一个机构或组织应该独自拥有全部社会保障基金监管权力。

3. 多部门协同监管是通过分工协作以提高效率的需要

社会保障基金监管是一项复杂的系统工程，涉及收费（或拨款）、日常账户管理、投资运营、待遇发放等众多环节，需要大量懂得相关法规政策、有特定管理经验或专业技能的工作人员，这是任何一个部门都无法同时拥有的。只有以分权为基础，让各个相关部门或领域共同参与，分工协作，充分发挥各自在组织管理、人才储备等方面的优势，才能更有利于提高工作效率和管理水平。

(二)多机构协同监管的政策思路

从各国的情况来看,社会保障基金监管制度设计可以沿着不同的思路进行。例如:可以把监管权分解成监督与管理,以此类推,逐步分解,最后把分解出来的各种权力授予不同的机构。

1. 政府机构与非政府机构的协同监管

从各国的情况看,政府部门已经不再包揽社会保障基金监管的全部事务,在大部分国家,至少有另外两种机构已经被吸纳进来:一是各利益相关方代表组成的机构。比如由员工、用人单位、政府主管部门、财政部门、社会弱势群体等的代表组建的各种管理委员会(如社会保险基金管理委员会、社会救助基金管理委员会、住房公积金管理委员会等),参与社会保障基金监管,促进管理者提高管理水平,改进服务质量。二是各种相关的专业机构。社会保障基金的资金保管、投资、审计等业务需要诸如银行、基金管理公司、审计师事务所等专业机构参与,理由在于其自身的品质——它们不仅拥有社会保障基金管理所必需的管理经验和专业人才,而且要受到市场竞争机制的约束,从而经常面临压力和产生动力,不断提高管理效率,提供质优价廉的服务。不过,专业机构的盈利性质决定了它们的参与需要有更完善的监督体系。除了政府机构、上述各种管理委员会等力量的监督外,更重要的是,可以通过制度设计让各类专业机构相互监督,比如可以规定,作为保管人的银行要监督基金投资人的投资行为,对于投资人的一些明显违规的投资决策,应该拒绝提供资金支持或向特定监督机构反映,否则将承担连带责任。

2. 政府机构内部不同职能部门之间的协同监管

从世界各国的情况看,除了社会保障行政主管部门外,其他几个行政部门往往也参与社会保障基金监管活动:首先是财政部门,因为国家财政不仅每年直接为社会保障事务提供了大量资金,而且为社会保障提供让税、让利等优惠,还要在紧急情况下担当"最后出场人"。参与社会保障基金监管有助于财政部门了解和监督社会保障基金的收支状况,特别是负债状况、财政拨付资金使用情况等,并在预算安排等方面及时作出反应。其次是国家审计部门,由于在审计方面所具备的专业经验和人才优势,便于开展对社会保障基金的审计工作。再次是税务部门,在有些国家,凭借自身的征稽优势在社会保险费征缴上发挥作用;在另外一些国家,通过税收优惠政策参与监管。最后是金融监管部门,凭借自身的专业优势,往往在社会保障基金投资监管中扮演重要角色。

3. 中央政府与地方政府的协同监管

从许多国家的情况看,社会保障基金监管离不开地方政府的积极参与,主要原因是,社会保障的很多具体事务与地方的实际情况紧密联系,只有地方政府积极参与才能做得更好。为了既调动地方积极性又不出现混乱,一些国家通过法律制度在中央政府与地方政府之间进行社会保障基金管理分权,要求地方政府承担一定的监管责任。

三、从国债投资型向多元化投资型转变

传统上,各个国家的社会保障基金主要投资于国债、银行存款等有限项目。例如:美国的联邦社会保障基金到现在都只投资于联邦政府发行的特定国债。在日本,养老金储备主要用于公共工程和津贴贷款项目等。在意大利,养老金投资被严格限制在政府债券、银行储蓄和房地产领域。但是,近些年来,许多国家正在改变这种状况。在美国,许多州的公营计划开始加入到风险投资的行业,仅纽约州 1999 年就将 1 270 亿美元的公共养老基金中的 4.6%(约合 50 亿美元)投入到公司融资和风险资本基金中[①]。加拿大的公营养老金计划曾经为各省提供低于市场价格借款的资金来源,但近年来实现了投资多样化,以期获得较高的回报,目前的资产组合目标是债券与证券各占一半,其中最多可持有 20% 的外国资产。马来西亚的员工公积金过去仅限于投资政府债券、政府指导的借贷和帮助开发基础设施等,但现在已实现了多样化投资组合,包括政府债券、货币市场投资、债券、股票和地产等。

【新闻摘录】(证券时报 2010 年 10 月 29 日)

人社部:开辟社会保障基金投资渠道

人力资源和社会保障部部长尹蔚民日前在中欧社会保障第五次高层圆桌会议上表示,要开辟社会保障基金投资渠道,并抓紧研究制定与之相配套的法律法规。同时,要抓紧研究与《社会保险法》相配套的养老、医疗、企业年金、基金监管、投资运营等方面的法律法规,逐步构建比较完善的社会保障法律法规体系。

尹蔚民指出,下一步要做大社会保障基金盘子,重点要做好四个方面的工作,一是加强各类社会保险基金征缴,确保应收尽收;二是继续逐步做实

---

① Joshua Harris Prager. "Breakaway—Pension Venture: New York Invests in Upstate Enterprise" [J]. *The Wall Street Journal*,2000,(9).

养老保险个人账户，开辟社会保障基金投资渠道，努力实现保值增值；三是加强社会保障基金监管，确保基金安全完整；四是加强公共财政对社会保障基金的投入，继续扩大全国社会保障基金的规模，充实国家战略储备。

对于发达国家的许多私营养老金计划来说，国内债券和证券是其最常选择的资产类别。值得注意的是，近来，美国的养老基金已经成为风险资本市场的中流砥柱，占整个风险投资额的 47%。此外，美国劳工部最近还建议，应允许私人养老基金购买信用等级较低的住房抵押和资产支持证券（mortgage and asset-backed securities），即 MBS 和 ABS，这是一些以银行信贷为支持的固定收入投资工具。虽然其信用评级较低，但与养老基金持有的其他固定收入证券相比，风险也较小。分析人士认为，如果该建议获得批准，将是美国《员工退休收入保障法》（ERISA）对养老基金投资范围限制的最大放松，将会对价值超过 10 000 亿美元的债券市场产生巨大的影响[①]。

养老基金投资管理方面，无论是公营还是私营计划，都越来越重视聘用具有投资组合管理专业知识的技术人才。在美国，OADSI 信托基金就引进股票投资组合的热烈讨论已经持续很久。加拿大的公营养老金计划已经通过了全国辩论阶段，正开始贯彻专业性投资方针。在日本，曾经只是用于控制信托界和银行界的"5∶3∶3∶2 投资规则"（即至少 50% 投资于低风险的日本政府债券，30% 为日本证券，30% 为外国资产，20% 为房地产）后被适用于所有基金资产，近来，这种限制已经全面放松为允许基金经理更为自由地选择投资项目。

各国的社会保障基金投资实践表明，从长期投资的角度看，只有多元投资模式即不同工具和对象的组合投资模式才有可能较好地分散投资风险并追求社会资本平均收益率，从而保证基金的实际安全。

思 考 题

1. 社会保障发展的不同时期社会保障监管各有什么特点？
2. 简述当前国外社会保障基金监管的主要模式。
3. 论述美国、新加坡、瑞典和智利在社会保障基金投资监管上的核心政策。
4. 当前国外社会保障基金监管有什么趋势？

---

① Sarah Landis. "Government Propose Letting Pension Funds Buy Lower-rated Mortgage, Assets-backed Securities" [J]. *The Wall Street Journal*，2000，(8).

主要参考文献

1. 财政部,劳动和社会保障部. 社会保险基金财务会计制度讲解 [M]. 北京:中国财政经济出版社,1999
2. 劳动和社会保障部. 新时期劳动和社会保障重要文献选编 [M]. 北京:中国劳动社会保障出版社,2002
3. 劳动和社会保障部社会保险基金监督司. 社会保障基金监管法规文件汇编 [M]. 北京:中国劳动社会保障出版社,2007
4. 郑功成. 中国社会保障30年 [M]. 北京:人民出版社,2008
5. 邓大松. 中国企业年金制度研究 [M]. 北京:人民出版社,2005
6. 林义. 社会保险基金管理 [M]. 北京:中国劳动社会保障出版社,2007
7. 吕学静. 社会保险基金管理 [M]. 北京:首都经济贸易大学出版社,2007
8. 殷俊. 社会保障基金管理新论 [M]. 武汉:武汉大学出版社,2007
9. 周志凯. 养老金个人账户制度研究 [M]. 北京:人民出版社,2009
10. 伊志宏. 养老金投资与资本市场国际经验及中国的选择 [M]. 北京:中国人民大学出版社,2009
11. 刘均. 运行与监管——中国社会保障资金问题分析 [M]. 北京:清华大学出版社,2003
12. 郑功成. 社会保障学 [M]. 北京:中国劳动社会保障出版社,2005
13. 张广科. 社会保障基金运行与监管 [M]. 上海:上海财经大学出版社,2007
14. 刘子兰. 社会保障基金和企业年金管理 [M]. 北京:经济科学出版社,2007
15. 李超民. 美国社会保障制度 [M]. 上海:上海人民出版社,2009
16. 和春雷. 社会保障制度的国际比较 [M]. 北京:法律出版社,2001
17. 粟芳等. 瑞典社会保障制度 [M]. 第三章"当前瑞典社会保障基本情况". 上海:上海人民出版社,2010

18. 李珍，孙永勇，张昭华. 中国社会养老保险基金管理体制选择——以国际比较为基础 [M]. 第六章"私有私营的典型：智利养老基金管理制度的经验与教训". 北京：人民出版社，2007

19. 陈志国. 瑞典公共养老基金管理创新及其启示 [N]. 金融时报，2004-06-15

20. 王俊. 浅析美国和瑞典的社会保障基金投资模式 [J]. 医院领导决策参考. 2010，5

21. 孟德斯鸠. 论法的精神（上册）[M]. 许明龙译. 北京：商务印书馆，2002

22. 汉密尔顿等. 联邦党人文集 [J]. 北京：商务印书馆，1980

23. Mukul G. Asher. Annex B10, "Country Profile for Singapore", *Pension Systems in East Asia and the Pacific*, 1999.

24. L. Jacobo Rodiguez, "Chile's Private Pension System at 18: Its Current State and Future Challenges", Cato Working Paper, 1999.

25. Jos E. Devesa-Carpio and Carlos Vidal-Meli, "The Reformed Pension System in Latin America", The World Bank Pension Primer, 2001.

26. Davis, E. Philip, "Pension Funds, Retirement-Income Security, and Capital Market-An International Perspective", Oxford: Clarendon Press, 1995.

27. Mukul G. Asher. Annex B10, "Country Profile for Singapore", *Pension Systems in East Asia and the Pacific*, 1999.

28. Srinivas, S. P., Edward Whitehouse, and Juan Yermo, "Regulating Private Pension Funds Structure, Performance and Investments: Cross Country Evidence", Washington D C: The World Bank, 1999.

29. Joshua Harris Prager, "Breakaway—Pension Venture: New York Invests in Upstate Enterprise", *The Wall Street Journal*, 2000, (9).

30. Sarah Landis, "Government Propose Letting Pension Funds Buy Lower-rated Mortgage, Assets-backed Securities", *The Wall Street Journal*, 2000, (8).

后　　记

　　伴随着《社会保险法》的颁布实施,《社会保障基金监管》一书与读者见面了。本书是在2005年出版的《社会保障基金监管》(第二版)的基础上编写的,此次编写力求体现如下几个特点:

　　一是权威性。本书坚持理论与实践相结合、国内与国外相结合的编写思路,理论部分与国外部分聘请国内知名专家学者负责撰写,实务部分由部社会保险基金监督司的同志负责撰写,集中了权威的理论工作者和实际工作者的研究成果和实践经验,是一本全面论述社会保障基金监督工作的专门书籍,代表了目前基金监督领域的最新成果。

　　二是系统性。本书各章系统地阐述了社会保障基金监管工作,完整地搭建了社会保障基金监管的体系架构。从历史沿革、工作成效到发展趋势,从监管内容、方法措施到投资运营,从社会保险基金监管、企业年金基金监管到全国社会保障基金监管,内容涵盖了基金监管的各个方面,具有较强的系统性。

　　三是实用性。本书定位于为社会保障基金监管工作人员提供工作手册,为社会保障基金监管研究人员提供基础资料,力求贴近实际,通俗实用,是一本大众化的培训教材。

　　四是专业性。社会保障基金监管是一项专业性较强的工作,不仅与社会保障密不可分,还涉及财会、金融、法律等专业知识,其监督方式、监督手段、监督程序、监督措施等既与一般监督有相同的地方,也有其特殊之处。本书将社会保障基金监管作为一项专业监管,紧紧围绕其自身的特点,作了专业的介绍和论述。

　　五是生动性。本书在每个章节中,除了文字论述之外,以各种形式插入了一些相关内容,包括新闻摘录、阅读链接、关键概念、阅读参考等,通过多层次、多角度、多方式的呈现,既丰富了本书的内容,扩展了知识范围,而且也避免了大量文字论述的机械堆砌和专业理论知识的晦涩,增加了本书的生动性、趣味性和可读性。

　　本书编写过程中,恰逢《社会保险法》出台和《企业年金基金管理办法》

修订颁布。这是我国社会保险发展史上具有里程碑意义和开创性的大事，社会保险基金监督和企业年金市场监管工作有了全面坚实的法律依据和政策基础。我们及时将国家法律和联合规章的相关内容加入到书中，尤其第七章对社会保险基金监管措施与处理进行了重点解读，体现了最新的法规精神。

  本书由人力资源和社会保障部副部长胡晓义担任主编，他对全部书稿进行了认真审改，提出了许多重要修改意见，对提升本书的层次和质量起到了重要作用。书稿由社会保险基金监督司司长陈良组织编写和审定。中国人民大学李珍教授作为审纲审稿专家，对大纲和书稿进行了审核。各章编写人员分别是：胡继晔（第一章）；孙明霞（第二章）；尹力宏、陈建华、董涛（第三章）；刘新年（第四章）；王强（第五章）；武力、徐光（第六章）；林志超（第六章、第七章）；郑秉文、孙永勇（第八章）。社会保险基金监督司原副司长、现工伤保险司司长刘梅同志组织了本书的统稿工作。林志超、吴增益、尹力宏同志参与了统稿。在此，我们向所有为本书付出辛勤劳动的同志表示衷心的感谢！

  由于时间仓促，加之资料收集和编写水平的局限，疏漏错误之处恐在所难免，敬请读者批评指正。

编者

2011 年 12 月